青春的真相

唤醒你的学习力

尖子生的高效学习法

刘　燕◎编著

机械工业出版社
CHINA MACHINE PRESS

本书以真实故事、读者来信、案例分析、采访实录为素材背景，包含实操性强、可信度高的尖子生学习方法经验分享。本书经北京师范大学心理学专家团队审读，保证了内容的科学性和严谨性。

全书分学习心法篇、提分技巧篇、学科情怀篇三部分。学习心法篇——从学习方法、学习习惯、应试策略、时间管理四个方面切入，帮助学生解决注意力不集中、记忆力低下、学习效率低、厌学情绪、考试恐惧等学习心理方面的问题。提分技巧篇——按九大学科分类，从学不好、考不好两个方向入手，介绍的错题归纳、思维导图、试卷分析、笔记整理、答题策略、复习规划等可以直接套用提升成绩，帮助学生解决学习上的痛点和共性问题，走出提分困境。学科情怀篇——用散文式的语言、真实的故事，帮助学生找到学习的动力。

希望通过本书的学习，读者可以找到适合自己的学习方法。

图书在版编目（CIP）数据

唤醒你的学习力 ：尖子生的高效学习法 / 刘燕编著.
北京 ：机械工业出版社，2024. 12. --（青春的真相）.
ISBN 978-7-111-77177-7

Ⅰ. G442

中国国家版本馆CIP数据核字第2024L6J912号

机械工业出版社（北京市百万庄大街22号　邮政编码100037）
策划编辑：张若男　　　　责任编辑：张若男
责任校对：龚思文　李　婷　　责任印制：单爱军
保定市中画美凯印刷有限公司印刷
2025年6月第1版第1次印刷
170mm × 230mm · 13印张 · 249千字
标准书号：ISBN 978-7-111-77177-7
定价：49.80元

电话服务　　　　　　　　　　网络服务
客服电话：010-88361066　　机　工　官　网：www. cmpbook. com
　　　　　010-88379833　　机　工　官　博：weibo. com/cmp1952
　　　　　010-68326294　　金　书　网：www. golden-book. com
　　机工教育服务网：www. cmpedu. com

前言 写给努力长大的你

学习压力大、学习成果差、学习动力不足、学习有畏难情绪等令家长焦虑的问题本质上可归结于两点：学习方法不对与学习心理障碍。

一方面，面对升学压力，越来越多的青少年陷入被作业、考试、课外班支配的忙碌当中，大多数人在校学习、在家复习的时间非常长，强度非常高。然而，没有找到合适的学习方法、盲目地学习让很多人步入越努力成绩越差的怪圈，在深深的自我怀疑之中，学习也成了一件痛苦的事。另一方面，当所有时间都被学习填满，缺少足够的休息、娱乐时间，缺少释放压力的空间，也容易引发心理问题。

进入青春期后，青少年在生理和心理上已经接近成年人的水平，他们开始在意自己的成年人角色和尊严，但人生阅历和心智却与成年人还有明显差距。所以，他们在面对自身经验匮乏、实际能力不足等问题时容易产生焦虑和挫败感，还要时常面对家长的严厉态度，心理负担加剧，于是就出现了自卑、逆反、厌学等多种问题。时间长了，他们容易丧失学习的动力，对自己的未来越来越迷茫，对当前的生活感到缺少意义。近些年，个别学生在遭遇挫折时甚至会采取极端方式解决问题。

在“互联网+”时代长大的青少年，拥有更广阔的视野和宽广的受教育空间，同时，他们也面对着更多的诱惑和更喧闹的世界。本书以公众号Take It Eeeeasy上的资源为基础，与粉丝线上联动，5年间，公众号采编团队采用或见面、或通话、或文字交流的方式，通过私信、评论区留言、读者邮箱累计对话过近20万个青少年。他们来自五湖四海，覆盖从初一到大一的各个年龄段。他们中有人每天熬夜苦读，却两次与大学失之交臂；有人从小到大都是父母眼中的乖乖女，心里却偷偷藏着一只小“野兽”；有人是老师和同学公认的“混世魔王”，内心却十分脆弱；有人曾4次离家出走，甚至有一次在河边吹了一整夜的风；有人有学校恐惧症，在家自学了5年……这些都是真实的故事，让人们看到了青少年的迷茫。青少年的成长诉求应该被看到、被尊重。

本套丛书分为《唤醒你的学习力——尖子生的高效学习法》和《你的烦恼不孤单——青少年健康心理自我养成》两本。在书中，你不仅可以看到众多名校师范生撰写的学习方法，还可以了解他们是如何走出青春期迷茫和焦虑的。他们是最懂学生的老师，也是最懂老师的学生，他们是曾经的你，也是“轻舟已过万重山”的自己。你可以看到每个中学生都会遇到的难题，翻开未来之书，破解心中迷惑。中学阶段几乎所有的困惑都能在书里找到适合自己的答案。这不仅仅是学霸的学习经验总结，更是真实的青春。

希望本套丛书能够帮助你找到适合自己的学习方法，将学习作为一件本就能获得成就感与幸福感的事情，从而获得源源不断的学习动力。希望同学们能拥有健康的学习心态、应对困难的勇气与力量，以积极向上的姿态走进理想的大学。

最后，祝你成功上岸！

北京师范大学心理学部教授

林丹华

目录

英语

历史

地理

政治

物理

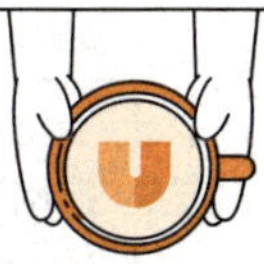

CONTENTS

学科情怀篇

其实你不必苦大仇深地学习

学习心法篇

自我测评，找到适合自己的学习方法

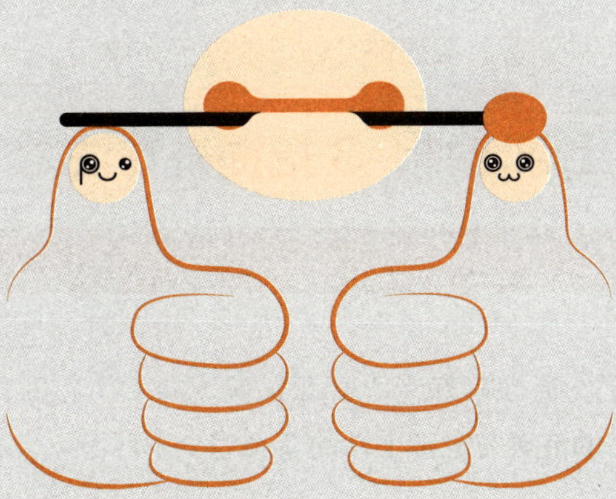

学习方法

你是不是在无效学习？

A. 复习时，遇到一道不会做的题，决定翻看习题册后面的答案。看完以后恍然大悟："哦，原来这道题是这样做的，还挺简单的！"过段时间再遇见同类型的题，还是不会做。

B. 上课从来不缺勤，老师讲的内容也一字不落地认真倾听，但重点内容却总结不出来，也说不清自己哪里没听懂。

C. 上课时思绪天马行空，跟不上老师讲课的节奏，从不提问，从不与同学讨论，下课找个尖子生把笔记抄下来，认为自己所有知识全会了。

D. 作业写到深夜，补习班排满假期，老师布置的任务认真完成，可是成绩却没有提升。

E. 老师检查背诵的时候顺利过关，该背的知识点全都背过了，考试时却张冠李戴、提笔忘字，一顿操作猛如虎，一看分数一分没得。

如果你存在上述任意一种情况，很遗憾，你可能在无效学习。

上课走神，3 招提升专注力

分享者：北京师范大学　刘艺

主要表现

时间都去哪儿了？还没好好专心听课，就下课了。犯困，某些片段在脑海中不断循环。感觉自己的节奏与老师上课的节奏完全不匹配。

上课。

这是真正的上课。

"已知函数的最大值是多少？我们先假设……得到……同时……接下来怎么做？假设……"

眼皮不自觉地耷拉下来，又努力睁开。一阵穿堂风吹过，飘来同桌洗发水的香气，前一晚听的新歌旋律还在，瞟了一下窗外，天空灰蒙蒙的残影也流了进来……这是投石入湖的牵连，似乎突然间全世界的事物都与你息息相关。

“这里可以去二次求导，也可以直接用函数值分析，那这道题答案就是……”

等等，什么二次求导？怎么用函数值直接分析？眼看一道题已经完结，面前的笔记本仍然是一片空白。

懊恼不已，下课赶忙找课代表补抄笔记，然后如释重负地回到座位，你决心要改掉自己上课走神这个小毛病。

第一招　保持健康的生活习惯

“高三伊始，为了挤出时间复习，我午饭经常靠泡面续命。后来实在吃腻了，闻到方便面调料味儿就想吐。为了避开拥挤的吃饭大军，思来想去决定专挑十二点半去食堂，残羹冷饭虽不香，至少不用排队忙。得意了没一个月，肠胃抗议，上吐下泻，十分狼狈……从此痛定思痛，按时吃饭睡觉，不得不承认有时候不能自作聪明。”

学长学姐经验帖　学习不是拼时长而是拼效率

高中生活节奏快压力大，许多同学为了争分夺秒，选择牺牲睡眠、吃饭和休息时间，导致时常犯困、精力不足甚至引发疾病。因此作息规律、健康饮食，是保证高效学习最基本的要求。

2017年的诺贝尔生理学或医学奖获得者的研究就与昼夜节律的分子机制有关。所谓昼夜节律的分子机制，就是我们常说的生物钟。生物钟对我们的行为、激素水平、新陈代谢等生理功能进行精确的调节，当生活方式与生物钟出现偏差时，患上各种疾病的风险也会随之增加，因此在正确的时间要做正确的事。

我想有同学可能会说，“此言岂非何不食肉糜乎？我难道喜欢挑灯夜战吗？还不是因为白天学不完才‘月亮不睡我不睡’。”可是你知道吗？盲目地熬夜并不一定有助于学习，毕竟学习不是拼时长而是拼效率。

大脑信号传递是通过神经细胞的突触传递神经递质实现的。而研究者发现，由于熬夜缺乏睡眠，神经突触会被某种星形细胞吞噬，从而使神经递质减少，导致大脑信号传递变慢，反射时间变长。

如果你发现熬夜后第二天课上自己经常干瞪眼、大脑神游太空、老师说的重难点总是反应不过来，晚自习也很难进入学习状态，就应该扪心自问：这样的熬夜到底值不值得？

相应地，许多调查显示学习效率与睡眠效果呈显著正相关，而影响睡眠效果的因素有睡眠习惯、睡眠时间等。保持体育锻炼，养成早睡早起的习惯，有助于达到良好的睡眠效果，提高学习效率。

想象一下，当你睡觉的时候，你的大脑正忙着将短时记忆转换为长时记忆，清理当日的代谢产物，让第二天的你有一个全新的更好的大脑。因此，健康状态才是上课专注的基础。

第二招　看似无药可救，实则有药可医

“×××夺冠那天晚上我熬通宵看比赛，这可是千载难逢的总决赛，怎么能不看！不过没想到看比赛的后劲儿太大了，连续几天我都魂不守舍。老师在复习课上讲化学反应平衡移动，我左耳进右耳出，满脑子都是×××的神级走位，主播夸他的解说词我都快背下来了。真的不是我不想听课，我很难控制自己不想这些。”

学长学姐经验帖　避免在生活中接触高刺激因素

上课走神时，你是否也会在眼前不断重映昨日的游戏场景，耳边萦绕某一段旋律，挥之不去？

这就是强迫性回忆（无法控制的，对某些经历的回忆）和耳虫效应（声音在脑海中反复播放）。

这些看似不受控制的心理因素，是导致上课走神的主要原因。“好烦啊，关也关不掉，为什么我不能专注学习？”

首先，我们需要尽量避免生活中接触高刺激因素。因为当大脑适应了娱乐状态，高刺激情绪阈值被提高，再回归到低刺激的学习中就会倾向于复现高刺激的内容，比如紧张刺激的游戏、跌宕起伏的小说剧情、花里胡哨的短视频等。

没有对比就没有伤害，大脑会说：“之前天天吃惯了高热量（多巴胺）的油炸食品（短平快高刺激内容），现在又让我持斋把素，叫我如何不想念？不如从未相遇。”

其次，积极参与到课堂中，通过回答问题让自己与老师对话，可以起到强行忘记、转换情绪的作用。同时，这也是一种主动建立其他奖励机制的行为，因为在回答问题时得到教师肯定的认可的过程中，你会感受到身心愉悦。

第三招 保持自己的节奏，积极回应

“嘿，你知道那种感觉吗？老师在台上口若悬河，同学在台下对答如流，而我是应接不暇沉默不语的观众：经常卡顿，又不愿意放弃，独自在草稿纸上演算，再抬头时却发现不知道讲到哪里了。”

学长学姐经验帖 保持合适的节奏，积极回应老师

老师讲课速度过快或过慢导致走神？课堂氛围太活跃跟不上或太沉闷易犯困？不用担心，大多数人都有这样的经历。

保持自己的节奏，及时记笔记、标注疑问，课上积极回应老师，课后解决遗留问题。

积极回应是防止走神的通用方法。想想看，是不是在回答问题的时候注意力最集中，大脑飞速运转，生怕回答错了被笑话？时刻准备回答老师的问题，不放过老师说的每一句话，认真记笔记，跟着课堂节奏及时思考，怎么还会走神呢？

如果跟不上老师的思考速度，难以理解某个知识点，这种时候不要自己较劲，直接举手提问，或者把有疑问的地方记下来，课后去请教老师和同学。重要的是跟上课堂节奏，保持连贯性。如果是大部分内容听不懂，就不要勉强自己认真听，思考这个问题涉及哪些基础知识，自己可能是哪里出现了知识漏洞，然后课后请老师进行针对性讲解。

如果老师讲课过慢，课堂氛围沉闷，那就结合自己的学习进度，一边刷题一边有选择性地听课。此外，积极回应老师，配合调动老师的情绪，成为课堂节奏的推动者，毕竟老师讲课也需要学生的反馈，通过学生的反馈及时调整教学进度。

总之，保持合适的节奏，积极回应老师，是解决因为课堂节奏与自己掌握的知识不匹配导致走神的核心。

高效背书法，2 步提升记忆力

分享者：李缇然

主要表现

在学习上比别人花的时间多，却比别人的收获少。努力一年，比不上别人努力一个月的成效。要么学习的时候知识进不到脑子里去，要么做题的时候脑子里藏的知识找不出来。

“记忆”到底是一个怎样的过程

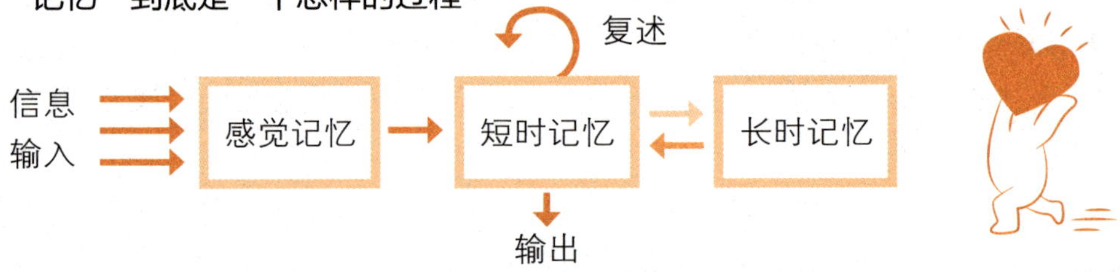

★ 假设你的脑子是一台计算机，信息是怎么被“输入”的呢？

认知心理学家认为，信息首先被眼、耳等感觉器官捕获并短暂残留，这种记忆保持的时间非常短，只有一两秒；比如“视觉暂留”现象就是一种感觉记忆。

★ 我们怎么“抓住”这种转瞬即逝的“感觉”呢？

只有受到特别注意的信息，才能从感觉记忆转为短时记忆，但短时记忆的保持时间和容量也很有限。比如，老师在黑板上写下一个新单词，你把它写在了笔记本上，可能还没下课你就忘记了。如果想要记住这个单词，你可能需要一边写一边不断默念，这就是“复述”，一种有效的保持短时记忆的方式。

★ 靠“复述”去维持记忆，未免太麻烦了吧？

我们希望信息能够从短时记忆进入长时记忆，这才算“记住”了。长时记忆的容量非常大，维持的时间可以达到几十年，因此我们能记得人生中发生的各种事件。如果能让知识快速有效地进入长时记忆，学习效率就能提高了。

★ 那怎么把记住的信息重新想起来呢？

把它们从长时记忆里找出来交给短时记忆。有时这个过程会出问题，导致明明记得某个同学的名字，可是一时怎么也叫不上来；明明记得这道题应该怎么答，可是某个得分点突然就想不起来。

第一步 怎么把知识塞进脑子

1 带脑子的复读机

前面说到，复述能够延长短时记忆的保存时间，但只靠不加思考的复读机式复述是很难把短时记忆转化为长时记忆的。

因此，心理学家提出要进行“精细复述”，也就是在复述的同时对内容的意义进行分析。即使是“凭语感”就可以硬背下来的古诗文，也要想象文字表达的场景，咀嚼作者想表达的思想感情，这样背起来就会像“魂穿”了作者本人一样顺畅。

2 睡眠复习法

你以为休息和睡眠是在浪费学习的时间吗？其实不然，你是闲着了，你的大脑可没闲着。学习存在“间隔效应”，相比连续学习，把学习分为几个阶段、偶尔稍作休息效果会更好，而最好的休息方式就是睡眠。这是因为新的记忆被“输入”后，海马体和大脑皮层还要相互配合进行“巩固”，这个过程很容易被新信息干扰，休息和睡眠有利于巩固不受干扰地完成。

3 及时考考自己

每个人都会自测：课文读得差不多了，合上书背一遍试试看。但我们只会把这作为检测记忆效果的方法，而不是增强记忆效果的手段。心理学家却通过实验发现：自测本身就能促进记忆。

研究者首先让每位实验参与者都将一篇文章读一遍，过两分钟再让一半的人重新读一遍，而让另一半人将文章回忆一遍。几天后，两组人重述文章内容，发现“回忆组”记得的内容是“重读组”的两倍。

所以，我们在把要记的内容读过一遍之后，就可以合上书开始测试了。不要担心自己这时候记得不清楚，因为此时测试的目的不是为了检验记忆的成效，而是为了强迫自己对刚才读的内容进行再加工。

4 思维导图

有一种策略，叫作“整体重组”，其实就是重新组织信息，发现知识内部的种类和规律，再据此进行有组织的记忆。一种非常流行的技巧就是画思维导图。

第二步 考场中，怎么把知识“拿”出来？

记得再好，想不起来也是白费力气。要提取正确的记忆，就好像从装满鸟的鸟舍里抓到某只特定的鸟，这个过程并不简单。但是，如果这只鸟身上有定位装置，不就好办了吗？

回忆的过程也是一样，最重要的策略就是设置并找到线索。

1 找到“小标题”

在一项实验中，心理学家整理了一份含有各种类别词语的乱序词表。实验参与者尝试记住这张词表，然后一半参与者自由地回想词表上有哪些词；另一半参与者则以词语的类别作为线索进行回忆（如“回忆鸟类”“回忆家具”等）。

自由回忆的参与者只能想起40%的词，而得到了线索的参与者却能想起75%的词。由于是随机分组，两组参与者“记”的词的数量应该没有差异；仅仅因为没有线索，自由回忆组就很难把词“忆”起来。

其实，思维导图中的各级标题就可以作为线索。

我们可以在考前复习时整理出这样的小标题，写成小纸条，开考前的最后几分钟再突击记忆一下；或者针对某些题型，用一两个词语总结出它们解题的关键点，只要记住这些线索就能想起以往的解法。

2 旧日重现

除了语言线索，外界环境和心理状态也可以作为线索。

你是否有过这样的经历：在家背得滚瓜烂熟的课文，一进教室就开始磕巴，或者是抱着笔记本复习时，明明记得很牢，但一进考场就忘光了。排除紧张的因素，这种情况有可能是场景改变导致的。当提取记忆的场景与编码记忆的场景相似时，记忆提取的效果最好，这种现象被称为“编码特异性”，即你的大脑会自动匹配相似环境下的“记”和“忆”的过程。舞台表演者喜欢反复进行场地彩排、警察重现犯罪场景帮证人进行回忆，可能都受到了这种效应的影响。

因此，大家在重要的考试时要注意不要改变日常的生活规律，保持平稳的心态。此外，还可以试试一些特别的“学习标记物”，比如复习时在身上喷一点花露水，进考场前再喷一点；还可以给每门课都设置不同的标记物，或许看起来有点迷信，但你可以骄傲地说：“这都是有科学依据的。”

学习习惯

你是不是真的在努力？

分享者：北京师范大学　刘艺

以下选项中，哪一个最接近你现在的努力状态？

A. 我行我素，对学习漠不关心，应付了事。能混一天是一天，能写一题是一题。听说明天期末考？无所谓，等我打完这一局。

B. 间歇性踌躇满志，持续性浑浑噩噩。平时摸鱼摆烂，期末来临再着急也无妨，咖啡红牛熬夜大法，极限复习及格就行。

C. 我要偷偷学习，然后惊艳所有人！人前：期末考不就是一场考试嘛，有什么好复习的？人后：奋战到天明。

D. 抓紧一切时间学习，语数英综合练习册轮番上阵，晚自习的每一分钟都安排得严丝合缝，期末我可是要冲班级前3的，可是为什么感觉收效甚微？

E. 执着于理想，纯粹于当下。每天定时定量完成作业，回顾旧知预习新知，劳逸结合张弛有度，健康学习14小时。

如果有机会改变，你又想成为哪一种？

测试结果

A类属于不努力，对应低趋低避型；

B类属于假努力，对应低趋高避型；

C、D类属于过度努力，对应高趋高避型；

E类对应高趋低避型，一般认为是最好的一种类型。

测试解析

“假装努力和过度努力都不是最理想的学习状态，但恭喜你，你依然愿意努力。”

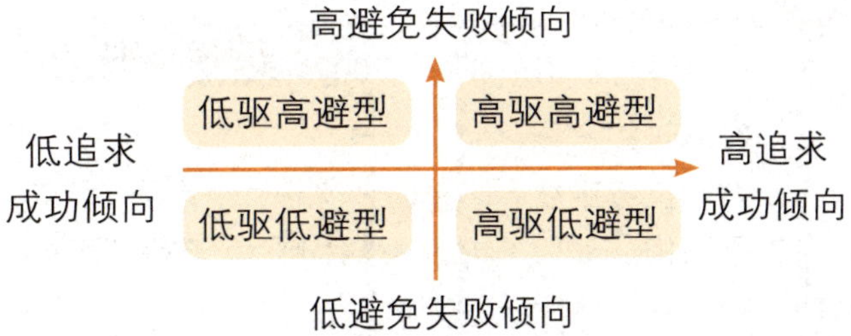

为什么会选择假装努力和过度努力?

假装努力和过度努力共同的动机是逃避失败，而按照教育心理学领域的自我价值理论，追求成功的学习动机更为积极。

马丁·V.科温顿是美国伯克利大学心理学教授，他的学习动机理论之自我价值理论认为，人天生具有自我价值保护的倾向，而学生不成熟的归因行为会将自我价值感与能力、努力相联系，进而影响学习动机和行为。

以假努力行为的形成为例：面对一件事，可控的因素只有努力程度，能力和任务难度是稳定的、不可控的因素。因此学生往往认为成功是能力的展现，失败是不努力的结果。

在面对学业失败时，为了避免他人对自己形成能力不足的印象，部分学生往往会怪罪于努力不足，并且为了印证这点而减少努力。

我们都知道考试是十分公平的，会的就是会，不会的就是不会，可是我有题目答错了，甚至不会写，难道要我自己承认能力不如同学吗？当然不愿意了，于是退而求其次，声称“只是最近松懈了，不够努力”。这也许就是为什么我们有时候不愿意、不敢去努力学习，产生“不努力”“假努力”“偷偷努力”的现象。

殊不知成败都是综合结果，即使能力不足也只是暂时性的，应该保持成长的心态，相信自己通过努力可以提升能力，而不是为了避免被认为能力不足，做出各种不努力的假动作，最终弄假成真。

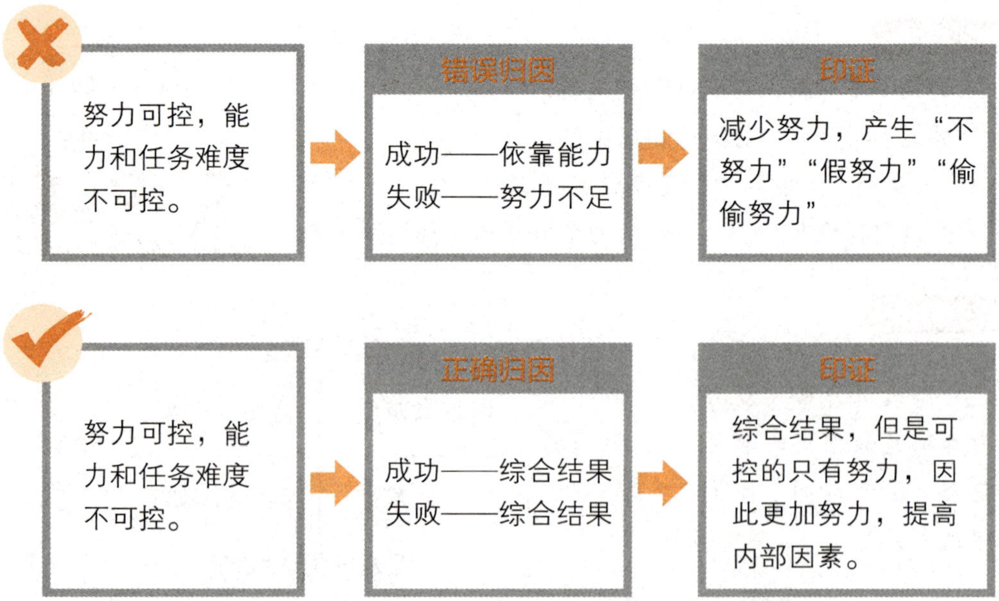

如何避免假努力？

★ **主要表现：**

自己每天都刷题，成绩却依旧毫无变化。

明明上课记笔记一字不落，考试却还是不会。

★ **原因：**

缺乏明确目标，只是为了让自己看起来"努力"而强迫自己做出"努力"的行为。

★ **心理学分析：**

在心理学上被称为"仪式抵消"，是一种维护自我价值的防御性行为。

自测 我是否存在假努力行为

类型	释义	案例
表面功夫（Fake Effort）	表演式学习，不追求效率和结果，只追求表现出努力学习的姿态。	1.在课堂讨论中假装参与，故意问一个简单的问题或者故意做出一种复杂的表情以表明自己正在思考； 2.课堂笔记工工整整，下课却从不复习； 3.家长进屋假装看书，家长一走掏出手机； 4.制订每日计划却极少完成。
自我妨碍（Self-Handicapping）	为了避免表现不佳带来的负面评价，采取对成功不利的行为，以达到将失败归因于外界因素的目的。好比未战先降，提前为自己的失败找借口。	1.**拖延行为：**故意拖延时间到最后期限前才开始学习，这样即使失败了也可以向外归因为"学的时间少，所以失败了，并不是我能力差"； 2.**放弃行为：**不写作业，考试前不复习而热衷玩乐，直接避免对自己能力的检验。
设置不恰当的目标（Set Inappropriate Goals）	**极易失败：**设置过高的、难以达成的目标，失败了便可归因为超出能力范围。 **保证成功：**设置简单的、容易达成的目标，以确保成功，而不会对自身能力构成威胁。	1.某学科常年不及格，却试图通过一个月的冲刺在期末达到130分以上； 2.成绩处于中流，却习惯于刷作业中的简单题，而不做老师安排的补充题。

续表

类型	释义	案例
学业文饰（The Academic Wooden Legs）	避重就轻，粉饰太平，通过展示一些小的缺点来掩盖更大的缺点。	**夸大心理、生理障碍**：考试前的焦虑、身体不适、压抑心理等。

学长学姐经验帖 简单点，学习的方式简单点

假装努力或许能“感动”自己，但成绩不会。短期来看，以上种种自我保护行为可以减轻焦虑和羞耻感；但长远来看，这些行为阻碍了真正的学习。

通过假装努力逃避失败，避免自己看上去很笨，或者获得心理安慰，“至少我努力过了”。长久下来会对自己形成消极的看法，降低自我效能感，减少对学习的兴趣，继而又会假装努力，陷入恶性循环中，最终结果是证实了自己的“无能”。

既然都能成功地假装努力了，说明还是有努力的潜力的，不如真刀真枪去试一把，你难道不好奇真正努力起来的你能取得多大的进步吗?

假努力其实是我们学生群体中的一大主流。假努力的人更多的是害怕失败而非期望成功，他们缺乏目标感，是被推着前进的。然而，这就好比在黑暗中，漫无目的地摸索总是担惊受怕的，只有朝着光亮前进，即使跌跌撞撞也无惧，内心才会平和而坚定。

如何建立和落实目标感?

首先要树立一个明确的目标，要有足够的挑战性。其次，落实目标需要逐级分解，形成按日、按月、按学期规划，再细分到每个学科，每天限时限量限正确率完成作业。同时，也要根据自身现状调整目标。通过目标导向来约束自己努力的产出，保持在有一定压力的状态下，使注意力高度集中，提高效率，形成正反馈，学习便不再需要被推着前进了。

还记得在初中入高中时，得知高一上学期期末结束后会重新分班，我给自己定下了进入重点班的目标，细化到每日目标也很明确:

在晚自习前利用碎片时间整理完每日上课笔记和遗留问题，晚自习大块时间按照 40 分钟一节完成各科作业，每节之间预留 10 分钟，可以用来调整，也可以防止任务超时。

那段日子真切体会到了什么是“每天叫醒你的不是闹钟，而是梦想”，每个清晨听着窗外婉转清亮的鸟鸣，开启心无旁骛的一天。日拱一卒，最终进入了梦想中的重点班。

如何避免过度努力?

★ **主要表现:**

拼命学习，废寝忘食，早起晚睡，学习是唯一的事。

焦虑加内耗，情绪问题越来越多。

人前伪装成不学习的样子，人后拼命学习。

★ **原因:**

付出了超出个人身心承受能力的努力，但效果并不明显。

学长学姐经验帖 恭喜你，拥有对成功的积极追求动机

千万不要相信，压力可以转化为动力，八成情况下你的压力只会转化成病历。我们真正的动力，应该源自内心深处对于快乐和兴趣的追求。

我们往往处在渴望成功和恐惧失败的“量子叠加态”，多有两种表现形式:

①非常努力又刻意掩饰努力;

②努力到拼命，焦虑到失眠，在这种情况下，不应该再加大强度盲目刷题，而应该提升方法论和保持平常心。

1. 系统性学习

建立系统的学科知识体系，避免碎片化学习只是触及知识表面的弊端。在日常学习中，以作业—考试—讨论的形式不断输出，通过实践来检验，更新迭代。

2. 针对性突破

不盲目学习，不为了学习而学习，要清楚自己的弱点，有针对性地学习。比如重视错题，建立错题目录本。有计划地梳理、记录错题，简记关键错因，具体题目的条件分析、解题思路以及错解和正解要有选择地记录。要让每一分每一秒都有意义。

3. 平和而坚定

看淡结果，专注过程。不必纠结某次考试的失利，需要关注的是自己有没有通过这次考试查漏补缺。相信自己的每一步努力都不会白费，每一个当下都决定你的未来。

应试策略

你是不是应试型人格？

大考发挥失常的人都有哪些共同点	大考发挥超常的人都有哪些共同点
基础不扎实，成绩忽高忽低	不对自己有过高的期望
得失心太重，期望太高	想得少，心里只有做题
过度紧张，身体易出现问题	投入感高，不带任何功利目的
越考试越放松，太过放松，没状态了	基础知识扎实，越努力越幸运
应变能力差，一遇突发情况，心态就崩了	积极的心理暗示，心态越平常，发挥越超常

符合3条以上，则具备相应人格潜质。

考场超常发挥奇袭指南

“会学习≠会考试”，学会调整考试心态、提高考试能力，是每一位考生在平时努力认真的基础上，为了锦上添花更应该做的事情。

同频共振

★ **跌到谷底后破釜沉舟**

@Moony

我的一模二模考试结果都不尽如人意，信心跌入谷底，但也可能就是这种惨不忍睹的成绩才会让我不顾一切挫折，不再畏惧前路的艰辛——我已经掉到谷底了，那就从谷底逆袭，从而有了放手一搏的勇气。

距离中考不到两个月时，我真正做到一心复习，每次成绩出来后都认真分析错题，这是其一。

其二，中考期间，我的状态特别好。无论考试题目简单还是难，我总抱着最积极的心态——我也不知这种心态从何而来。我是住宿生，考试那三天我还会在宿舍和舍友疯玩。但说心里话，那三天，我爱上了考试，那时我才认识到学习的快乐。

★ 尽人事，听天命

@匿名网友

考试时，我应该是达到心流状态了，每一场都是全神贯注答题，没有时不时抬头看时间，只在所有会做的题目都做完之后才抬起头来看了看时间，然后回过头去做不确定的题。

感觉那一次考试每一场时间都过得很快，很充实。

后来公布成绩之前，我心里想的是我尽力了，剩下的听天由命吧。后来一看成绩，班级第四名，真的是我上高中来头一次考这么好，我感觉我终于不再焦虑了。

★ 告诉自己，无论什么结果都挺好

@宜

由于自己是特长生，录取时可以降20分，心里有底了；再者我也告诉自己考不上重高，考普高也可以。在普高当一个尖子生，可以受到更多的关注。

心态好了，觉得考出什么结果自己都能接受，反而可以超常发挥。

★ 我只需要把会的全答对

@XBDDDDD

其实只要把会的题目都答对，就已经超过大部分的同水平对手了。

@玥

我的数学不好，考数学的时候我采用了老师的答题技巧——难题看一眼五分钟写不出来就放弃，但是如果只是单纯计算难一定要写，而且慢慢算。

结果今年全国乙卷的数学题就跟我想的一模一样，我完美避开了所有难题。出了考场同学们都说数学好难，但是我并没有这么觉得，我把会做的题都答上了，而且检查了三遍，考出了相当高的分数，我自己都震惊了。

所以，答题技巧真的很有用。

3 招教你自信上考场

名字：endlessumer 学校：四川大学	**主要表现** 备考期感觉坐立难安，心如擂鼓，头晕眼花，浑身不舒服。

第一招　知己知彼，克服考前焦虑

为什么会对考试感到焦虑？

考试前	考试中
对未来发生的事，产生了不好的预期	碰到难题就陷入焦虑
试图控制或改变这个结果	更紧张
发现我们无法控制	一紧张更焦虑
产生焦虑	一焦虑更做不出，做不出又更紧张
	陷入恶性循环直至崩溃

你担心的事，是你能控制的吗？

你在担心什么？	你担心的事真的会发生吗？
怕考不好父母不高兴	改变你可以改变的
怕被同学嘲笑	接受你不能改变的
怕正视自己的普通	区分这两者的区别
怕一场考试毁了自己的人生	

学长学姐经验帖　你心中的不安，只因你没有采取具体行动

我们的想法只是一种想法，不是现实，换个想法、拓展多维度的视角，会发现其中不合理之处。

我曾在高三午睡前，躺在床上，在很放松的状态下，想象自己专注考试的样子，结果我也会冒出考不好、很紧张之类的想法。后来，我选择将消极的念头替换成："我只要放松，专注地做好当下的每一道题，我就会取得我能力范围之内的最好成绩。"不断地重复这个训练，面对考试我就不再那么紧张了。

放弃对结果的期待，主打四个字：顺其自然。

你心中的不安便不会再任意膨胀，只因你采取了具体的行动。

第二招　抛砖引玉，摒弃无效准备

学长学姐经验帖　优异的成绩归根到底还是取决于考前的知识积累

高中时坐在我前桌的同学，从来不会“苦大仇深”地学习，但学习成绩一直名列前茅，后来他被保送进了浙江大学外国语学院。我记得她常挂在嘴边的话就是“大考大玩，小考小玩，不考不玩”，在私下聊天中她也直言不讳地说：“算不上什么方法论，只能说细节决定成败。”

在平时学习中，她会把每次的作业当成小测试，她说：“写作业就是输出的过程，也是检测你对今天课堂输入内容是否完全掌握的过程。”要做到这一点，靠的就是“三不”：不翻书，不讨论，不抄答案。一定要保证自己写作业的全过程是不依赖任何参考资料得出的。对于作业的正确率，她也坦然回答：“作业就是允许你犯错的，不要为了所谓的正确率想尽办法得到正确答案，作业的价值是查漏补缺。”

在考前一周左右，她不会花时间做过多的新题，而是重做错题集上的题目。她的错题集并不只是记录老师的讲解和分析，不仅仅要知道错在哪儿，还要理解、归纳、总结同类型题目的出题特点以及自己常出现的错误思路，避免再次陷入同一个误区。她曾在领奖台上谦逊地说：“每一个错题都是进步的垫脚石。”

第三招　釜底抽薪，及时复盘调整

课间 5 分钟复盘法

- **课后：合上书本，从上课第一分钟开始回忆**
  - 本节课的主要知识点
    - 牢记，复习结束
    - 有遗忘，在专门的笔记本上记录遗忘的知识点
  - 老师的解题思路
- **平时：时时回顾这个专门的笔记本**
  - 事后掌握的，用 ☑ 作标记
  - 记一遍忘一遍，用其他符号作标记，可以按照重要程度标五★四★等
- **考前：专注看笔记本上还未掌握的知识点**

学长学姐经验帖 一场考试结束后的复盘是下一次考试成功的开始

也许你的日记本上写着:“今天不够努力,明天要加油,冲冲冲!”“地理这次没考好,这个月地理的题目刷少了。”这样的反思太过于笼统与抽象了,它不够具体,以至于不能用来指导自己的行为。

量化具体

无效复盘	有效复盘
今天晚上做作业效率太低了,明天一定要提高自己效率。	今天晚上做作业效率低,圆锥曲线知识点没掌握所以效率低,上课犯困所以知识点没听懂。
无效复盘	**有效复盘**
这次数学考砸了,下个月得花时间努力学数学。	分析哪些是因为粗心做错的,哪些是因为掌握不牢固做错的,哪些是因为完全不会做错的,它们都是哪一个章节的知识点或哪一类型的题目。

优化行动

“上课犯困,所以知识点没听懂。”

方案一:上床就睡觉,减少与舍友的交流,不要再聊天到深夜。

方案二:如果夜间睡眠时间已经足够了,那可以适量喝点咖啡,或者在课间活动一下,保证接下来一节课精力充沛。

自我定位

每隔一段时间定期复盘,对自己这段时间的学习状态和学习进度做一个总结。

这周的自己VS上周的自己:

有没有什么进步?

有哪些地方做得不好?

制订新的目标去执行

……

时间管理

如何合理规划学习时间?

晚自习应该怎么过?

“每天去教室的途中，都可以看到走廊里面挂的写满励志标语的红色横幅。起初总感压抑，有天莫名想起‘燕燕于飞，下上其音。之子于归，远送于南。瞻望弗及，实劳我心’这句话，心想：走廊里到处是红色，学校这是打算把我们都嫁出去吗？被自己的想法逗笑后，对标语就不怎么排斥了。”

学习就要有学习的样子，上晚自习就要有上晚自习的样子。

高中晚自习的重要性不言而喻，因为这是完全属于你自由支配的时间，听了一天课，可能还有些迷糊的地方；学到的那些很可能只是零碎的知识，还没有归位到各科的知识体系里去……

热爱晚自习吧，它也会喜欢你的。

晚自习为何又叫“黄金晚自习”？

我们都知道，时间的利用和效率存在着一个“二八定律”，即在效率最高的“黄金时间”，20%的时间投入就能产生80%的回报；在效率最低的“疲顿时间”，80%的时间投入只能产生20%的回报。

对于高中生来说，提高时间的利用率，可以更高效地提高学习成绩。而晚自习对于高中生来说，正是精神状态较佳的时间段，晚上也是容易静下来的时刻，可以给大家沉静思考的时间，因此晚自习是个不错的学习时间点。

除此之外，对于大多数的高中生来说，每天大部分的时间都是在吸收知识。上不完的课、做不完的题目、考不完的试，这些都是学习或者检测学习效果的过程。但是学习提升还有更重要的一个部分，那就是知识的整理和总结，这部分基本上只能在晚自习时完成，因此如果没有抓住晚自习，可以说学习的效率是大打折扣的。

晚自习也是检验自主学习能力的大好时机。晚自习没有老师来引导大家学习，主要看大家的自觉性，而真正会学习的人，不仅会在晚自习时认真写作业，还会高效利用这段时间完成复习巩固、整理总结等事情。

晚自习最适合做什么

如果你处在高一或高二

对于高一高二的学生，学习的任务还没有那么饱和，除了将老师布置的作业完成以外，最好利用晚自习多做以下几件事情：

（1）总结学过的知识点

高一每天都会学习新知识，及时做总结和梳理，可以加深对知识的理解，也能拓展思维，提高自己的思考能力、学习能力。比如，复习一遍老师讲过的内容，梳理一下思路，提炼一下知识点，完善一下学习笔记，或者将没有完全弄明白的地方梳理清楚，都可以有效巩固学习的内容。

（2）对不熟练的题型加强训练

如果对某一块内容掌握得还不够扎实，可以多找一些类似的题型做专项训练。

（3）预习

如果时间足够，也可以预习即将要学习的内容，这样在老师讲课的时候，学习起来更有针对性。

如果你是高三学生

高三进入了学习节奏比较紧凑的阶段，晚自习越发要有计划地安排。

晚自习是难得的比较整块的时间，大家可以利用这段时间来做以下几件事情：

（1）某一专题的重点突破

利用晚自习，可以集中对高考常考的题型或者你还未掌握的一类题型进行有针对性的训练。

（2）综合性训练

高三时，可以适当利用晚自习的大块时间来模拟考试，做综合性训练。比如用40分钟时间做一套理综的选择题。严格按照考试时间来做限时训练，一是提高做题速度，二是提升自己的综合能力，三是考查自己哪些题型还不够熟练，需要加强。

高效利用晚自习的小技巧

1 提前安排好晚自习的学习计划

有的老师会给大家安排好晚自习的任务，但是有的老师可能会让大家自由复习。很多同学被老师安排惯了，一到自由复习的时间，就有些不知所措了。做几道数学题，卡住了，做不下去，想想还是背单词吧；背了几个单词，想起来物理试卷还没做，又换成物理；甚至有的同学不知道该干什么，等想起来时，时间已经过了一大半。

因此，最好提前做好计划表，减少选择和犹豫的时间。

2 学科之间轮流学

如果自习的时间是由你自己来安排，而学习的时间又足够长的话，为了避免一直学习某一个科目而造成注意力下降，可以学习某一个科目一段时间之后，换另一个科目。换个科目换个思维方式，可以让学习不那么无聊。当然，这个时间长度不能太短，而且需要你提前做好规划，保证那一科的学习任务在规定的时间内完成，而不是每科“打一下酱油”。

3 晚自习课间，出去透透气

晚自习的时间比较长，有三四个小时，如果一直坐在教室会十分疲倦，因此建议大家课间时出去呼吸一下新鲜空气。夜的凉爽和静谧，也是很好的学习调节剂。

4 晚自习结束前的 15 分钟，可以做这件事

不知道你们是不是这样，距离晚自习结束还有 15 分钟的时候，原本安静的教室开始躁起来，大家的心逐渐奔向远方。这个时候，如果已经受到干扰，那就索性不要再学习了。但是也不意味着就无所事事了，可以利用这 15 分钟梳理一下今天哪些事情做好了、哪些事情没做好，也可以安排一下明天的任务。

晚自习最好不要做的事

1 与记忆相关的学习

晚自习时间并不是人的记忆力最好的时间，拿来背诵知识点可能效率比较低，因此这个时间不建议用来背诵。

当然这也因人而异，如果你觉得晚自习时记忆力较佳，也可以背诵，但是不要吵到别人。

2 不要一心多用

有的同学在上自习时，喜欢边听音乐边做作业，虽然这也是因人而异，但是对于大部分人来说，做作业还是专注一点比较好，不然很容易就走神了。

3 别一复习不进去就安慰自己说放松一会儿

尽管有时候复习效率低，确实需要放松一下，但是更多时候，你没有自己想的那么需要放松，反而需要逼自己集中注意力。否则一不想学习就去放松，只会让学习效率越来越低。

2 步告别上课打瞌睡

分享者：DD

具体表现

人物 1 开学第一周就考了4次试，因为作业很多，我晚上很晚才睡。虽然白天喝了咖啡不困，但还是没有精神。

人物 2 我整天都很困，睡也困，不睡也困。我平时晚上十一点半睡，七点起床，中午也会睡午觉，感觉应该不是睡眠时间不足吧？

如果你有上述两种情况，请先问自己几个问题：

- 你有没有找到合适的睡眠周期？
- 你有没有不利于睡眠的生活习惯？
- 你睡觉的环境够不够舒服？
- 你有没有高效的提神方法？

第一步：保证夜晚睡眠时间

1 平时应该注意什么？

★ **迈开腿**

脑力劳动者往往是脑子已经累瘫了，身体还精神着。适量的运动能让身体配合脑子一起休息，还有助于形成体温节律：白天运动让体温变高，晚上体温就会略低，使我们睡得更安稳。

“安眠”运动不要太剧烈，不要在睡前进行，重在形成规律、长期坚持。适合学生的运动是学校的跑操、课间操等，或者上下学路上加快走路，绕个远路出出汗也很有效。

★ **管住嘴**

不要多喝咖啡、茶之类的提神饮品。早上、午后可以来一杯，但下午三点以后建议“戒断”。

另外，别吃夜宵。只要胃还在忙着消化，大脑也得陪着一起“熬”；如果吃太饱，还会压迫刺激到其他器官。

★ 放假不要睡懒觉

睡懒觉除了能让你放纵一下、逃过早起的“痛苦”之外，其实起不到什么休息作用，反而会打乱生物钟，晚上更睡不着、早上更起不来。

如果平时确实缺觉，放假时可以适当早睡一会儿、晚起一会儿，顶多睡到自然醒，拒绝回笼觉。

★ 没事不要躺床上

放学回家，不要一进屋就瘫在床上；放假休息，也不要赖在床上玩手机。

只有困了才进被窝。除了睡觉之外，玩手机、看书、吃零食之类的事情一律不要在床上做，这样有利于在潜意识里建立“躺床上＝睡觉”的关联。久而久之，说不定真的能形成沾枕头就睡着的条件反射呢。

2 睡前应该做什么？

平日里做好了准备，睡前就只需要想办法排除干扰因素了。

★ 建立标准化催眠流程

高强度用脑一整天，忽然切换到睡眠模式，还真得酝酿好一会儿。所以，上床之前半小时就应该进入催眠流程了。

第一步：结束学习状态。晚上写作业时注意调整安排，把最简单的作业留到最后。这样，结束学习时，大脑已经尽可能平静下来了。

第二步：身体放松。一般来说洗个澡就可以达到效果，不够的话可以再泡个脚、做会儿肌肉拉伸。

第三步：精神放松。听听歌、拉拉家常，或者找到适合自己的睡前读物——有一点有趣却又不能吸引你一直读，有一点难懂但也不至于读不下去的书。或许可以试试那种用联想法记单词的词汇书。

调适光环境

从进化上说，我们的睡眠周期是和自然界光周期同步的。光线昏暗时，身体会分泌褪黑素来诱导睡眠；而光照会抑制褪黑素，让人清醒——总之，有光就精神，没光就犯困。因此，整个催眠流程最好在昏暗的光线下完成，即使是阅读时也只开台灯，并且一定要关闭电子设备屏幕。

白天多晒晒太阳，也更有利于身体适应光周期哦。实在不行的话，还可以咨询医生，按医嘱口服褪黑素。

睡不着别硬扛

如果躺了一个小时，还在辗转反侧、没有睡意，就是进入了心理学所说的“睡眠努力”状态：越是努力睡着，越是睡不着。此时与其硬扛，不如直接起床。当然，打游戏、写作业之类的都别想，可以试试把催眠流程重来一遍。

特别提醒：不管你做什么，都绝对不要看时间，否则必定吓一激灵。这么晚了我都没睡着！好不容易培养起来的一点睡意，瞬间就没了。

第二步：主动刺激大脑，保持精神状态

如果睡好了还是犯困，就得靠应急办法了。

主动走神

如果课堂上犯困，就干脆开个小差，想点值得兴奋的事儿；也可以脱离老师的节奏，看看以前的笔记、浏览一下今天要写的作业。当然，一旦发现自己不困了，就要立马回到课堂上来。

也许你会想，这个方法用多了，会不会形成条件反射，一上课就走神？不必担心。触发走神的条件并不是“上课”，而是“犯困”；而且只要走神是由你主动控制的，就不算是一种“反射”。

自我刺激

上课时：有的人会和同桌组成互助联盟，一旦发现对方打瞌睡，立即“重拳出击”，把人打醒。不过求人不如求己，有些气味也有同样的“疗效”，比如在鼻子底下抹风油精，在舌头底下塞强效薄荷糖，灌一口藿香正气水，啃一口橘子皮……其实，最有效的方法是提前跟老师们说好，自己犯困的时候就自行站到教室后面去听课。有的老师甚至会主动教同学们这个方法。

下课后：如果能撑到下课，最好不要补觉，因为补得不好的话，还会接着犯困。可以出去透透气、晒晒太阳、做做拉伸、溜达溜达，或者去卫生间用凉水洗脸、跟朋友们聊聊好玩的事儿。总之，即使再困，也不能任由自己昏昏沉沉。如果以精神涣散的状态学习，就算学到后半夜去，也比不上一个精力充沛的晚自习。缺乏睡眠不仅会导致注意力、记忆力和创造力下降，还会使人情绪不稳定，暴躁易怒，久而久之更会影响免疫系统，容易生病。

熬夜其实就是一种不怎么动脑的假努力。真心想要提高成绩的话，就睡足觉、养好精神，为高效利用学习时间做准备吧。

提分技巧篇

师范生联盟，学霸笔记公开

“榨干”试卷上的每一分

高中语文基础提分的小妙招

上分攻略

分享者信息

名字：念念学姐

学校：中央民族大学

专业：语言学及应用语言学，本硕均属于中国语言文学专业大类

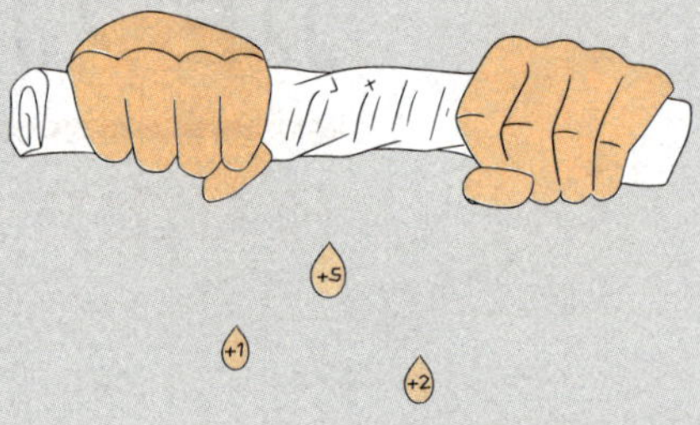

提分关键词

提分干货；试卷分析；反思复盘；建立智库

第一阶段：破解 90 分魔咒

很多同学说语文到了90分就很难继续突破，无论付出多少努力都没有进步。是不是自己本身能力不够？其实，学姐认为能力只是一方面，更重要的是你是否掌握了突围的方法。那么高中语文90分魔咒到底该怎么破解呢？

听 纪录片，语文学习的范本

听优质的纪录片（或者播客），如《国家宝藏》《宗师列传·唐宋八大家》《典籍里的中国》《朗读者》《河西走廊》等等，相信“央视出品”必属精品。这些纪录片中的每一个设计、每一句旁白以及服化道都经过精心打磨的背后，承载着中华优秀传统文化与自然文化，制作精美，内容丰富。我们在欣赏艺术的同时，也能在潜移默化中提升自己遣词造句的能力。兴趣是最好的老师，用一流的内容和文化来滋养心灵，迈进高分行列只是一个时间问题。

说 别紧张，有话大胆说出来

通过“说”一段文字来增强语感，从而更深刻地体会到文字的意义、情感和节奏，使自己的阅读理解能力进一步提升。除此之外，日常的言语表达训练也很重要，上课时或是在语文小组活动中积极发言，可以锻炼自己在紧张的情况下快速梳理思路的能力，这和在考场上做阅读题的逻辑思考是很相似的。

写 别偷懒，有想法赶快写下来

你的作答要体现你的思考功底，就像你答一道阅读理解的题目，该如何分析，第一步要答什么，如何联系文本，这些问题在答题前必须在脑海中梳理一遍。同样的内容，如何由浅入深，从表层作用到深层作用，从技法本身的作用到联系上下文体会其作用……组织编排一道题目的答案恰恰就体现出你的逻辑辩证能力，而这需要你在平时花时间训练。有些同学觉得写出答案很浪费时间，平日练习时只是写出几个关键词，但一到考试时就感到组织答案力不从心。当然，不必每一道题都手写一遍，练习过一些题目之后，必然清楚自己哪类题型不擅长，哪类题型需要动手写，又有哪类题型的思路只需要在脑子里过一遍就可以答出来。

第二阶段：进阶语文优等生

模仿 打通阅读和写作

不会写作文，先去“抄”，俗话说“天下文章一大抄”，初中语文作文和高中语文作文的体裁完全不同，刚升入高中写不好作文很正常，“抄”便是一种很好的提升方法。我的做法是先整篇地抄，抄完之后分析其结构和论证方法，理解其遣词造句和运用素材的逻辑。同时，在自己平时的阅读中注意收集素材，并思考这一素材适用于何类主题。这样一来，就把阅读和写作打通了。

归纳 有效刷题，沉淀适合自己的答题套路

如果你刷过很多题，但成绩还是没有明显的提升，就应该停下来反思一下自己到底是在有效刷题还是在耗时间。

有效刷题的目的在于总结归纳题型。小说类阅读题目经常考什么？诗歌鉴赏类

题目应该从哪几个方面下手？遇到题目先理清楚出题人在问什么，想考查我们什么能力，是分析文本脉络还是体会作者情感，是考查古文翻译还是文化常识……总结归纳之后思路就会清晰，这样才能在脑海中建立一整套属于自己的答题模板与解题思路。不要套用网络上已经总结好的答题模板，别人总结的思路是别人的，没有自己的分析过程，如何能体会到这些模板背后的解题思路？

古语有云："合抱之木，生于毫末；九层之台，起于累土。"语文学习在于积累，读得越多，写得越多，对语言文字的感知和运用能力就会相应地提升。

想学好语文，既要有自由探索的意识，又要有踏实认真的习惯。不要一味效仿别人的成功经验，每个人都会有自己独特的成长道路，要靠自己去摸索感受。暂时未取得满意的成绩也不要紧，找对方法，预期不要太高，想法少一点，杂念少一点，有坚定的意志加持，做好自己该做的事情，结果一定是好的。

第三阶段："榨干"试卷上的每一分

考试失利，我们应该如何反思？

同学，如果目前你的语文成绩还在120分以下，那么请先去做这些事。

① 拿出一份你刚刚刷过的语文试卷，先来分析考卷的结构和考点。

② 对照着你总结的考卷的结构，分析自己的失分点，是现代文阅读、古文阅读失分，还是诗歌阅读失分？是语言文字运用失分还是作文失分？

③ 拿出一份标准答案与真题解析，对照着自己的答案，看看你的回答差在哪。

④ 来给你的答案打分，把每道题目的计分表都打出分数来，找到你的答案的得分点。

每门科目都有其内在的逻辑与规律，我们提分慢，觉得付出没有回报，是因为我们没有找到努力的关键点。静下心来，仔细分析一下试卷结构与考点，对照着标准找到自己的失分点，知道满分答案何以拿到满分，自己不断学习借鉴满分答案的"话语体系"，模仿满分答案的思路，慢慢地就会知道如何答题了。

1 容错率要低，基础分一分也不能丢

就拿最基础的古诗文默写题来说，这6分是绝对不可以丢的。错一个字，一整句诗文的分全丢。分享学姐的一个有趣的经历：有一次高三模拟考试，诗文默写题丢了一分，我立刻警觉起来。每天跑完操回到教室休息时，我就默默打开练习本开始背写，这个习惯一直保

持到我高考前一周。高中56篇必背篇目，乍一听是很多，很多同学会有畏难情绪。但是，不要找借口说自己高三时间紧张没有时间写，高三本就是要争分夺秒地去拿分。每周每天都分配一点时间背诵与默写，后期就会轻松很多。高考试卷里70%~80%的题目都是基础题，能拿的分保证都拿到，难拿的分使劲争取，这就是我的语文提分秘籍。总之，对自己要狠，容错率也一定要低。

2 停止在语文课上补其他学科作业

语文课很"水"，考试又很少考课内的文章，学不学课本、听不听课也无所谓。很多人对语文持有这样的偏见，常常在语文课上背单词、刷物理题……于是，语文成绩就这样"废"掉了。

老师在课堂上带着我们划分文章层次，总结段落大意，分析文章的描写方法，体会作者的情感，这不正是高考语文阅读题所考查的吗？将老师在课堂上教的知识内化为自己的思维，这才是我们真正需要学的。我们在课下做阅读练习时，就要将老师教过的方法运用起来，有意识地培养自己的批判性思维、逻辑思维和文化审美能力。

我们不能仅仅看到高考语文考查课内的知识少，就不重视课本，陷入思维的怪圈。读懂课本的人，往往能发现课本里释放的一些考试"信号"，实现从课内到课外的飞跃。我们通过研读语文课本而练就的十层功力，在应试时仅仅需要施展一成功力即可成破竹之势。

3 养成几个微习惯，随时建立自己的智库

语文学习是一个漫长的过程，我们需要养成可以长期坚持的习惯。通过日常积累建立自己的智库，通过大量的练习形成自己对各类题型的独特见解。接下来，学姐将以高考语文试卷上的题型为例，为大家讲解建立智库的方法。

（1）现代文阅读

对于现代文阅读，我一般按照文章题材来整理题型。比如涉及小说的题目，一般不外乎对三要素的考查：人物、情节、环境；散文一般考查句意理解、表现手法和结构艺术……除此之外，还有标题的妙处、结尾的悬念、对重点句的理解、对主题的把握、不同叙述视角的好处等题型。几乎每个高三学生都有自己的错题本，而我有的是答题思路本，里面总结了我对于各类问题的思考角度以及解答思路，在高三的题海练习中不断进行修正和补充。

(2)文言文阅读

文言文阅读总是很让人头疼。我的建议是:①在课下多读一些经典文言文作品,比如《史记》《古文观止》《世说新语》等,与高考语文试卷上的文言文的叙述方式很像,读起来也有故事性和趣味性。②如果高三闲暇时间不够,那就去精读课内的文言文,把课内文言文的每一个注释和每一个特殊用法都弄通背熟。③通过古文阅读的练习,熟悉古代汉语的用法和表达方式。同时,积累大量的古汉语常用词和常见句式。就像英语要背单词一样,对于文言文,我们也可以背诵王力等人编纂的《古汉语常用字字典》,掌握了古汉语中常见的字词,读艰涩的文言文就会像读大白话那样简单。当然,背不下去也没关系,多翻翻也是好的。说不定你翻过的、看过的某个词、某个用法就会出现在高考试卷上。

(3)语言文字运用题

这部分的题目,我们完全可以通过大量的练习之后摸清套路拿到分。翻一翻每年高考的语言文字运用题目,做一个类型总结,一般不外乎成语、病句、词语搭配等。成语积累量不够?那就去积累成语。病句题总出错?那就去做病句修改的专项练习,总结各类病句的类型,在阅读与写作时要注意发现病句、修正病句,直到在考场上可以通过直觉做出来为止。很多时候我们觉得考试时间紧张,就是因为我们把时间花在了本该靠直觉的地方上,在基础题、简单题上尽量少浪费时间,靠平时积累提高做题速度。

(4)写作

作文素材从何而来?在关注历史素材的时候,不要忘记将目光放在当下,要关心时政,作文里要展现你的看法,彰显出作为一名新时代青年的社会责任与担当。价值观一定要正确且坚定。关注主流媒体,例如《人民日报》《光明日报》《中国新闻周刊》等。当然,也有很多人只会“看”,不会思考,更不会记录。我们在阅读新闻的时候一定要动脑思考、勤做记录,建立自己的素材“数据库”,不然看过之后也如过眼云烟,留不下一点痕迹,白白浪费了时间。我高中时班级里每周都会统一组织看《中国新闻周刊》,语文老师每次都夸我在写作时能用上《中国新闻周刊》里边的素材。

事件、观点、适用于什么话题,和哪些人可以联动、怎么表述,通过这五步走将新旧素材结合起来。话题是不变的,但是一定要及时更新事例,不能每次谈起爱国就只谈文天祥、范仲淹……你的作文素材一定要让人眼前一亮,关注到别人关注不到的点。

4 拒绝没有感情的答题模板

要不断修正自己的答题习惯,建立自己的答题思路。答题时千万不要直接套用网上所谓的“满分”模板。那些模板一看就漏洞百出，还鼓吹3分钟就能答出一道9分的主观题，一点也不科学。在我看来，语文卷子上的每一分都对应着你在其上花费多少相应的时间。千万不要想着投机取巧，3分钟的时间连文章都尚且看不完、看不懂，还怎么答题呢？这倒是正中那些不想读题的同学的下怀。没有看到题干上的“联系文章”，没有加进自己思考的模板，没有灵魂，看不出你的积淀与深度，拿低分是必然的。

同频共振 到底把时间花在哪里，才不算被浪费

学姐以亲身经历建议大家，一定要合理安排复习计划。不过，我们制订的计划最好不要和老师的计划有大的冲突。举个例子来说，比如老师今天布置的复习任务重，那自己的复习任务就安排得少一点，挑最要紧的做，若还有富余的时间与精力再去完成其他的任务。

自己是最了解自己的，不管是擅长的科目、思维方式还是生物钟或是习惯。像我自己，高三的前一个阶段，因为感觉自己的数学、英语成绩更应该冲一冲130+，我就鼓足马力先提高这两门科目的成绩，把自己的绝大部分时间都放在了这两门上，而语文和文综就每天只刷自己薄弱的知识点，后期才练套卷。注意，我说的是每天都有在练习。哪怕我很擅长的科目，我都不敢放下太久，怕自己太久不练习会生疏。强势科目一定保持好，不然心态会崩；在保证强势科目不受太大影响的前提下，去搏一搏弱势科目。

愿我们都能通过持之以恒的努力，成为一个更加优秀的语文学习者。

方法速查

90分破局秘籍

基础版

- 听优质的纪录片→提高语文素养
- 多朗读→增强语感，提高语言表达能力
- 读经典→建立自己的作文素材库
- 课下多练习→提升答案组织能力

进阶版

- 学会模仿→打通阅读和写作，分数双倍提升
- 学会归纳→有效刷题，高效提分

更适用于理科生的语文高分秘籍

高三有太多科目要学，根本没时间腾给语文

上分攻略

分享者信息

名字：李大白

学校：天津师范大学

专业：汉语言文学（师范）

学长学姐说：

我上高中时是一名学习理化生的纯理科生。对于语文成绩处于中上水平难以继续拔高的情况，尤其是需要学习理科没有时间学习语文的情况，我也感同身受。这篇文章和大家聊聊我的高三语文学习的心得和方法。

提分关键词

理科生语文学习法；速成技巧；时间规划

高中语文这门学科，考低分不易，考高分更为不易。甚至有人妄言，“高中语文就是靠天赋”“语文和学不学没关系”。自从上中学以来，尤其是进入高三后，我们身边常常弥漫着一股“语文无用风”。有人认为语文不学也能考90+，有提升语文成绩的功夫不如多做做数理化，更有甚者以理科好、语文差为荣。语文成绩从90+到130+有足足40多分，我们只要用正确的方法，长久的习惯，便能把这些分数攥在手心。

对于我这种理科天赋一般的同学，提升语文成绩是保住总成绩的最优法则；而理科成绩十分优越的同学，就更应注重提升语文成绩。

从课本中寻宝

在高三复习阶段，我们有太多资料要读要练习。课本与这些资料相比，既无知识归纳又无应试技巧，往往成为我们弃之如敝屣的东西，无暇顾及，一些同学甚至认为课本无用。重资料轻课本会使我们在短时间内因掌握知识技巧而取得不错的成绩，但要得高分，如此并非良策。应试往往需要最朴素的知识积累作为支撑，高考语文一定是源于课本，高于课本的。

既然课本这么重要，在高三这段时间该怎么有效利用课本帮助成绩提升呢？我的体系化方法是：精读 + 概括课本。

1 何谓精读课本?

并不是从目录开始逐字逐句不加挑选地阅读，那样也太浪费我们高三的宝贵时间了。精读课本的“精”在于关注那些平时关注不到的知识点，而概括后可以将所有同类型的知识，串联起来的部分。

举个例子，《蜀道难》这篇课文，老师的讲解和我们的阅读往往关注的是课本、重点注释。这些东西我们从高一看到现在，不说百遍，也有十几遍了。在精读时我们的重心不仅要放在它们上面，还要放在文章后的思考题、知识补充、课外拓展上。例如李白被贺知章赞誉为“谪仙人”的故事，可以加深我们对作者的理解，帮助我们在考场上看到作者的其他诗作时更好地探究那些诗的深层含义。

2 何谓概括课本?

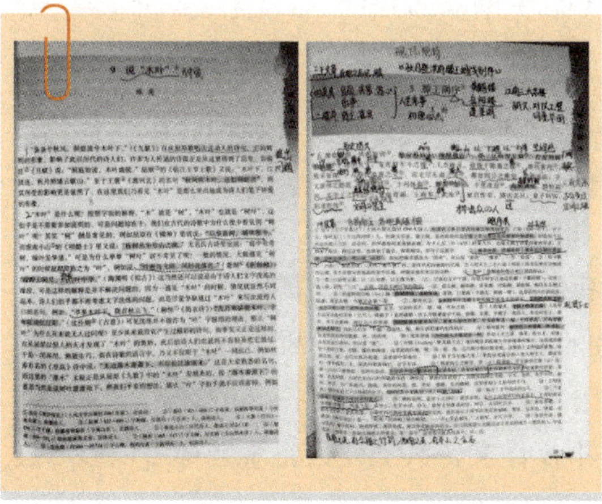

比如课后练习，思考李白反复咏叹“蜀道之难，难于上青天”到底有什么用，以此联想到《氓》中也有反复咏叹，探究归纳其他诗作要是也有反复咏叹又有什么作用，省去了理解记忆资料书中理论性归纳的时间，还要比资料书上现成的归纳总结记忆更深，更适用于自己；看到“屈贾谊于长沙，非无圣主”再想到“廉颇老矣，尚能饭否”，同样的英雄末路，又有何不同。

如果说基础练习只是加深对课本的了解，那么精读和归纳则是对课本的裁剪编织，让它成为更适合我们的考场上的“战甲”。

在生活中练文笔

素材的积累要分成三个层次：新颖性、双面性、角度性。

1 新颖性

素材一定不能总是用陈腐的素材，类似于海伦·凯勒以残疾之躯考入顶尖学府、司马迁受宫刑仍著出《史记》等，已经被用烂的素材是难以在高考试卷中帮我们出彩的。

2 双面性

我们不能只积累正面的素材，在正反对比论证的时候，也需要反面素材，所以要积累多样化的素材。另外，也要学会灵活运用素材，某些素材，既可以发掘它的正面性，也可以议论它的消极性。这些都是允许的。

比如项羽。很多人提到项羽不外乎两点：一是称赞他的英勇豪迈，创造了以少胜多的经典战役；二是惋惜一代豪杰于乌江自刎，留下四面楚歌的窘迫。但我们可以换个角度想，自刎与英雄并不矛盾。乌江边上那一刎，是为了尊严与骄傲的一刎，恰恰是项羽霸气人生的最高潮。他的万丈豪情如此酣畅淋漓，他的伟岸身姿将千古屹立。历史的硝烟没有认可项羽，可他是英雄的事实不会改变，因为英雄不单单以成败而论。

3 角度性

只积累素材还不够，还需要按照角度分类总结，比如爱国、亲情、正义、勇敢、执着等角度。如果能发现自己的万能素材，使之在各个角度之间转化使用，就更是事半功倍了。

训练出考场专属语文思维

考场上的语文体系化作答思路就是套路和思维的双向并行。

1 套路

以作文为例，首先需要熟知作文模板，谓之套路。比如对于一些很正能量的作文题目，可以去读一些《人民日报》中的精选社论，学习它们的文章结构和一些精准的、鞭辟入里的表达。

2 思维

写作仅套用模板无法满足我们语文成绩拔高的需求，这时候就需要思维发挥作用。读一些有逻辑性的文章，培养写作的思辨性。既不落俗套，又不破规则，有这种体系化的语文思维，在越来越灵活的高考语文中，我们就能更准确地写出出卷人想要的答案。不仅作文，其他任何主观题都可以参考这个方法。

熟悉阅卷人最爱的答题模式

体系化的书写习惯不仅仅是字迹工整，还需要加入我们的体系框架，进行一些对布局的研究。如作文第一段落最好不要超过 5 行，结尾最好在 800 字下 3~5 行，以保证作文留白布局恰到好处；阅读题先分点，进行一个小的概括，再进行 1~2 行的阐释，形成一个舒适的卷面布局。再配上端正的字体，拉高阅卷老师的心理预期，以获得更多的分数。

同频共振 高中语文 Q&A

Q 有太多科目要学，根本没时间腾给语文。

A 语文学习不像理科，需要大块的时间去系统刷题。欧阳修曾说：“学习谓之三上，枕上、马上、厕上。”同学们完全可以利用零碎时间学习语文，比如跑操前、睡觉前甚至课间，把这些时间利用好就可以有很好的学习效果。

Q 语文学习似乎不能立刻见效，学语文没有性价比。

A 语文学习不是一朝一夕之功，要养成习惯，久久为功。当语文的学习成为习惯之后，成绩的提升是肉眼可见的。

方法速查

面对的问题

- 高三时间不足
- 语文性价比不如理科

拔高方案

- 精读教材：对基础知识的编织
- 素材积累：新颖性、双面性、角度性
- 考场语文思维：思维和套路的双向并行
- 阅卷人心理：熟悉答题模式、养成良好的书写习惯

警惕考场上的扣分盲区

答卷人的“奇怪”小技巧

上分攻略

分享者信息

名字：吴哲皙

学校：陕西师范大学

专业：汉语言文学

学长学姐说：

亲爱的学弟学妹们，大家好！我是2023届的文科考生吴哲皙。高中时期，我在某平台的“心灵鸡汤”视频评论区怀抱“上岸”的美好愿望留下评论。高考后，来平台反馈成绩，语文取得138分的好成绩，其中作文考了56分，这一成绩吸引了许多学弟学妹寻求经验分享。作为一名从小学开始在语文学科中多次获得年级第一的学姐，我也并非没有迷茫过——为什么答题者与出题人对文章的理解总大相径庭？为什么作文突破53分大关总是遥遥无期？经过仔细考虑整理，在此想和大家一同从“答题者”的角度分享一下高中语文学科思维，希望能够帮助大家提高语文成绩，为高三的模拟考试和高考打好基础。

提分关键词

备考策略；学科思维；扣分盲区

会阅读的人才能真正学好语文

我们从小到大提起语文学科的第一反应便是阅读理解，在考试中现代文阅读与古诗文阅读更是占据了试卷的大半篇幅。要想在这一项上面拿高分，我们答题者应该做到以下三点：培养阅读能力、提升阅读技巧、减少理解错误。打好能力的“地基”、铸就技巧的“高楼”，我们自然可以减少错误理解。

1 圈点勾画，回归课本，培养阅读能力

（1）圈点批注，积累素材

高中阶段是巩固文学能力、发挥文学审美的重要阶段，我们要养成摘抄、写书评和读后感等好习惯。想要真正提分、提高效率，则需要立足文本进行圈点批注，帮助自己积累素材。经学中有“经传注疏”，即给批注再做批注，篇幅甚至超过原文，成为做笔记的一种艺术，足可见古往今来人们在阅读中获取的实际价值和情绪价值。

（2）理解课文内容，学习课本写法

我们对课本的挖掘，仅仅停留在“熟读并背诵”“常考必考”是远远不够的。

相关研究者指出，新高考语文试卷的考查内容近两年来越来越贴近课本，与教学内容紧密相连，由此可见课本的重要性。另外，语文课本作为我们最为熟悉的知识载体，既是帮助我们养成语文学科思维的重要途径，也是我们写作不可多得的素材来源。课本中的名篇经典，既是我们最好的写作技法示范，也是我们提高阅读理解能力的助推器。

2 感受真题，感染文艺，提升阅读技巧

在以往的学习过程中，我们了解了一些文学流派、文学风格等文学常识，如现当代作品中欧美作品的现实主义细节笔法、东亚作品的民族风情和历史底蕴，又如古诗文中田园诗的采菊东篱、边塞诗的马革裹尸等。这些文学作品的特点是我们阅读理解、分析鉴赏的工具，将其运用到实际答题中，我们能够依据作品的大致风格更好地鉴赏作品。回归考试，这需要我们多练习阅读理解真题，感受近两年常考的文艺类型。

3 找到出题人想要的答案，减少错误理解

（1）认真审题，看清套路

在快节奏的当下，阅读变得过分碎片化，“武林高手对决，讲求大道至简”，高中生更需要一些行之有效的“套路”。但“套路太深”往往令人目不暇接。其实，要解决阅读理解中存在的问题，究其根本是深入的思考和全面的理解。事实上，我从小学就开始做阅读训练题，却依旧会在考试时感到思维难以转弯；有趣的是，在江苏省高二年级语文统考试卷中，阅读题文本的作者王亚女士做以自己的作品出成的阅读理解题，在20分的满分中只得了6分，令人忍俊不禁。可见高考答案虽然不一定与作者想法吻合，但一定是能通过理解文本得出的。我们可以尝试先从认真审题入手，明确题目的要求和出题人想要引导

读者给出的答案，才能有针对性地去阅读文本进行作答。此处以记叙文为例，在阅读文本时，我们要注意抓住文章的主旨和要点。出题人与答题人之间也存在“视角”差异，我们可以试着从行文思路和出题模式中推断出题人想要的答案。

（2）细节是关键，得分在细节

考场上“时间紧、任务重”，要求我们在迅速浏览完文章梗概后提炼出主旨，注重对文章的整体把握。高考语文阅读以选择题和简答题为主，我们可以先勾画文章的主旨句、主要情节，再根据审题得出的关键词批注相应的环境描写、主人公的情绪变化等，标明序号，与问题一一对应。如此方能避免遗漏任何重要信息，有利于我们在选择正确选项、组织合理答案方面事半功倍。

以迟子建的短篇小说《逝川》为例

“女主人公吉喜最后放生象征幸福的泪鱼，设置这一情节，作者的用意何在？”

许多同学在考后不能理解标准答案中写到的“体现作者对人性的礼赞”。认真审题一番，发现这本质是一道“意义”题，即考查文章结尾段在内容和结构上的作用，根据“套路”，同学们往往可以轻易作答出尾段在结构上呼应开头、回收伏笔，使全文连贯一体，但内容角度的作答就不得不涉及对主旨的理解。

如何就引至“人性”了呢？小说内容围绕在逝川周围生活的劳动女性吉喜展开，追溯她与旧恋胡会的青春岁月，又笔锋一转写到现如今面临胡会的孙子孙媳的求助。答案呼之欲出，作者想要表现的，正是吉喜这样一位兼具旧时代劳动妇女勤劳坚韧美德和新时代独立女性勇敢善良品质的女主人翁形象。在辛苦工作、帮助他人这一系列提升自我价值的切实行动后，抛却略带迷信色彩的“泪鱼”，将真正的“幸福”牢牢地把握在自己的手心里。这就是“角度”的内涵，而联想到作者，联想到时代，无疑是对现当代中国特色女性形象的呼应、对中国文化自信的呼应。

套路很脆弱，用在作文里却是“王炸”

其实，要想提高作文分数，学姐有一套详细的“套路”。是的，刚才还在抨击“套路”的脆弱，现在又要使用“套路”来提高效率。原因无他，阅读是一个输入的过程，为了理解别人的思想，需要自己思考领会；而写作是一个输出的过程，为了让别人理解你的思想，需要做到思路清晰。高中阶段的作文以议论文形式考查，在此基础上学姐提出“2233”法，即“两要素、两主线、三步走、三维度”。

1 两要素

两要素由反映材料与社会现状的客观事实即“什么情况”、反映写作者态度和对材料理解的主观表达即“怎么陈述”构成。

2 两主线

两主线分别针对材料中的明确对象开展议论，如学生、社会等受众群体，进行明面横向展开，以及拓展材料的内容丰富度，进行暗面纵向展开。

3 三步走

三步走即我们常说的“What？”（是什么）、“Why？”（为什么）、“How？”（怎么做）。

4 三维度

（1）思维深度

即能本质不表象、能过程不结果、能未来影响不当下桎梏、能说解决方法不说现存问题、能辩证看待不要“一棒子打死”。由此可见，所谓深入思考的过程其实是通过唯物辩证法积极创新提出解决方法的过程。

（2）视野广度

要求我们广泛涉猎古今中外名人轶事和新闻热点，考查我们是否在平时的学习中积累好词好句，同时仍然不忘在这些实例中坚持自己的思考避免语言的过度堆砌重复。

（3）语言力度

与作文的文采息息相关，语言表达是作文的基础，我们要注意运用准确、生动的语言来表达自己的思想。如曾经轰动一时的2001年高考满分作文《赤兔之死》，使用文言笔法，将赤兔马拟人化，大篇幅使用《三国志》《史记》中的古诗名言，善用排比对偶、长短混用、独句成段、视角转换等手法，增加了作品的文学色彩，向我们展示了千年以后的高考考场上不啻白居易的《赋得古原草送别》中的神来之笔。

避雷！常见扣分点

作文写作

问题：文章内容翔实，语言优美，但分数不高。

原因：

1. 文章缺乏说服力，详略不当，主旨不突出。

解决方案：（1）引用大师的名言来佐证自己的观点；（2）从谋篇布局中谨慎考虑，层层深入，先破后立。

2. 主题不够积极向上。

解决方案：（1）通过批判进行反思；（2）通过缺陷突出进步。

记下来！考场写作小妙招

让阅卷人能够捕捉到你作文的主旨

（1）重点内容适当加双引号；（2）主旨句在作文格中写得稍大。

最后，我想说的是，语文学科的学习是一个长期的过程，做语文题事实上也有一套独特技巧，兵来将挡、水来土掩。但汉语言文学实在是一个太有魅力的学科，我们在语文学习中“以身外身做梦中梦”，斗转星移间走向了人生的另一个高度，也看见了世界的另一种色彩。培养语文的学科思维，不只对语文学习有帮助，更能够培养我们耐心阅读的习惯、深入理解的思维、针砭时弊的表达。这是在这个时代稀缺的宝贵财富，是我们在今后的成长道路中会感谢的学习经历。

望以上这些建议能够对大家有切实的帮助。学弟学妹们，学姐希望你们闲暇时刻能够静下心来读书破万卷，祝福你们考场之上能够满怀自信下笔如有神。

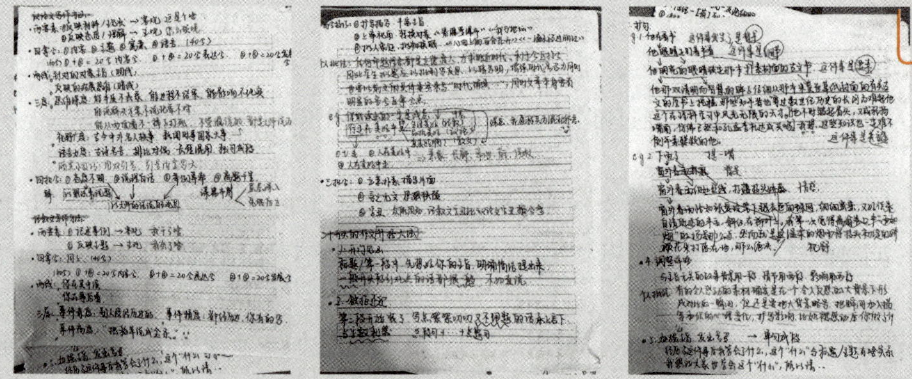

笔记展示

同频共振 选择题到底应该怎么确定答案？为什么二选一总是选不对？

学姐在作答过程中也不能确保排除明显错误选项后，在剩下的两个选择中一定能选对，我相信大家甚至可以找出佐证自己答案的文本片段，这说明我们更需要从出题人角度去理解文本，哪一句是对文本最准确最贴切的描述？哪一句有多少我们思维发散的部分？我们在作答选择题的时候，一定要紧密结合文本，尽量选择文本中已经有的话。

方法速查

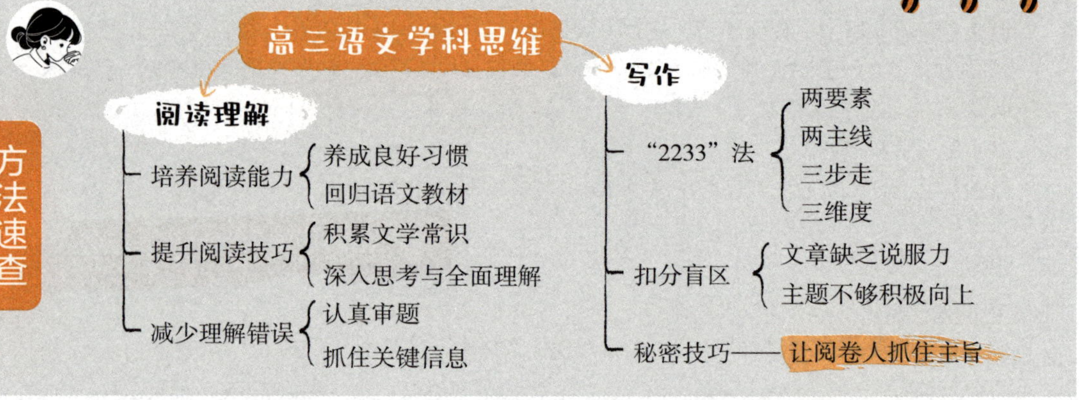

初中数学不好，高中数学更差？

初中没学好，高中如何逆袭？

上分攻略

分享者信息

名字：秦泓渊

学校：北京师范大学

专业：数学与应用数学

提分关键词

初高衔接；学科思维；学前预习

现在我们开始构建一个属于数学的世界，在这个世界里，我们将以数学作为工具，开启我们的探索旅程。刚开始我们学了“数”，引入了加减乘除，这个时候，数学的世界变成了一维世界，仅仅是一条线，我们在一条数轴上面“反复横跳”，有了“有理数，无理数”。紧接着，无数条线，构成了平面，打开了新世界的大门，我们在这个新大陆上探索，学了平面几何，学了函数……

想象这样的一个数学世界，一片汪洋中有很多很多大陆，这些大陆分别代表“函数”“几何”……在初中的时候，我们已经在一些大陆上进行了探索，但并不全面。现在进入高中，我们将进一步探索数学的世界，接下来，笔者将从三个角度带领大家在数学的世界中遨游。

打开新的世界，探索新的大陆

很多老师和前辈都会对高中生说的一句话就是，你要培养自主学习的能力。可是这个能力究竟是什么样的，又该如何培养？

我觉得，是探索未知的能力，也是联想的能力，接触到新的事物，我们需要学会观察它的特点，去认识它，去思考它和以前的东西有什么区别，什么是共同点，什么又是特有的。而这种能力是体现在我们平日里的学习中的，不再是老师教什么，我就只学什么，而是要学会发散思考。

比如高一数学第一章的全新概念“集合”，不知道大家有没有想过，集合中元素的多少——就是两个集合相比，哪一个的元素更多。这是课本中“课后阅读”部分的一个问题，相信很多同学都直接略过了，当兴趣阅读，也不仔细思考，但这就是我前面提到的在日常学习中培养思考能力。**按照现在的高考趋势，很可能高考题就是把这些课后阅读的思考题改一改，作为压轴题。如果我们在平常就学着去解决这些问题，高考岂不是直接拿捏？**

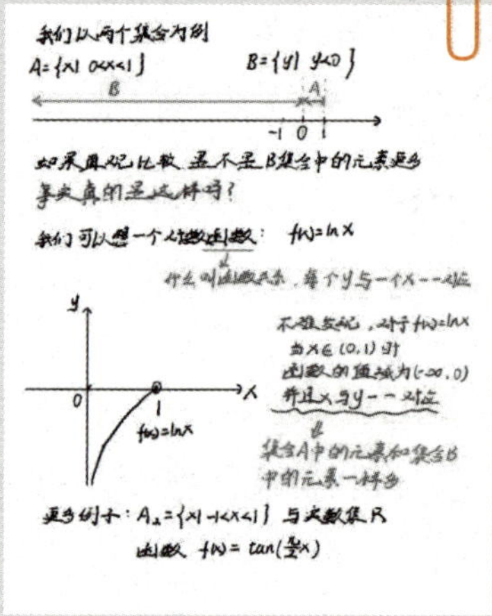

而我们的解决方法也很简单，利用以前学过的知识。在一个函数里，一个自变量对应着一个因变量，就可以解决这个问题，去利用一些函数，看看能不能让集合A，集合B成为定义域或者值域。如果可以，那就说明这两个集合中的元素一样多。

利用这个想法，大家能不能自己做出这个课后问题呢？整数集和偶数集谁的元素更多？

所以从初中到高中要学会关键的一步就是要能够自己独立学习，不再需要老师讲全部的内容。高中的题目很多，大家不可能做完市面上所有的参考题，而且只是做完，没有学习能力、没有思考能力也很难应对高考，因为高考是全新的命题，不会和做过的题目一样。

但是俗话说得好，“万变不离其宗”，一类题型背后的思考方式大同小异，我们需要培养思考的能力，知道自己在干什么，知道自己为什么要这么做，搞清数学背后的逻辑。**有时候我们仅仅掌握了数学的皮毛，知道了一种方法，就误以为自己学会了数学，**其实我们根本没有明白为什么这道题要用这个方法，什么时候要用其他的方法，也就是老师们常说的“解题思路”。

现在的考试，不再像以前一样只考书本上的内容。**题目中经常会有一些新定义、新情境，在题干中给你一个全新的数学世界，让你在一个全新的框架下解题，考验我们的学习能力，我们不能只记住公式、结论，只学数学的皮毛。**

九省联考题目（教育部命题）

离散对数在密码学中有重要的应用。设 p 是素数，集合 $X=\{1,2,\cdots,p-1\}$，若 $u,v\in X,m\in \mathbf{N}$，记 $u\otimes v$ 为 uv 除以 p 的余数，$u^{m,\otimes}$ 为 u^m 除以 p 的余数；设 $a\in X$，$1,a,a^{2,\otimes},\cdots,a^{p-2,\otimes}$ 两两不同，若 $a^{n,\otimes}=b(n\in\{0,1,\cdots,p-2\})$，则称 n 是以 a 为底 b 的离散对数，记为 $n=\log(p)_a b$。

(1) 若 $p=11,a=2$，求 $a^{p-1,\otimes}$；

……

对于这种类型的题目，乍一看，很吓人，因为里面有一些我们没有学过的概念和运算法则。但是大家不用怕，像我们学新知识一样，了解它的特点，思考如何将它和我们已学的知识结合，问题就会迎刃而解。

若 $p=11, a=2$，又注意到 $2^{10}=1024=93\times11+1$，
所以 $a^{p-1,\otimes}=2^{10,\otimes}=1$

刚开始看到题目的时候，同学们是不是觉得这些符号完全没学过，担心考不好。这些内容根本不会在高中教材中出现，但是题目给了你定义和解释，相当于构建了一个新的数学世界，搭建了运算体系。遇到这种情况，大家不要怕，这些题目本质上没有超纲，大家没学过的东西它都详细阐释了，不影响做题，这本质上是对能力的考查。如果大家平常学新知识的时候就注重思考，注重学习能力的培养，那么做出第一问就会很容易。其实向量也是一种高中新定义的运算，它和四则运算法则有很多不同的地方，所以同学们在学习新知识的时候要学会“探索”，学会求知，去问为什么，这样才能真正掌握学习能力。

学会综合运用，往更深层思考

高中数学难度比初中数学大很多，就是因为现在的高中数学侧重综合能力的考查，在数学的世界里，不同板块之间看似独立，但事实并非如此。很多时候，我们对于一个大的板块尚未探索完全，就会前往新的板块。这是因为一味沉浸在旧的大陆上，越往后越艰难，我们需要新的工具，辅助我们探索，而向量就是典型的例子。

起初我们学习平面几何时，通过找各种几何关系，联系三角函数进行求解（解三角形）。在学习向量后，可以利用向量知识推导出正弦定理、余弦定理。而这也回到了我们讲到的综合运用能力，利用新学的知识，对旧的知识进行拓展延伸，让我们对三角形有一个更深入的理解。

同时，我们也学习了向量的坐标表示方法，在此基础上我们可以将几何关系用代数表示出来，在进行这样的量化之后，通过计算，我们可以更容易地得出一些想要的结果。而高中数学的综合运用就体现在这里，先通过一些几何关系建立坐标系，利用向量描述并通过量化的值解决题目，这一点在学了空间向量后，算二面角尤其方便。

(2019 天津)

在四边形 $ABCD$ 中，$AD//BC$，$AB=2\sqrt{3}$，$AD=5$，$\angle A=30^\circ$，点 E 在线段 CB 的延长线上，且 $AE=BE$，则 $\overrightarrow{BD}\cdot\overrightarrow{AE}=$________。

在这个例题中，就考查了考生对知识的综合运用能力，先利用几何知识确定坐标系，写出坐标，再借着已知的坐标，利用向量知识解答题目。我们将已学的知识结合在一起，很多问题就会迎刃而解。

答案　-1

$\because \angle BAD = 30°, AD // BC$,

$\therefore \angle ABE = 30°$,

又 $EA = EB$, $\therefore \angle EAB = 30°$,

在 $\triangle EAB$ 中, $AB = 2\sqrt{3}$, $\therefore EA = EB = 2$。

以 A 为坐标原点, AD 所在直线为 x 轴建立如图所示的平面直角坐标系。

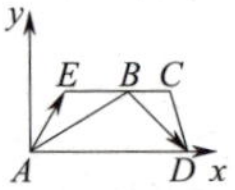

则 $A(0, 0)$, $D(5, 0)$, $E(1, \sqrt{3})$, $B(3, \sqrt{3})$,

$\therefore \overrightarrow{BD} = (2, -\sqrt{3})$, $AE = (1, \sqrt{3})$,

$\therefore \overrightarrow{BD} \cdot AE = (2, -\sqrt{3}) \cdot (1, \sqrt{3}) = -1$

利用几何知识，确定大概形状，建立坐标系

根据题目信息，结合几何知识计算出基本坐标

根据向量运算的坐标表示得出答案

总的来说，从初中数学到高中数学，广度拓宽了，同时往更深层次挖掘，需要同学们掌握综合运用的能力。而高中数学在高一便已经展现了其最重要的部分“逻辑思想，综合运用”，这些都是值得同学们慢慢探索的。

再强调一下，学数学不要像背书一样。每记住一个知识点，都要往更深层次思考，这个知识点是怎么来的，又该如何运用？

比如弧度制，同学们有没有想过，为什么我们要引用弧度制。问题的答案很简单：我们在定义三角函数的时候，角度制单位不是十进制，1 度=60 分，函数的自变量如果用角度表示的话，那就不成立，因为在平面直角坐标系中，X 和 Y 都是十进制，为了解决这个问题，我们引入了弧度制。

同样的，在做一些综合类型的题目时，如果第一次我们不会做，那么看答案要注意的应该是：为什么要这样做？有没有其他的方法？哪个方法更好？为什么好？而不仅仅是停留在我看明白了答案，这是学数学的大忌。

最后，祝大家学业顺利，高中固然辛苦，但是我们要时刻心存“雄关漫道真如铁，而今迈步从头越”的信念。

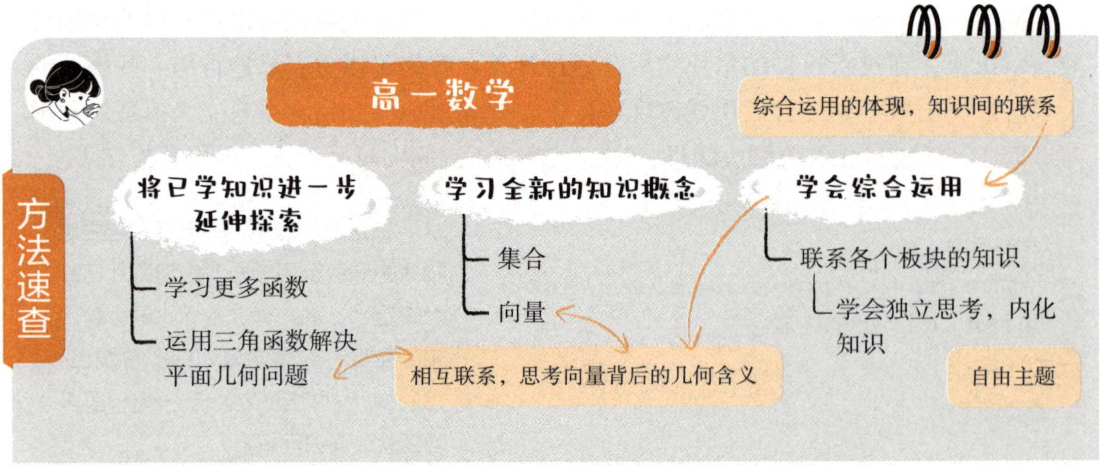

享受内化于数学逻辑里的“感觉”

你遇到的每一道题都会似曾相识

上分攻略

分享者信息

名字：王儀菲

学校：北京师范大学

高考单科成绩：数学 143（满分 150）

提分关键词

答题策略；做题思维；数学逻辑

初识数学时，它就是一堆零碎的知识点，既不令人讨厌，也不令人喜欢。考试时，面对千变万化的题型，分数总是不尽如人意。然而，当我寻找到适合自己的学习方法后，几乎每套试卷我都能拿 140+，我也逐渐开始享受这种内化于数学逻辑里的“感觉”了。

什么是内化于数学逻辑里的“感觉”

在学习过程中我们会发现有些同学在数学上简直就像开了挂一样，题目做得并不多，但每次考试都能拿到高分，而我们这些辛辛苦苦刷题、改错、做总结的同学，为什么一遇到新题目还是茫然不知所措呢？

当我们去问那些数学学霸时，他们可能还一脸无辜地说：“数学很简单啊，就是一种感觉嘛！”听得你一头雾水，看着那些复杂多变的数学题，心里直犯嘀咕：为什么他们觉得数学那么简单，我却觉得像天书一样难懂呢？

别急，我们来一起梳理一下这个问题。在我们改完错题之后，到底是什么让我们在新的题目中有了解题思路呢？是靠记忆还是靠熟练度呢？

都不是，其实这背后是一种内化于数学逻辑中的“感觉”。这种感觉比记忆和熟练度更重要，它让我们在重做错题或遇到新题目时能够迅速找到解题方向，让我们很亲近，觉得它特别有道理，觉得它就应该这样，是知识被“内化”进脑子里，比纯粹记忆更加“感性”。我们能在不同的情境下，利用并迁移这种感觉解决新题目。当我们再次看到一类题时，这种感觉会让我们自然而然地浮现出解题思路，实现真正的“举一反三”。

寻找内化于数学逻辑里的“感觉”

1 真正地流程化做题

（1）通读题干，勾画批注重要信息

在做题时，我会用勾画圈点的方式将重要的信息依次提取出，甚至有时在完成信息较多的题目时，会将关键信息以最简洁的方式整理在草稿纸上。这样做有两个好处：一是避免漏掉某些关键信息（牢记：题干中给的每个信息都不是多余的）；二是在推理的后期如果对题干的信息有所遗忘，或者遇到思路卡壳的情况时，可以反复回顾关键信息，看看有没有更多的突破口（这一点真的给我提供了很大的帮助！如果一个思路走不通，尽早从其他信息入手，转换做题思路）。

这样做不但不会浪费时间，反而大大提高做题的效率。我们以一道立体几何题目为例：

在四棱锥 $P-ABCD$ 中，底面 $ABCD$ 为矩形，$\triangle PAB$ 为边长为 2 的正三角形，且平面 $PAB\perp$ 平面 $ABCD$，E 为线段 AD 的中点，PE 与平面 $ABCD$ 所成角为 45°。

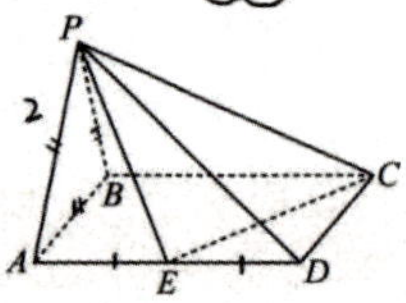

（1）证明：$EP=EC$；

（2）求证：平面 $PCE\perp$ 平面 PBC。

如图所示，勾画圈点出关键信息，同时在图形中进行标注。

（2）翻译转化，把题干转化为已知的知识点

无论题目如何，题干都只是一个知识点包装的表象，可能陌生但都是我们学过的。而我们要做的就是拆解题干，将其转化为已知的知识点。随后，将每个知识点能联想的关键信息都在脑子里迅速过一遍，因为这极有可能就是之后做题会用到的内容。例如，看到“等腰三角形”，能想到“腰长相等”“底角相等”和“中垂线性质”。

看到“$CD\perp$平面$EFGH$”，能想到“CD垂直于平面内任意直线”和“CD所在的任意平面也垂直于平面$EFGH$”。通过这样的联想，我们把单一的题干转化为了丰富的知识库，而解题思路也就能慢慢浮现在眼前了。

同样，我们继续来完成刚刚的这道题目：

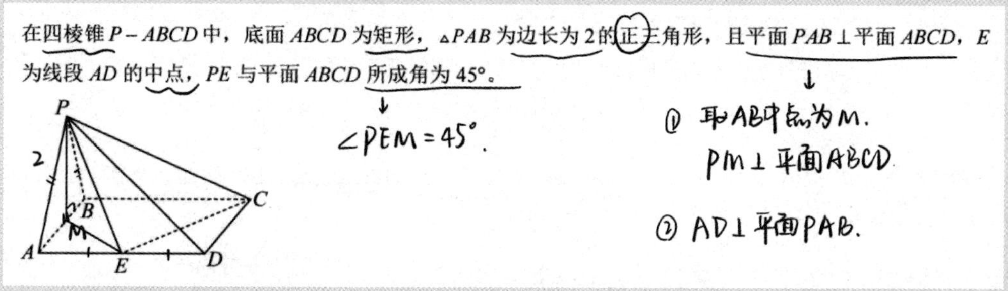

当看到“正三角形”时，我们很自然地取AB的中点为M，连接PM，易得$PM\perp AB$；当看到“平面$PAB\perp$平面$ABCD$”时，我们会想到两个平面内如果有任一直线垂直于两平面的交线（即AB），则该直线以及与之平行的所有直线都垂直于另一平面，故可以得出：$PM\perp$平面$ABCD$，AD（或BC）$\perp$平面PAB；当看到PE与平面$ABCD$所成角为45°时，我们尝试着在图形中找到对应的角，我们根据$PM\perp$平面$ABCD$轻松地得到了ME即PE在平面$ABCD$上的投影，故$\angle PEM=45°$。至此，我们根据这短短两行题干，经过简单的推理得到了更多的信息。

（3）从题干正推，从问题逆推

刚才，我们从拆解题干出发，得到了一个丰富的知识库。但有同学可能有疑问了：“那我怎么筛选这些知识点呢？我怎么知道在这道题目中我应该怎么用这些知识点呢？”这时我们就一起来看看“从问题逆推”的重要性。

比如最能体现“逆推”重要思想的证明题，我们继续以刚才的题目为例进行分析：

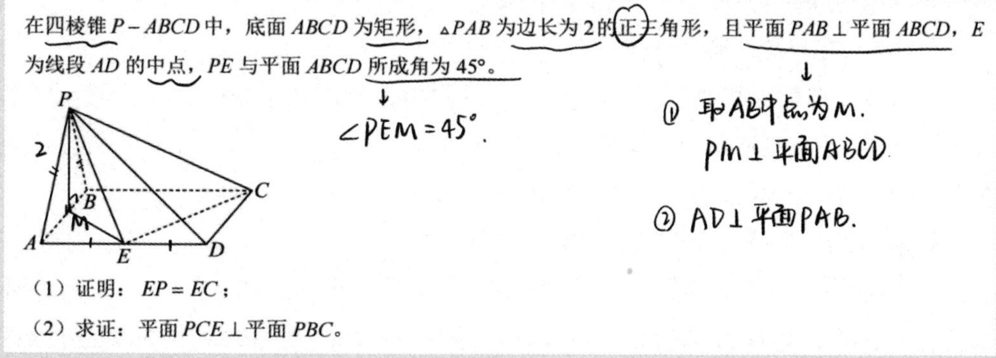

问题（1）让我们证明$EP=EC$，一般有两个思路，要么直接计算得出两条线段的长度，要么证明$\triangle ECP$为等腰三角形，间接证明$EP=EC$。而在这道题中存在很多“直角”，根据勾股定理可以很轻松地得到：$AM^2+PM^2=AP^2$，$PM^2+EM^2=PE^2$，$ED^2+CD^2=EC^2$，可以计算出PM的长，而$\triangle PME$为等腰直角三角形，$\triangle AME$为直角三角形，可以计算出AE的长，结论自然而然就得到了。

问题（2）让我们证明平面$PCE\perp$平面PBC，思路一：证明其中一个平面内的一条直线垂直于另一个平面内的任意两条直线。思路二：证明两个平面的所成角为90°，即分别找出两个平面内与交线垂直的两条直线，证明其所成角为90°。

在四棱锥$P-ABCD$中，底面$ABCD$为矩形，$\triangle PAB$为边长为2的正三角形，且平面$PAB\perp$平面$ABCD$，E为线段AD的中点，PE与平面$ABCD$所成角为45°。

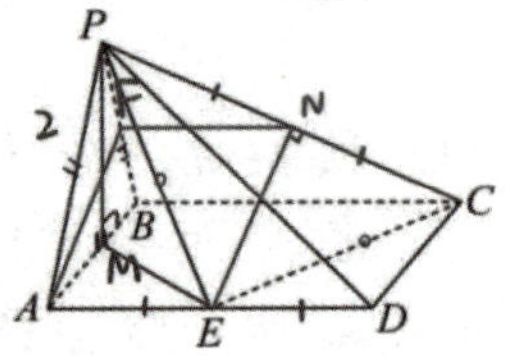

$\angle PEM=45°$.

① 取AB中点为M.
PM⊥平面ABCD

② AD⊥平面PAB.

（1）证明：$EP=EC$；

（2）求证：平面$PCE\perp$平面PBC。

取CP的中点为N，此时$EN\perp CP$，只要能再证明EN垂直于平面PBC内的任一直线即可，但没有出现特别明显的垂直线了。这时我们可以拿着直尺将EN进行平移，看看能否找到平行线，我们发现可以取PB的中点为F，连接NF、AF，我们发现NF是PBC的中位线（这也是几何题目中经常会用到的辅助线），并且得到了一个$\square AENF$，已知$\triangle PAB$是等边三角形，易得出$EN\perp FN$，故$EN\perp$平面PBC，平面$PCE\perp$平面PBC。

不仅是证明题可以逆推，几乎所有题型都可以逆推，大家可以在之后的训练中不断尝试。我们在逆推问题时，可以多多思考：问题有什么暗示？解决这个问题需要知道些什么？第二问能否利用第一问的结论呢？

（4）利用好草稿纸，事半功倍

曾经，我对草稿纸的使用并不重视，只看作用完就随意丢弃的物品。但在数学老师的多次强调下，我逐渐认识到其重要性。利用好草稿纸之后，不仅使我的思路更加清晰，还极大减少了低级错误。那么具体该怎么做呢？

a.字迹清晰：清晰工整的字迹在检查时至关重要。

b.适量使用：每套试卷撕下一张或两张草稿纸，好处有两个：一，草稿纸可以与试卷统一保管，当评讲试卷时，可以很好地将自己的思路和老师的思路进行对比。二，避免自己在高考时出现草稿纸不够用的情况（因为高考只给一张草稿纸，并且如果用完了想换草稿纸，必须把第一张草稿纸上交）。

c.合理利用：简单题目可直接在题目旁打草稿，复杂题目则在草稿纸上详细书写关键思路和重要计算过程。

（5）复盘检查，自我阐述解题过程

复盘是重新梳理解题思路、发现错误的过程。我们需要关注两个方面的内容：一是计算过程，重新演算重要步骤，如果答案不合理，要仔细检查计算过程；二是思路逻辑，通过默讲复盘来检查解题思路是否严密，是否能自圆其说。

养成了这个做题习惯并不会让你的速度变慢，而是真正地让逻辑链条衔接起来，到最后可以完全流程化地做题。因为做题的目的并非只是把题目做出来，而是通过题目更好地去理解知识点的使用。

这个方法用到最后，我们的数学逻辑已经大体形成，甚至可以当出题者，也能够一眼看出来出题人的意图，大概的感觉就是：看到题干1、题干2，就知道题目要问什么，自然就写得流畅了。

2 有意识地总结清理

很多同学对总结清理不以为意，但清理本恰恰是使我拿高分的得力干将。

我的清理本按照章节分门别类（这里推荐大家使用活页本，可以不断灵活增加新的题目），而每个部分都会分为两个板块：

（1）基础知识点的清理

即使数学水平再高，也难免遗忘知识点。因此，将重要的、易忘的、常考的以及未掌握的知识点记录在清理本上，考前复习会对考试有很大帮助。

（2）错题及好题的清理

遇到做错的题，尤其是非粗心导致的，及时誊抄到清理本上（同时可以把题目的出处记下来，比如这是某次作业中的第几题，或者这是为了避免订正时不知道正确答案和解题思路在哪）。周末自我清理时重做错题，依靠自己的思维逻辑去不断寻找沉浸在数学逻辑里的“感觉”，而非依靠若有若无的记忆。对于巧妙的或多次未解出的题目，建议定期回顾尝试解题，反复练习以至熟练掌握。刷题在精不在多，彻底理解每一题，定能取得大进步。

这里展示的是我高中时的清理本：

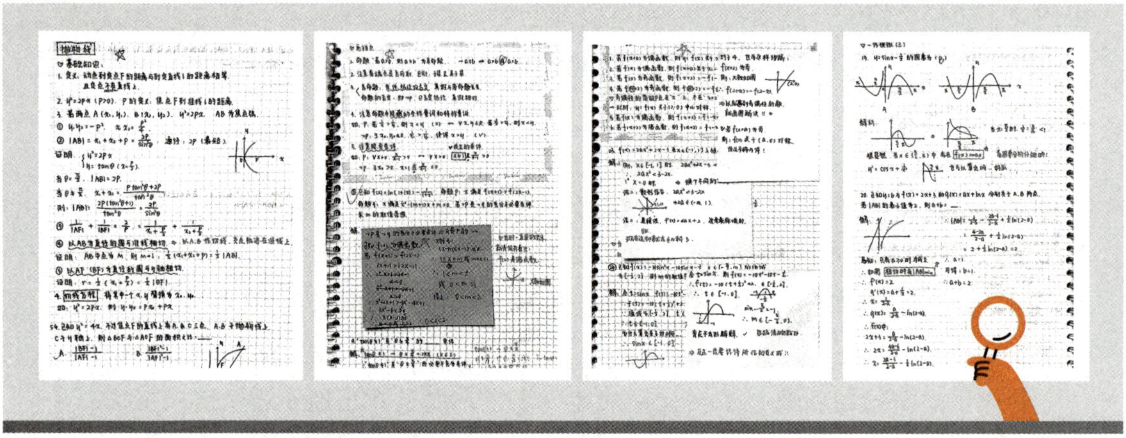

哈代曾言：“美是数学的首要试金石，丑陋的数学无法长存。”数学之美，源于其定义的深邃、逻辑的清晰和结果的完美。解出答案时，如星辰璀璨，仿佛置身其中。希望每一个看到这篇文章的你都可以慢慢去寻找并享受这种内化于数学逻辑里的“感觉”，你会发现之后遇到的每一道题都似曾相识，脑海中的做题思路如行云流水般自然流淌，数学之域，遂显奇光异彩，美不胜收。

同频共振 对于一个数学差的学生来说，题海战术有用吗？

我个人还是更赞同“做题在精不在多”，在自己的范围内把做过的题目都尽可能地攻克会更加有效，但做题后一定要学会总结清理哦！

方法速查

如何寻找内化于数学逻辑里的“感觉”

真正地流程化做题

- 通读题干，勾画批注重要信息
- 翻译转化，把题干转化为已知的知识点
- 从题干正推，从问题逆推
- 利用好草稿纸，事半功倍
- 复盘检查，自我阐述解题过程

有意识地总结清理

- 基础知识点的清理
- 错题及好题的清理

4步走，基础题拿满分

其实，每个人都有潜力拿到所有基础分

上分攻略

分享者信息

名字：王一满

学校：北京师范大学

学长学姐说：

在高中时，我的数学经历了从140~150分降到70~80分，然后再升到140~150分的大起大落。想起以前有过很多学长学姐为我撑过伞，现在就由我来为大家撑起一把数学基础的大伞吧。

提分关键词

打牢基础；错题专攻；重复复盘；合理备错

古有诸葛亮为保刘备安全给赵云3个锦囊，助刘备安全从东吴回到荆州；今在下欲效诸葛丞相之旧事，为诸位高中学子献上4个锦囊，希望能提升诸君的数学成绩。

数学是高中最重要的学科之一，其基础尤为重要。我相信所有同学都有潜力把数学基础分都拿到。下面我为大家分享一些极有用的提升数学基础分的方法。

打牢基础，笔记 + 刷题

如果想要把基础分都拿到的话，熟练掌握基础知识和基础题型是必要的。那我们该怎么“加”呢？分为两步，一步是善用活页本记笔记，一步是有意识地刷数学题。

我们为什么要记数学笔记呢？高中数学基础理论知识和基础题型较多，绝大多数人只靠看是无法记全记牢的。好记性不如烂笔头，写一遍的记忆远比看一遍更深刻。

提高记笔记效率的窍门

（1）转化与化归思维

转化与化归是高中数学八大思维方法中公认排名第一的思维方法。我认为转化与化归思想就是由繁到简，由抽象到具体的思想。高中数学知识点较多，同学们需要利用转化与化归思想，把重要的关键点提炼出来。

情况1 记忆正余弦函数的图像及其性质

由于其是周期函数，只需分别记住5个关键点，及其单调性、奇偶性等性质。观察在纸上画出的这5个点的连续图标就能一目了然，实践多次后就能在心里画出来，把抽象复杂的二维图像和其有关的多种性质化归成具体的一维点，简单准确。

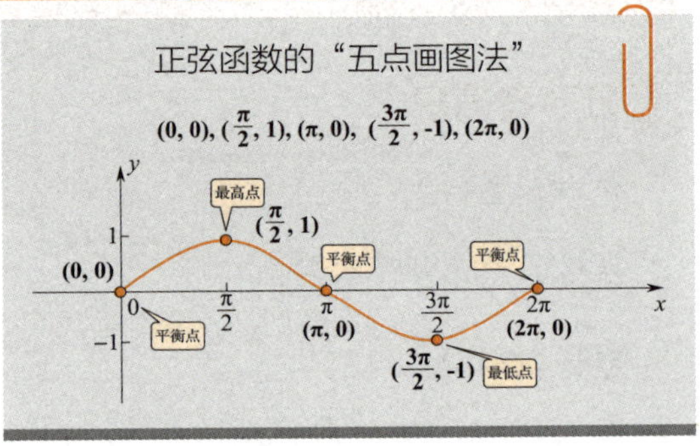

情况2 不等式性质记忆

原始知识：不等式的性质较多，如传递性、可加性、可乘性、同向可加性、同向可乘性等，容易混淆。

转化与化归：通过理解不等式的几何意义和背景知识，可以将这些性质进行归类。例如，将不等式的性质与数轴上的点的位置关系联系起来，可以绘制数轴，并在数轴上表示不等式的解集，这样可以直观地看到不等式的性质如何影响解集的位置和范围，或者将不等式的性质与日常生活中的实际情况联系起来，如传递性可以连续比较三件商品的价格等。这样我们可以更容易地记忆和应用这些性质。运用转化与化归思想使内容精简，能让你在翻看时更有效率。

（2）妙用导图建体系

思维图示或思维导图是同学们融合复杂知识建立起系统知识体系的好方法。建立高中数学八大思维方法的思维导图能锻炼同学们八种不同的简单思维，让同学们逻辑感更强，为提高逻辑能力打好基础。

情况1 圆圈图

中心主题（圈内）：将你要学习的核心知识点作为中心，例如“三角函数”或“导数”。

分支（两圈之间）：从中心主题出发，列出与核心知识点直接相关的主要概念、公式或定理。

子分支（圈外）：针对每个主要概念，列出其具体的细节、例子或应用场景。

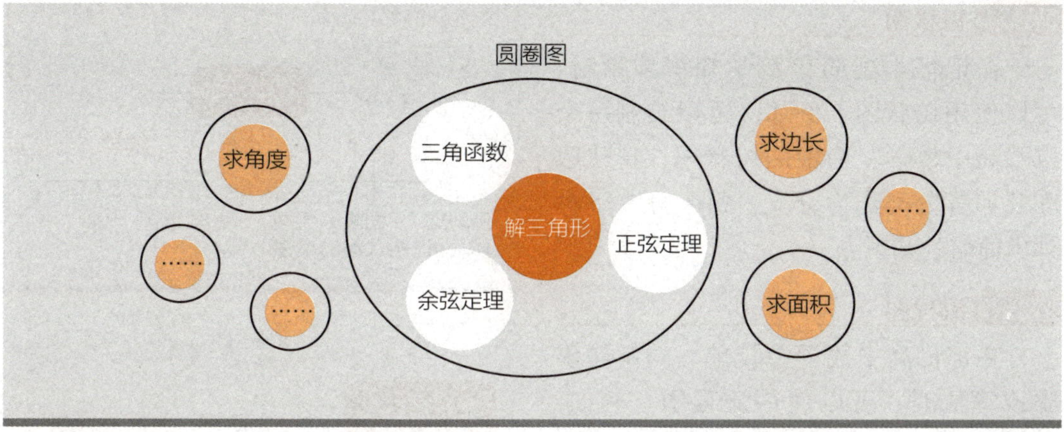

情况2 气泡图

核心概念： 选择一个核心概念或公式作为起点，如“二次方程”。

属性： 列出与核心概念相关的属性或特征，如“一般式”“判别式”“根的性质”等。

联系： 在每个属性旁边，写下与核心概念之间的联系或解释，例如解释判别式如何决定二次方程的根的数量。

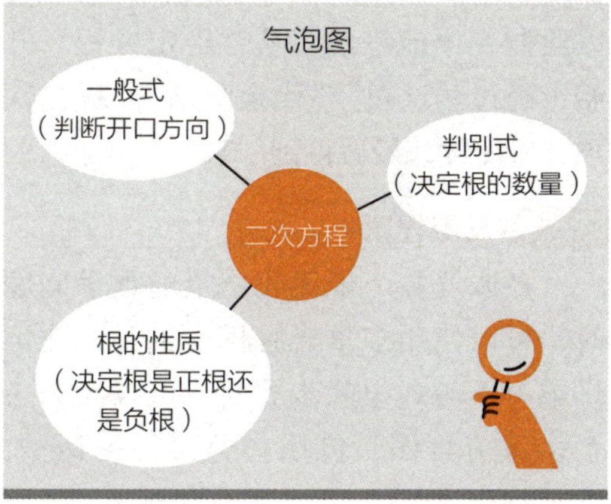

情况3 双气泡图

比较对象： 选择两个相似或相对的概念进行比较，如“指数函数”和“对数函数”。

相同点： 在两个气泡的重叠部分，列出它们的共同点或相似之处。

不同点： 在各自气泡的非重叠部分，列出它们的不同点或特性。

例子： 为每个概念提供具体的例子，帮助区分和理解。

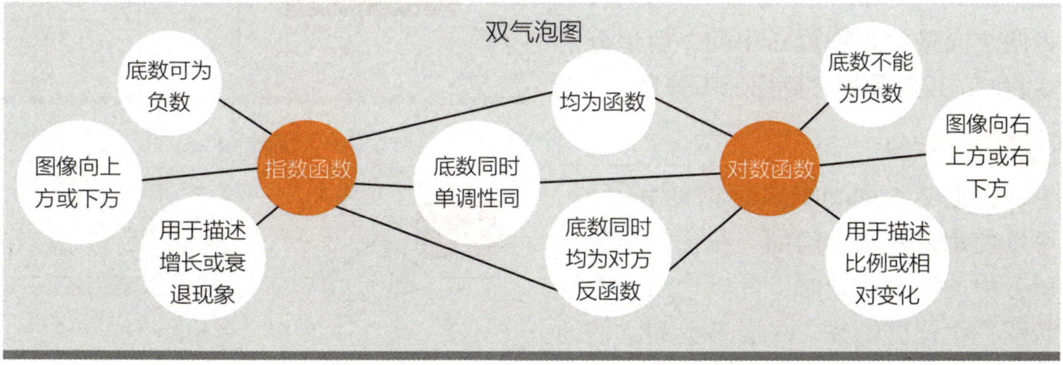

情况 4 树状图

在记忆小型简单数学知识体系时，可以使用树状图。例如，可以绘制一个以“高中数学”为根的树状图，将代数和几何等分类作为分支，每个分支下再列出简略的知识点。

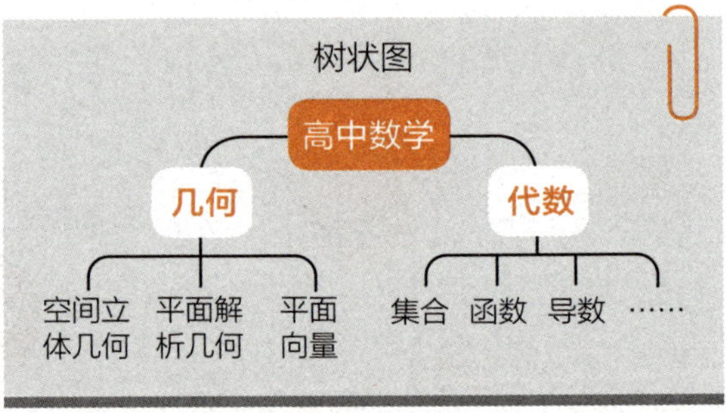

情况 5 流程图

在记忆高中数学中较单一的解题步骤或算法时，可以使用流程图。例如，在记忆求解一元三次方程的步骤时，可以绘制一个流程图，从“给定方程”开始，经过“试根”“代余除法”“拆二次项”等步骤，最后得到“解”。

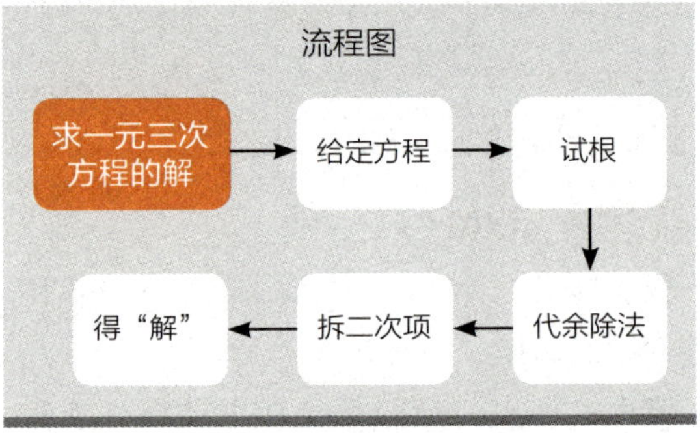

情况 6 复流程图

在涉及多个步骤或决策的数学问题时，可以使用多重流程图。例如，在记忆求解不等式组的步骤时，可以绘制一个多重流程图，包括去分母、去括号、移项、合并同类项、系数化成1、画数轴、数形结合等步骤，并根据不等式的性质进行抉择。

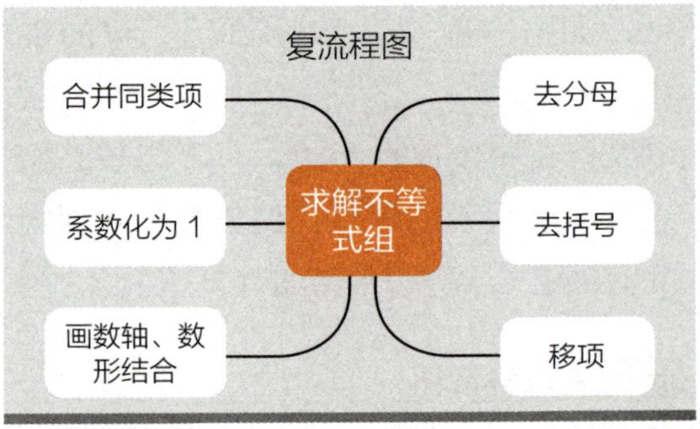

情况 7 括号图

在记忆数学公式或定理时，可以使用括号图。例如，在记忆向量形式的二维柯西不等式时，可以绘制一个括号图，将两个向量的点积放在中间，两边分别是它们的模的乘积，再标上不等号。

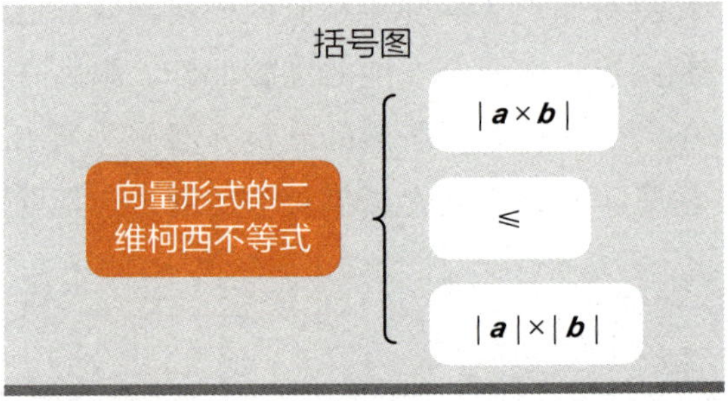

情况 8 桥状图

在记忆不同知识点之间的联系时，可以使用桥状图。例如，在记忆导数微积分中的链式法则时，可以绘制一个桥状图，将外层函数、内层函数和它们的导数连接起来，形成一个链条。

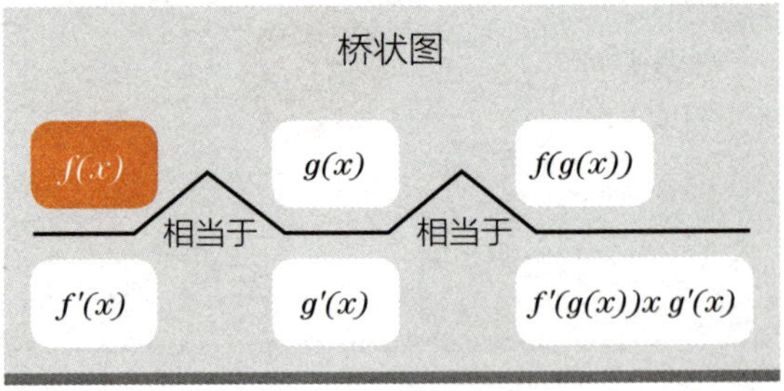

（3）理解联想悟知识

在简化内容，建立思维导图后，我们需要进一步对知识进行理解、编辑和转化。需要考虑这个思维导图所包含的知识点和其他思维导图包含的知识点是否存在相应的联系，就例如三角函数与向量，三角函数能表示向量平面坐标，能计算向量的模长；反过来向量又能用于计算三角函数的值。如果我们平时在记知识的时候就能够联想到这些，那我们就能得到更牢固的心得和更多的做题方法。

（4）运算推导多留白

高中数学具有运算量大和推导难的特点。基础薄弱的同学们在做笔记，尤其在运算推导时，很可能采用了比较笨拙的方法，导致运算量非常大，推导的思路很不清晰。但当我们复盘的时候，我们可能会有更好的、运算量比较少的、推导思路更清晰简洁的方法，所以我们需要留白。隔行写字、时常留空和不时添加活页纸都是很好的学习方法，得细节者得天下。

专攻错题，实现“错题本”的最大价值

活页本记错题的方法

（1）不漏

不漏就是不能放过遇到的任何形式的错题。包括我们的概念模糊、运算错误、审题错误和思路错误等。换句话说，我们错的任何训练题都要纠，我们需要保持谦逊，但是我们更需要征服它。高中生时间有限，最高的标准就是不漏，因为其代表着踏实地积累、沉稳的心态和落到实处的努力。

（2）系统化，就是分块整理

高三打数学基础最重要的不是全面扫描，而是重点攻坚。把各专项的错题集中在一起，有利于我们能够把错题拿出来进行系统性复习和“刷题”，能够让我们在这个专项内的基础题中难逢敌手，这样就能够在数学基础的王国里稳步攻城拔寨，稳定地提高数学分数。请大家必须专项整理，请严格遵守。

（3）有头有尾

“头”就是这道题的错因，这道题的巧妙之处，它凭什么出现在我们的错题本上？这是我们举一反三的基本和内核。由我们在这道题上犯的这种错误可以联想到我们在其他题上犯的同样错误，从而使我们警醒，通过系统化地刷题和有意识地审题来降低失误率。“尾”就是我们的收获、思考和总结。碰见同种类型的但形式可能有所不同的题，我们可以用同样的思路，同样的方法来解决这一类问题。高中基础题上也有一些非常规的题型，我们就是通过“尾”来将非常规化为常规，使我们能够拿到这一部分要求比较高的分数。

（4）适时错题“减灶”

在高三的考试练习中，我们会积累出大量的错题。我们需要不时地把记录已经学会和相对熟练的题的活页去掉。有所失才有所得，两权相较取其重。我们需要使留在错题本上的题持续保持高效的价值。

复盘重复，将笔记和错题进行延伸

“乘”就是重复，借助利用笔记本和错题本复盘。1.01的365次方约是37.7834343，每天重复一点点，日积月累后就能得到显著的提高。

我们需要通过笔记本来正向积累知识，利用错题本来反向筛选知识，这样的知识不仅仅是简单的累加，而是我们通过重复思考后不同知识相互作用、相互影响，形成具体的系统的数学知识体系，得到远远大于加的乘的效果。在数学学科上，我们从笔记和错题开始延伸，进行笔记、错题、运算和数学思维这四部分的复盘。

1 重复笔记：忆思绪后忆导图

回顾笔记的时候，需要回想记笔记时的思考过程和当时的状态，而不仅仅只是想起具体的某个知识点。根据记忆规律，你会更加深刻地记住。当回想起当时的状态之后，再利用八大思维图示或者思维导图来梳理系统化的知识，进而得到深刻、牢固和巧妙的经验。

2 重复错题：科学回顾合笔记

回顾错题时，需要根据具体的题目和所失误的点来说出这道题考查的知识点、所用方法、关键步骤以及注意事项。尤其在回忆知识点时，可以利用活页本及时回看笔记，保持学习效率。

3 重复运算：需算需练硬功夫

高考数学运算量大，推导比较难。需要同学们平时多多练习计算大运算量的题，并且多记近似值，学会对相应的题进行估算。运算能力没有捷径，是需要长时间练成的硬功夫。只要重复运算，同学们的运算能力一定会有大的提高。

4 重复数学思维：复盘创新思维模式

要不时复盘各种题型中体现出来的高中数学八大思维模式。八大思维模式分别是转化与化归、函数方程、数形结合、分类整合、一般特殊、正难则反、有限与无限和或然与必然。在不时体会这八大思维的同时，我们要模仿这八大思维方法解决问题，时机合适时创新出脱胎于这八种思维的新模式。

备错，扫清粗心的错误

“除”在理论上是对“减”的补充，即除纠错部分外我们还需准备备错部分，备错以除数学运算和审题时犯的粗心。我们经常会在练习和考试结束后发现一些并非因为我们能力不足，而是因为粗心大意犯低级错误失分的题。一般来说越是平时犯低级错误犯得厉害，做题就越快，考试后就越喜欢对答案，考试心态也就会越差，自信就会有问题，考试结果就会很不稳定。高考不是竞赛，它只能通过在细节上设置陷阱，增加计算量、调整试题顺序、考验心态等手段来拉开差距，它是选拔人才，不是选拔聪明人。其中更扎实的发挥就很重要，而拿到数学基础分则尤为重要。

我们需要在笔记本上记录因粗心犯的错误。记的时候需要注意两点。

第一点：记录粗心造成的失误，要简明扼要，字字珠玑，不需要面面俱到。这是你临考前的最后一道防护网。

第二点：考前翻阅，使粗心情景再现，能够在考试前有效地使自己更为谨慎，考虑得更加齐全，避免粗心犯错误，从而得到应该得到的基础分。

同频共振 高中数学 Q&A

Q 高中数学老师会布置很多题，由于各科时间上的分配，我可能做不完，那应该怎么取舍呢？

A 同学们的时间都很宝贵，要选取中等水平的题来做。难的题目，即使平时耗费大量时间做出来一两次，但实际在考场上还是不一定能做对，得不到太多分数，没有太大的实际意义。而简单题我们一做就对也不用花费大量时间练习，但是中等水平的题目，我们需要多做2到3遍才能够真正掌握的题才是我们拿分的关键题。

方法速查

高中数学

- **加**
  - 高效做笔记
  - 高效刷题
- **减**
  - 高效纠错
  - 适时减少错题
- **乘**
  - 重复知识
  - 重复纠错和知识运用
- **除**
  - 备错以防粗心

巧用资源，临考应试技巧

临近高考，我应该如何安排数学复习时间？

上分攻略

分享者信息

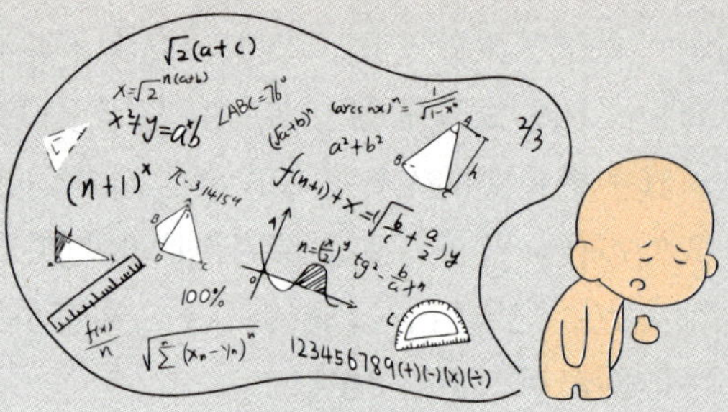

名字：莤生

学校：北京师范大学

专业：经济学

学长学姐说：

在高一高二时，数学一直是让我骄傲的学科。但初入高三，面对新颖多样的题型，我有些力不从心。在导数、圆锥曲线题上总是耗费很多时间。我当时仔细思考、总结了我的不足并列出计划，这也是我想给大家分享的数学拔高的几个步骤：形成较为完善的知识题型体系、有选择性且较为广泛地刷题、及时补充总结、复习错题和新题型，尤其要重视大题解题过程中的细节，最后方可形成良好的数学解题思维，做到“无招胜有招”。

提分关键词

巧用资源；时间管理；真题运用

一轮复习：形成知识和题型体系

一轮复习是打基础的，因此要重视笔记和总结。如果老师讲的内容比较成体系，可以以课堂笔记为主干，再通过自主学习补充。如果老师总结的内容不够清晰，可自行挑选以题型方法分类的专题书籍，辅以视频网站上的免费网课资源，自己总结整理。

总结题型时要以题为纲，记录关键点。在做题过程中采用不同题型不同解题方法的复习侧重点，例如高考中出现过或经常出现的题型，需要重点记忆；而高考中从未出现，只在少量模拟题中出现的题型，可以降低复习频率。

二轮复习：刷专题，刷模拟

刷题是数学提分最关键的一环，我高中班主任的名言便是“熟能生巧，巧能生花”。题型方法只是备战的计谋和武器，我们还需要提高实战能力，因此，后期应当把大段的时间和精力用在刷题或刷错题上。

1 刷专题

在高三前期（12月之前）不建议刷套题，因为尚处于题型体系正在形成的阶段，且模拟题每套卷的题目有限，往往对冷门知识点会有所摒弃，而刷专题可以刷到一些考频较低的题，从而使自己的知识体系更加完整。根据自己的时间安排，基本上做两本纯刷题类教辅即可，一本侧重近5~10年高考真题，一本侧重近两年新高考的模拟题。

2 刷模拟

一般是在当年12月到次年4月期间开始刷模拟题，我推荐刷市面上销售的最新的模拟试卷汇编。后期建议刷近期各地的模拟卷，我对模拟卷的选择排序基本上是大省大市名校联考>本省模拟卷（一般学校会发一些）>市面上的原创卷>押题密卷（一般只有一套）。我的观点是前期刷模拟卷的过程主要是形成考试的手感，后期可以选择性挑题去做，也可以在视频网站上选择性地看一些老师精选的模拟题讲解视频。

三轮复习：回归教材扫盲区，限时刷高考卷验实力

1 刷高考卷

虽然在一轮复习时我们会对高考题做分类总结，但还是有必要在临近高考时把重心转移到高考卷上，有条件的话可以严格按照高考考试时间把近几年高考卷都重做一遍，锻炼心态和熟练度。

2 回顾教材

回顾教材的目的是务求最后一次扫掉盲区，尤其是一轮复习中由于刷的题中很少出现或没出现过而使得大家常常忽视的知识点，如：和差化积、积化和差，概率中的分层抽样的平均数和方差公式、点线距点面距、异面直线间的距离、投影向量、二项分布概率中的最大项、百分位数、贝叶斯公式、混合数据的方差、四点共面等，着重记忆新教材中新加入的内容。

3 刷新题

不能一点儿新题也不刷，因为高考的很多出题方向和临近高考的模拟题还是有一定概率的相近之处的，所以一定要保持手感。

学习技巧与应试建议

1. 适当拓展冷门知识

新高考中，一些原先不被重视的知识也可能考到，比如复数的特殊性质和与向量结合的题型等。同时，高考压轴题有可能不是导数或圆锥曲线，所以要适当掌握其他版块的大题。

2. 不要认为刷新题才是收获而刷错题就是浪费时间

典型的错题可以帮助我们总结题型，刷新题时做到类比复习，才能触类旁通。

3. 不要为了努力而努力

机械性抄写知识点、盲目追求做题数量等，都属于“伪努力”，与其这样浪费时间，不如让自己休息一会儿。保证学习的每一刻都是有效率的，才是关键。

4. 调整面对日常模拟考的心态

以我的经历而言，高考成绩并不是模拟成绩的平均值。千万不要因为某一次模拟考试失利就自怨自艾，影响接下来的复习任务。不如把模拟考看作高考前查漏补缺的机会，抓紧时间巩固薄弱知识点。

5. 应试心态

考场上不要盲目追求速度，确保做的每一道题都能拿到分数才是关键。遇到实在没思路的问题也不要纠结，尽可能写一些应有的步骤，然后立刻去做其他题目。

虽然高三是一段枯燥而无味的旅程，但我想这也是一段直面自我的旅程，在这期间你可能会面对自己的脆弱，也会针对自己独有的天分和不足进行规划，所以保持内省是必要的，不要被他人一时的情绪或举动而左右，哪怕会有失误和挫败，我们只要走好自己的路，便是问心无愧的、独一无二的青春。

同频共振 试卷标准答案往往只给一种方法，怎么总结才能做到“一题多解”呢？

首先，像是必刷卷系列的难题往往会在解析中给出多种方法，我们可以借鉴；其次，我们也可以多多借助网络资源，如一些数学公众号或视频网站讲模拟题的视频课；最后，如果有条件可以和班里几位好朋友组成学习小组，课余时间多交流解题心得或是互相讲一些难题，这不仅会收获新的方法，同时也会加深自己对题目的理解，当然也可以在课间或答疑时间多与数学老师沟通，带着疑问学习进步会更快！

临近高考，我应该如何安排数学复习时间

一轮：形成知识和题型体系

- 深挖专题教辅，活页本总结题型
  - 主要记自己认为的难点
  - 随着刷题逐渐丰富完善

二轮：刷专题、刷模拟

- 寒假前刷专题卷
- 寒假后侧重刷新出的大市联考、模拟卷

三轮：回归教材扫盲区，限时刷高考卷验实力

- 限时刷高考卷
- 着重回看教材的冷门知识点和一些记忆不清的公式
- 少量刷一些新考的模拟卷，只需保持手感，不要贪多

学习技巧与应试建议

- 适当地拓展学习一些冷门知识
- 与其为了贪多刷新题，不如多复习几遍典型的错题
- 用模拟考试查漏补缺
- 坚决杜绝“伪努力”，学习效率才是关键
- 脚踏实地，心无旁骛

站稳暑假脚跟，实现华丽转身

告别英语畏难情绪

上分攻略

分享者信息

名字：甜甜圈

学校：天津大学

提分关键词

初高衔接；收纳积累；学习规划

知己知彼，赢在高一

1 问问自己，基础如何

每个人的既有水平不同，所以在初高中衔接阶段所要努力的方向也不同。我们只有在清楚了解自己在初中阶段的英语学科素养积累情况后，才能有针对性地选好过渡方法。

那么怎么了解自己的水平呢，可以问自己这样几个问题：

（1）初中课本书后单词表的单词我都认识吗？

（2）重点单词会拼写吗？中考试题中的阅读理解文章能够读下来吗？能够理解吗？

（3）初中课本上随便一个句子涉及的语法知识能够识别出来吗？

（4）写作文时能够写出语法正确的完整句子吗？

2 基础不好别担心，努力恶补来得及

如果回答以上大部分问题时，你都是模模糊糊、支支吾吾，那么很遗憾，你的英语基础相对来说没有那么好，要付出更多的努力来恶补基础知识。具体怎么做呢？要

从初中的词汇入手，因为这不仅是初中英语的基础，也将是高中英语的基础。

（1）如果你的初中旧课本不用了的话，可以将课后单词表撕下来放在一起，浏览两遍。第一遍先遮住中文，看单词想中文意思，把想不起来或者记错的标记出来；第二遍时遮住英文，颠倒过来重复一次。经过这两遍，你就能知道哪些是你需要重点学习的单词了。

（2）找到课本配套的单词录音，每天跟着录音读两遍单词表。读的时候千万不要脑子空空，只是机械地重复跟读这个动作，而是应该有意识地“离开课本”：

听到录音并跟读 → 同时在脑中迅速回忆单词拼写形式和中文意思 → 看课本核对并纠正

如此这般反复进行几轮，对课本的依赖会越来越少，也就表明你对这些单词越来越熟悉。

（3）练习听写。也就是不再跟读，而是跟着录音在纸上写下你听到的单词，写完一个单元就和单词表进行比对，把写错的单词再次标记出来并进行重点记忆。高中课本中的单词表依旧可以沿用这样的方法进行记忆，所以如果英语晨读时播放单词音频的话，大家一定要好好珍惜这样的机会。

（4）复习音标和夯实初中学习过的语法。掌握音标有助于我们进行拼读和记忆单词，而熟练掌握初中语法是学习更多高中语法的基础。针对音标，能够区分和掌握它们的读音即可，认识单个的音标后再将其应用到单词表的单词音标中，听录音读单词时也可看着音标跟读，感受它们的发音。关于语法的学习，我们可以趁中考后的暑假，在网站上搜索相关的教学视频，并且一定要做好笔记，用自己能理解的语言将语法讲出来，写在笔记上并附上3~5个例句，在晨读时一并进行背诵。

3 基础优秀再努力，锦上添花更容易

如果在回答本段开头几个问题时，答案都比较肯定，那么这些基础较好的同学就可以直接进入到高中单词的学习中。具体的思路和上述初中单词的学习过程类似，不过需要更多扩展内容的学习和记忆。

在学习一个单元的单词之前，我们要坚持**“查词预习”**，这是我在高中前两年一直坚持的好习惯，为我后面的写作修炼打下了坚实的基础。所谓的查词，就是在单词书或者词典上，把这一单元的单词挨个查一遍，在笔记本上记录下来涉及的固定搭配以及例句，并留出空白笔记区以待老师讲解单词及学习课文时再进行补充。这样做有

两个好处：①能够大大增加自己对单词的熟悉度。自己查一遍、老师讲一遍、课文中再学一遍，三遍下来就已经掌握得差不多了。②能够为复习留下简明扼要的资料，经过一学期的晨读背诵和考试前的滚动复习，我们对课本单词的掌握就很熟练了。

上面的流程看似复杂，其实操作起来并没有难度，困难在于我们是否能抽出时间坚持做这件事，但是只要坚持就一定会有很好的效果。

收纳基础，扩充装备

高中英语学习应当养成记笔记的习惯，自己准备一个笔记本，也将其称为“收纳本”，并有名言曰“好物皆可收纳”。高中三年我积累了五六本英语收纳本，在高考前已经对其中记录的内容了如指掌，这是我高中英语的立身之本，对我而言非常重要。

1 收纳什么？

（1）词汇

词汇一方面来源于课本单词的预习查词，另一个方面来源于在读书和做题过程中碰见的生词，记录尽可能简洁，“固定搭配+例句”即可，不清楚读音的要注上音标。

积累的单词多了之后，可以把同义词、近义词和有类似用法的单词在旁边留白处进行小总结，一是将它们联系起来进行记忆会省很多事儿，二是在进行写作时也可以有多种选择。比如我会把choice、option、alternative放在一起进行小总结，因为它们都有“选择”的意思，有时候可以进行替换。

（2）高级表达

比如常用单词的高级同义词、应用文常用的开头句子、读后续写常见的“泪水流淌在脸上”“泪水浸满眼眶”等表达，都是我们收纳的对象。

（3）优秀范文

遇见语法点、好词好句密集的文章、年级传阅的作文范本或者写得比较好的参考答案，我们都可以进行“一剪二粘三背诵”的三部曲，把别人的变成自己的。

（4）开辟新的“菜园”

我们还要学会在笔记本上给自己开辟新的“菜园”，比如语法填空的易错点、自己的做题感悟……

2 怎么收纳？

既然称之为收纳，那就要求干净整洁。

（1）区分模块

进行同类总结，这样不仅便于记忆，还能在需要翻看时快速地定位，节省大量的时间。

（2）笔迹清晰

虽然不追求花里胡哨和过分好看，但一定要能看清你写的是什么，能让自己看得下去。

（3）“记一整句，写一整句”

先在脑子里记下一个整句再写在笔记本上，而不是看一个单词写一个单词，再看一个再写一个。这样做的目的有两个，一是让我们记录的时候入心入脑，二是也能够起到锻炼记忆力的作用。

3 收纳本该怎么用?

用好晨读时间，一遍又一遍地背诵。书上的不是自己的，记在笔记本上的也不是自己的，只有记在自己脑子里的才是自己的。平时背几轮，考前再背诵一轮，在平时写作文时合上笔记本，努力回忆，把脑子里储备的表达方式用在作文里，输入和输出就兼而有之了。

【词汇积累】	【短语积累】	【作文积累】
n. 选择 1. choice 2. alternative 3. option 4. … *adj.* 高兴的 1. happy 2. glad 3. delighted 4. pleased 5. …	对……有兴趣 1. be interested in 2. be fascinated by 3. have a great passion for 4. be keen on 5. be hooked on 6. … 沉浸于……/专注于…… 1. be immersed in 2. concentrate on 3. apply oneself to 4. focus on 5. …	应用文常用句型： 1. I am glad/delighted to know that… 2. Knowing that…, I cannot wait to get you informed of… 3. With the advance/development of society/technology… 4. With the rapid progress in… 5. … 读后续写常用表达： 情感类： …… 动作类： ……

区分模块，同类总结

营造英语环境，告别塑料英语

说到底，英语是一门语言，也是一门应用学科，听、说、读、写各个方面都要努力学习，才能更好地掌握和应用英语。

1 听进去

对听力来说，一方面是泛听，我们要刻意营造英语环境给自己磨耳朵，让自己习惯甚至爱上听英文歌、看英文剧和英文演讲，并逐渐脱离字幕的帮助；另一方面是精听，选择高考听力真题材料进行听写，发现和梳理自己“听不清”的语音现象，熟读背诵听力材料，把每一份材料都听熟磨透。

2 说出来

抓住每一个表达的机会，不做哑巴英语学习者。不要因为音调不好听，而不敢在英语课堂上回答问题，不要因为怕说错而不敢用英语与人交流。相反，一次交流的机会能最大程度上动员起我们脑中的储备，让我们无意识地复习和巩固了自己所学的东西。

在高中阶段，我参加了一些英语竞赛，也积极参与英语课堂上的free talk，这让我变得更自信，变得敢说会说。不妨和你的同桌商量一下，结成英语学习搭档，尽可能用上你们学习的表达和词汇进行情景交流，相互练习并不断纠错，一定会有很快的提高。

3 读得懂

读与听一样，有泛读有精读。

泛读可以训练阅读速度，学习地道的表达。在泛读时，可以选择一些相对简单的英文原版小说进行阅读，这样会让你更容易坚持读下去。

精读时可以选择一些外刊文章，这在一些专门的APP上可以找到，它们主题鲜明，贴近生活，与高考阅读的选材相近。在遇到生词以及好词好句时，需要进行查阅和收纳，让它们成为背诵资料的一部分。

4 写得好

写作源于模仿，要想作文得高分，首先要学会模仿别人用的好词好句。写作是一个输出和运用的过程，而运用高级词汇和高级句式的前提是脑子里要有这些东西。在看到写作主题之后，我们应该达到这种效果——在大脑中疯狂检索能够用到的表达，然后再在其中选择最合适的一种写下来。这就要求我们在平时多读多记多背多写，读是为收集，记是为整理，背是为储备，写是为巩固。可以试着养成用英语写日记的习惯，反复使用积累下来的东西，这样有助于形成肌肉记忆，考试时便会“下笔如有神”了。

最后，学长还想告诉大家，如果将来想从事学术研究、出国深造、做医生等等，那就更应该学好英语，因为这些对英语能力的要求都很高，而高中英语又是英语进阶学习的重要基础，所以我们要肯花时间钻研。As the saying goes, where there is a will, there is a way.

同频共振 不喜欢英语怎么办？一点儿也不想学习英语！

有些同学不喜欢英语，其实就是没有找到英语学习入门的方法，总感觉学不会看不懂，所以才心生厌倦。不妨从简单的有趣的内容开始，记忆一些单词，然后找到相应水平且内容是自己感兴趣的短文进行阅读，或者开始看一些有趣的美剧，除了关注剧情外要更加注重其中的地道表达。尽可能让自己学习到的内容都能够在生活中有所应用和反馈，这样对英语学习的兴趣就慢慢培养起来了！

方法速查

高一英语站稳脚跟

- **收纳基础，扩充装备**
  - 收纳什么？
    - 词汇
    - 高级表达
    - 优秀范文
    - 开辟新的“菜园”
  - 怎么收纳？
    - 区分模块
    - 笔迹清晰
    - “记一整句，写一整句”
  - 收纳本该怎么用？
    - 晨读
    - 考前背诵
    - 考试时多用
- **知己知彼，赢在高一**
  - 知已：现有水平如何
    - 基础差：恶补基础
    - 基础好：提前深入
  - 知彼：从几个方面入手
    - 音标
    - 单词
    - 语法
- **听说读写，高阶训练**
  - 听
    - 泛听：可以营造英语环境
    - 精听：筛出自己听不懂的部分
  - 说
    - 放下担心，多多表达
    - 动用储备，锦上添花
  - 读
    - 泛读：训练阅读速度，培养阅读英文原版书籍的兴趣
    - 精读：贴近高考阅读选材，积累好词好句好表达
  - 写
    - 先有积累在脑中
    - 后有下笔如有神

全面突破，高考英语保姆级拔高方案

你英语最高能考多少分？

上分攻略

分享者信息

名字：朱云琳

学校：华中师范大学

专业：汉语言文学（公费师范）

学长学姐说：

我是中文专业的学生，在一些比较专业的英语问题上可能不如英语专业的学生，但是我也曾在高中时期有过一段比较成功的英语成绩提高历程，故而我希望我分享的学习英语的方法能够让同学们少走一些弯路，更快地在英语成绩上有提升。

提分关键词

不同周期提分方案；不同题型做题要点

怎样才能让英语水平提高一个等级？

这是我在整个高中乃至复读期间都在思索的问题。有些遗憾的是，开始我并没有找到正确的答案，直到复读的时候我才明白，唯有摆脱传统的题海战术，找到真正适合自己的方法，才会进入一个成绩稳步提升的状态。

在高中前三年，我有时会在晚自习结束之后，在家里继续刷题到深夜一两点。而在复读的时候，我给自己定下了“绝不把学习的事情留到回家之后做”的目标，督促自己在早晚自习和课间把该记的内容、该写的作业、该整理的笔记错题等都做完，最大限度地提升自己的学习效率。回顾我的复读之路，我发现自己成绩不断提升的秘诀不在于像其他同学一样争分夺秒地学习和刷题，而在于找到自己真正的薄弱之处，用高效的方法使自己得到最大程度的提升。通过调整学习方法，在第二次高考时我的总成绩提升了 110 多分，仅是我的英语成绩，就从 113 分提升到了 135 分。

由衷地希望看到我这篇文章的同学们能够学习到一些对自己有效的提高英语的方法，能使自己的英语得到较大程度的提升，在高考中取得理想的成绩。

英语作为高中的主科之一，在高考中占据着重要地位。在试卷总分为 150 分的情况下，学生的英语成绩可以分为四个阶段：

第一阶段	处在 90 分以下或是徘徊在及格线 90 分附近
第二阶段	处在 110 分上下
第三阶段	处在 120 分左右
第四阶段	达到 135 分及以上

每相邻的两个阶段之间都有着巨大的鸿沟，每提升至一个新的阶段，想要进一步提升的难度就越大，尤其是到了第三阶段之后，再想往 135 分以上靠拢，难度会比前面更大。而我这篇文章介绍的学习方法，主要针对的就是处在第三阶段，也就是徘徊在 110 分到 130 分之间，难以到达第四阶段的 135 分及以上的学生。

定制专属提分方案

英语成绩处在第三阶段的学生，主要分为两种情况：

情况一

英语试卷中的大部分题目的错误率较低，仅在试卷的某一板块或者某两个板块失分较多。

提分方案：着重练习自己失分较多的板块，掌握基本的出题规律与解题方法。

情况二

在试卷中的各大板块中均有少量的失分而导致总分徘徊在 120 分上下。

提分方案：总结自己时常出错的题目的共性，找准自己的短板，然后有针对性地逐个击破。

1 一轮复习：别犹豫，记住所有该记住的知识点

在一轮复习的时候，将我们日常上课时需要背诵记忆的单词和词组的释义、用法，以及语法的用法尽可能全面地记下来，并试着使用这些词汇和语法去造句，以此来判断自己是否已经掌握了这些知识。

- book
  - 常见释义
    - *n.* 书；本；册；账簿
    - *v.* 预订
  - 其他释义
    - *v.* 立案（控告某人）；记名警告

比如，在复习到book这个单词的时候，我们不仅要把常见的意思记下来，还要把不常见的“立案（控告某人）；记名警告”这两个意思也记下来。

2 二轮复习：杜绝“一看就会，一考就废”

在进入二轮复习之后，我们要做的则是查漏补缺。

场景1 做题时遇到有印象但想不起来的单词

在做题过程中如果遇到有印象但想不起来释义和用法的单词就圈出来，等做完题目之后，再去查询这些单词的意思，并将与之相似的单词及释义写在旁边，方便复习。

比如在做题时遇到altitude这个词，如果我们不太清楚它是什么意思，那么在查询到它的意思是“海拔；海拔高度”之后，还需要将和它拼写非常相像的attitude（态度；看法）写在旁边。拼写相似的还有下面的几组词：

adapt（适应）	medal（勋章；奖牌）	metal（金属）
adopt（采用）	model（模型；模特）	mental（精神上的）

只要出现一个自己不太熟悉的词，我们就把它和与它长得特别像的单词都写下来。

场景2 做题时遇到不懂的语法知识

遇到这种情况，我的建议是在答题时先标记出来，之后再去翻书或者翻笔记查找它们的用法，并将这一类知识点认真复习一遍。

比如下面这道题：

2023年全国乙卷中的第66题：

____66____ (visit) several times over the last 10 years, I ____67____ (amaze) by the co-existence of old and new, and how a city was able to keep such a rich heritage (遗产) while constantly growing.

这句话的句意是：在过去的10年里，我多次到访北京，惊讶于这里的新旧共存，惊讶于一个城市如何在不断发展的同时能保存如此丰富的文化遗产。

语法填空主要考查时态、语态和主谓一致。

我们先看这个句子中的时态，句中有一个明显的时间状语 over the last 10 years，它是现在完成时的标志，所以我们可以推断这个空格要用现在完成时。接着我们需要判断句子的语态，visit 是一个动词，一般而言动词是充当谓语的，但是通过观察我们可以发现这个句子中充当谓语的是第 67 题中给出的 amaze，而第 66 题中给出的 visit 做非谓语动词，所以这个空格要用现在分词的完成式 having visited，最后由于它在句子的开头，故填 Having visited。

这道题考查了两个语法知识点：非谓语动词和现在完成时。如果在做题时，我们没能判断出正确的时态和语态，那我们就需要将包括现在完成时、过去完成时、将来完成时和过去将来完成时在内的完成时态的知识点，以及非谓语动词的知识点都复习一遍。

各题型的答题方法

鉴于进入高三阶段后学习任务繁重，且徘徊在 120 分上下的同学的基础是较为扎实的，故而我不建议过度刷题。我认为我们需要做的是珍惜每一次练习和考试，充分利用练习和考试的试卷，认真对待每一次做题，并在过后总结归纳自己的错误问题，有针对性地改善提高。由于每一个人的短板各不相同，接下来我将分板块来介绍不同题型的答题方法：

1 听力

一般来说，我们提高英语听力的常规策略是“多听”和“精听”，但由于高中学习压力较大，“多听”这一点无论是时间上还是精力上都难以实现，所以我们要做的是“精听”。

所谓“精听”，就是通过一句一句播放听力，准确捕捉听力中的信息，甚至尽可能地把听到的句子完整地写下来。倘若有机会拷贝到练习过的听力的音频，我们还可以将自己错误率高的题目再逐词逐句听一遍。

此外，在听力练习过后，阅读听力原文也是一个非常好的进一步提升听力水平的方法。通过阅读听力的原文，我们能够感受到自己听的信息和原文之间的差距，并确定自己听到的一些关键词和原文中的词是否一致，看看自己的判断是否正确。

2 阅读理解

阅读理解主要考查的是对词汇和一些特殊句法的理解。即使我们已经掌握了高考大纲里面的所有词汇，还是会在阅读题中遇上不少生词，从而感到非常焦虑。我们要认识到高考试卷上是要出现一定比例的生词的，对此，我们分两种情况对待即可（如图所示）。

值得注意的是，我们在练习阅读理解的时候，要注意限制时间，要保证自己在一定的时间内能把阅读理解做完，不要花费过多的时间去抠字眼，试图理解文章中所有句子的意思，能够总体把握文章的大意并理解包含题目答案的句子即可。

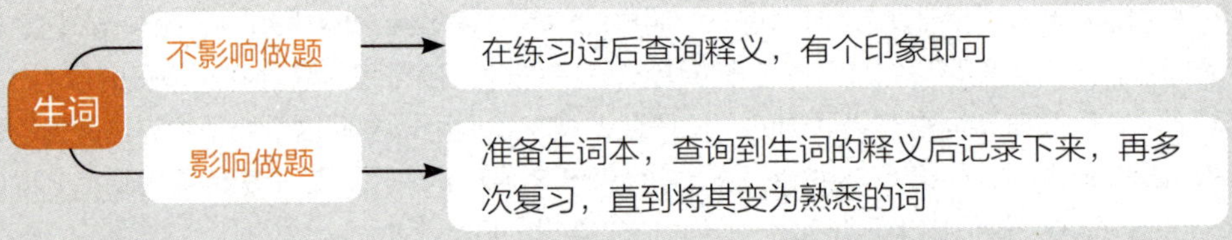

如何对待生词

3 完形填空

完形填空是考查词汇和语法最为集中的地方，在做完形填空时，我们需要注意的两个要点是：

（1）联系上下文，做到所选的每一个空的答案都是有理有据的。我们会遇到将每一个选项分别带入空格所在的句子后，它们在语法上都是合理的情况，这个时候，就需要我们根据前后文的内容来判断。我们以一道高考真题为例：

2023年全国乙卷中的第43题：

She had to say ___43___ to her two dogs and to the beach...

43. A. goodbye　B. hello　C. thanks　D. no

第43题所在的句子意思为“她不得不对她的两条狗和沙滩说……”，A 选项“再见”，B 选项“你好”，C 选项“谢谢”，D 选项“不”。若将四个选项代入到句中语义都是成立的，但是结合前文中的内容：To become the Olympic champion in the individual（个人）all-around event, Gabby Douglas had to leave everything she ___knew___ best.“为了成为个人全能项目的奥运冠军，加比·道格拉斯不得不放弃她最熟悉的一切。”由此我们可以推断出这里应当选 A. goodbye。

（2）总体把握全文，理解文章的主旨大意。有些题目并非考查语法知识，也无法简单地通过前后文来判断。遇到这种情况，我们可以把这一小题先放一放，先作答其他的题，最后结合全文来推断这道题该选哪个选项。

4 写作

写作是整张英语试卷中最难以提高的部分。比如满分15分的应用文写作，如果能够较好地完成题目的要求，基本可以拿到12分或者13分了，但如果想要进一步提升，拿到14分以上，则需要在细节处下功夫。

（1）适度使用高级词汇和长难句。不要追求通篇都是高级词句，只需一两处点亮作文即可。因为每一个人的记忆容量是有限的，往往这些高级词汇、句法又是比较难记的，能完全写对倒还好，若是出了错误反而得不偿失。

（2）书写要整洁清晰。卷面的整洁与否会影响阅卷老师对我们作文的第一印象，如果作文卷面不够整洁、字体不够好看，我建议练习衡水体。相较其他字体，衡水体能够在较短时间内练成，且整洁度较高，能让批改试卷的老师更清楚地看到我们作文中的单词是否拼写正确，给阅卷老师留下一个较好的印象。

（3）写作也需要一定的语感，而语感是在练习中形成的，很多同学觉得在日常练习中写作文过于浪费时间，往往会直接跳过写作题，但我的建议是多练习写作，并在课后找老师帮忙批改，找出自己不足的地方。如果实在没有时间写一篇完整的作文，能简单列个提纲，整理一下自己的写作思路也是好的。

衡水体示例

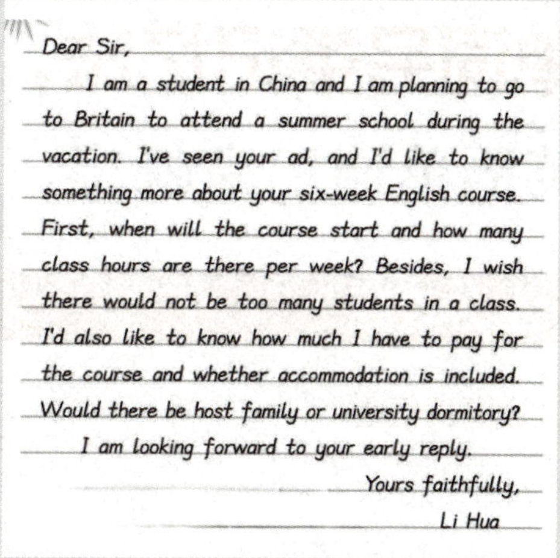

Dear Sir,

I am a student in China and I am planning to go to Britain to attend a summer school during the vacation. I've seen your ad, and I'd like to know something more about your six-week English course. First, when will the course start and how many class hours are there per week? Besides, I wish there would not be too many students in a class. I'd also like to know how much I have to pay for the course and whether accommodation is included. Would there be host family or university dormitory?

I am looking forward to your early reply.

Yours faithfully,

Li Hua

同频共振

高三的英语一轮复习好无聊，就是在不断地复习之前学过的内容，不断地做试卷讲试卷，可是大多数东西我都已经记住了，听课听得有点想打瞌睡，该怎么办啊？

如果老师讲的是一些自己早就滚瓜烂熟的知识，我们为什么不可以试试怎么运用这些知识呢？比如老师在讲attract的释义和用法的时候，我们为什么不能给be attracted to造个句呢？以此类推，老师在讲其他同学做错了但我们自己没有做错的题的时候，真的能确定我们是因为理解了这道题的知识点才做对的吗？还是歪打正着蒙对的呢？与其觉得无聊不知道该干什么，我们不如好好听听老师的解题思路，看看我们自己的思路是不是和老师一样，是不是正确的。

方法速查

高中英语拔高

- **英语拔高的宏观思路**
  - 明确自己的短板所在：有针对性地逐个击破
  - 重视知识的“积累”和“运用”
    - 一轮复习，尽可能复习全面
    - 二轮复习，侧重查漏补缺
- **不同题型的做题要点**
  - 听力：有效练习、重视精听
  - 阅读理解：理解文章大意，理解答案所在的句子
  - 完形填空
    - 联系上下文
    - 总体把握全文
  - 写作
    - 谨慎使用高级词汇和长难句
    - 练习衡水体
    - 勤练写作培养语感

单词另类记忆法，专治各种“不熟”

英语单词记完就忘，好有挫败感

上分攻略

分享者信息

名字：淮生

学校：北京师范大学

高考成绩：2022 年高考英语甲卷 147 分

提分关键词

单词高效记忆法；作文素材积累

构建自己的英语大厦

提起英语学习，可谓“几家欢喜几家愁”，有人上课不怎么听讲却能考出 140 分，有人没日没夜背单词却依然结果惨淡……英语偏科也成为很多同学头疼的问题，明明其他科目自信登顶，偏偏在英语上铩羽而归。今天，学姐就将英语考高分的秘诀尽数分享给你，希望能为你的英语学习之路扫清障碍，让你轻松 carry 全场。

打开课本，我们面对的是那张好像“背了永远记不住”的单词表，大篇大篇的课文和密密麻麻的习题……为了避免“眉毛胡子一把抓”的情况，我们要先搞清楚在英语这个学科上的两个努力方向：一个是基础知识的积累，另一个则是解题能力的运用。

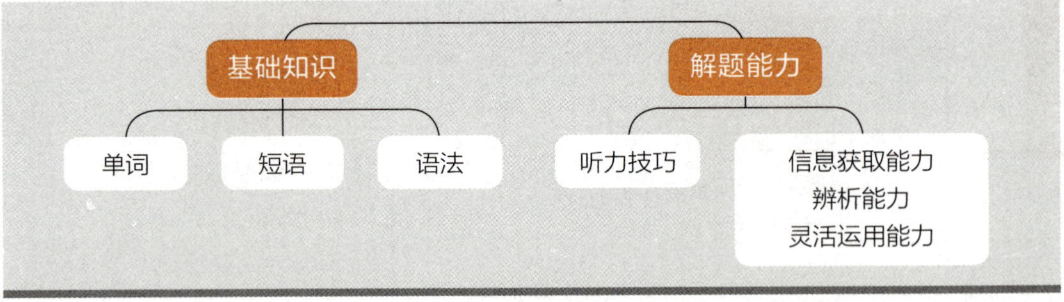

单词记不牢？这样记无痛又高效

如果把学习英语比喻成建造大厦，单词无疑就是最基础的砖瓦。没有单词作为基础支撑，后续的英语学习无异于空中楼阁。

1 记什么？

仅仅记住单词的拼写是不够的，如果不了解单词的词性和使用情况，即使记住了拼写和词义也是“英雄无用武之地”，一不小心就会闹出把“I'm shy.”写成“I'm shyness.”这种笑话。

记单词，首先当然是记住单词的拼写，其次是记住单词的词性（名词、代词、动词……），最后是记住单词的词义和用法。词义最好和用法一并记忆，这样就不会在使用中出现“张冠李戴”的错误。

2 怎么记？

要想在五花八门的单词记忆法中找到自己的独特法门，我们需要先了解记忆的本质。

（1）记忆真相大揭秘

记忆分为短期记忆和长期记忆，“今天记住明天忘”就属于短期记忆，而想要把短期记忆转化为长期记忆，离不开一大利器——重复。

你可能会疑惑，自己记单词反复记了很多遍，但过了一段时间再看到单词时还是只有一个模模糊糊的印象，究竟是哪一步出了问题呢？问题出在没有理解重复的必要性，最关键的是“有效的重复”，这涉及两个要点，一是新旧关联，二是主动回忆。

①新旧关联。新旧关联是指将要记忆的新内容和已有的记忆关联在一起，让完全陌生的新单词得以嵌入已有的记忆情境中，不必占用大脑新的内存，从而做到以旧带新。

“联想记忆法”正是利用了这一点。例如forget这个词，你可能开始对它没有什么印象，但是你一定认识get这个单词。我们可以这样记忆：“虽然难逃互相遗忘（forget），至少我们曾经拥有（get）。拥有，也是遗忘的一部分。”

类似的还有“情景记忆法”，前段时间网上很火的“单词用‘卑鄙的’方式进入了我的脑子”，其实就是利用了新旧关联这一点。我们在单词书上也经常能见到为了记忆单词临时创造的小情境，但当情境陌生时，这种方法似乎就没有

> 去北京游玩的时候，我路过一家豆汁店。
> 招牌上写着“北京必喝豆汁”，我以为是什么好吃的呢。
> 但我尝了一口，就直接吐了出来。
> 我大声地对老板说：“你这个东西是烂的！”
> 老板回答我：“豆汁就是这个味，你诽谤我啊。”
> s lan der 谐音“是烂的”
> slander 诽谤，诋毁

那么奏效了。因此，创造自己熟悉的情境是最好的。

②主动回忆。有的同学快把单词表翻烂了，但下次看到背过的单词还是不认识，很可能就是没有用好主动回忆，背得“有水分”。一想不起来词义就去翻看中文，虽然轻松了，但效果并不好。正确的做法是即使遇到想不起来意思的单词也先别急着翻书，咬着牙自己想，实在想不出来先做个标记，全部背完再看哪些没背出来，这种方式虽然痛苦，但记得也更为牢靠。

背单词的时候最好用手遮挡住词义，练习中英转换，也可以反过来遮挡住英文拼写，看着中文意思去翻译。这就相当于自己给自己做默写题，别人只跟着老师听写了一遍，而你在老师听写之前相当于自己听写了两遍，这样怎么会记不住呢？

（2）记忆绝招大公开

说完了记忆的本质，我们来说说具体的方法，背单词可以十八般武艺齐上阵。

①按照音节划分和节奏来拆分单词。英语是节奏型语言，多音节的单词最好能够拆分去记，这种方法既能帮助你记忆发音，又有助于根据发音去推测大致的拼写，能省去很多死记硬背的功夫。背得多了，你会发现单词的拼读是有规律可循的，更能事半功倍。

②分析词根词缀。在拆分出来的音节中，有一些组合有固定的意义指向，记住这类词根词缀有助于你遇到生词的时候去推测生词的大致意思。同时也可以开动脑筋，联想记忆，将生词嵌入自己熟悉的情境，以旧带新来记住单词。

③主动回忆，多次重复。如果你做主动回忆能够保证质量，相信重复的次数会大大减少哦！这一套连环拳打下去，小小单词不是手到擒来吗？

（3）两招实现词汇量的积累和拓展

①重视课内的单词。对于单词表上的单词，最好能拿出整块的时间来记忆，争取做到“一网打尽”。比如每天花10分钟回忆一遍，路上用便携单词本巩固一下。

②积累拓展的单词。对于做题中遇到的生词，用一本能装进衣服口袋的笔记本随查随记，有重复也不要紧。日积月累地坚持这个小习惯，这本笔记本就会写满，时不时回顾一下，有效扩展单词量。

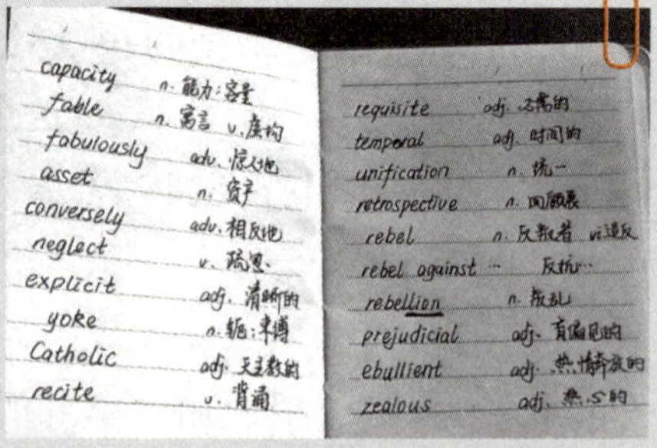

单词积累本

记单词并非一日之功，重在坚持和贯彻，计划要保证可持续性，哪怕一天只记5个、10个单词也比十天半个月不打开一次单词本要强得多。

听不懂？多听多练是诀窍

“听说读写”中“听”排在第一位，练听力不是学习的赘余，而是学习的助力。听力的基础是学会音标、纠正发音，而听说相连，发音的问题一定会反映在听力上。听力的练习可以从以下两个方面入手：能力和技巧。

1 多听多练，磨耳朵

听力的提升离不开多听多练，课本和试卷上的听力内容是很好的练习材料，非常适合用来做精听练习：

- ✔ 专门拿出二三十分钟来一句一句地精听
- ✔ 尽可能在五次之内将原句还原出来
- ✔ 听完一整遍之后再用“影子跟读”的方式回顾全文（影子跟读：在听力播放的三到五秒后开始跟读，是一边输入一边输出的练习方式）

课外的听力练习则是以兴趣为导向，寻找自己喜欢的英文类电视剧、歌曲、电影、音乐剧、播客等来提升对英语的兴趣和感知。进阶的听力练习不要求逐词听清，避免苛求细节而因小失大，应该以词组的形式来捕捉信息。比如在“Isn’t there a better way？”中不要求听清每一个词，能够记住“Isn’t there”所表示的含义，后面的a better way不论替换成什么词都可以一通百通。

2 使用自己最顺手的技巧

从拿到试卷到播放听力的这段时间内要先进行审题，将题目中的关键词勾画出来；再进一步预测，反推听力材料的主题和可能设置的陷阱；在听的过程中，要及时记录关键词，边听边在试卷上做标记；还要关注情况变换，有时候并不是听不到信息，而是思维落入了题目设置的陷阱中，比如要格外关注听力中表示转折关系的连词，例如but，

听力技巧	播放听力前	审题	关键词：疑问词、人称代词、动词、形容词
		预测	可能出现的陷阱
			话题内容
	播放听力中	记录关键词	速记
			谁、干什么
			时间、地点
			标记正确选项
		材料变化	关键词：and，but，although
	播放听力后	及时涂卡	

although；听完之后要及时涂卡，以免交卷前发现遗漏。在平时的考试中要多运用这些技巧，并形成自己最顺手的方式。

阅读老做错？读懂会做靠技巧！

掌握技巧，提高正确率

在顺利通读全文、把握文意的基础上，掌握技巧可以帮助我们提高正确率。

（1）审题。推荐大家在做题之前先看后面的题目，带着问题回到文中有目的地寻找答案，这样能够省去漫无目的地通读全文之后，看到问题又需要再读一遍全文的时间。

（2）略读和精读。考题所选的文章往往结构缜密，可以从每一段的段首、段尾和文章的首段、末段中大致了解文章的主题、主旨和文章结构安排；在此基础上再定位到设置了问题的关键段落，勾画答题范围，进行精读，精读中要注意关键段落的结构组织和逻辑连接。

（3）对比关键信息。在涉及题目的段落中勾画关键词，再和选项的信息进行对比。

（4）注意逻辑词的衔接。一种是代词还原，文中的this，that要还原成上下段落中的具体内容；另一种是连接词，如and，but分别表示的逻辑顺承和转折。

同频共振　英语单词记完就忘，好有挫败感

先检查一下记忆的两大要素“新旧关联、主动回忆”漏了哪个，一次两次没记住也不要苛责自己，可以试试学姐推荐的中英互测这个办法来检验自己的记忆成效，再把记不住的单词拿出来重点记忆。学姐当时背单词的时候也不是一次就能全写出来的，经常是记了五六遍才全部记住，下次看见可能又忘了一两个。这些都是正常的，不要急躁也不要气馁，在正式踏入考场之前都有机会重新记住这些你忘记的单词。

摆脱“学酥”模式，英语成绩一路开挂

解密英语提分完整路径

上分攻略

分享者信息

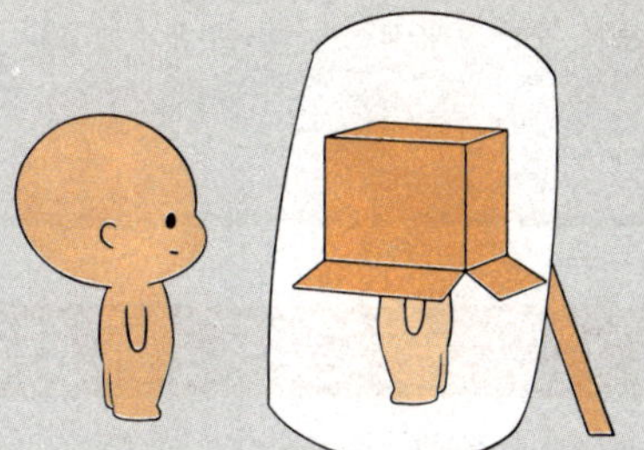

名字：熊若瑜

学校：北京师范大学

专业：历史学

学长学姐说：

对于英语学科的学习，尤其是基础知识的学习，“背单词、记语法”这些方法几乎是众所周知的。所以学好英语的关键并不在于方法的内容，而在于方法的实施，即如何让基础比较薄弱的同学能够坚持下来、如何制订高三初期的英语复习计划等，接下来我都会一一跟大家说明。

提分关键词

夯实基础；答题策略；避雷指南

先给自己定个小目标

目标成绩 90~110 分

对于刚进入高三的同学来说，一轮复习是打基础的绝佳时间。学校的老师一般都会带着学生将教材内容从头到尾复习一遍，对于单词和语法的回顾都相对细致，很适合英语基础薄弱的同学。

所以在一轮复习期间，我们的知识地图就是教材上所有的语法知识点以及3500个高考必备单词。

完成这个地图无疑是一个漫长且需要持之以恒的过程。我们既要清楚地知道自己一轮复习的总目标是将成绩提升到90~110分这个区间，也需要明白在打基础阶段，

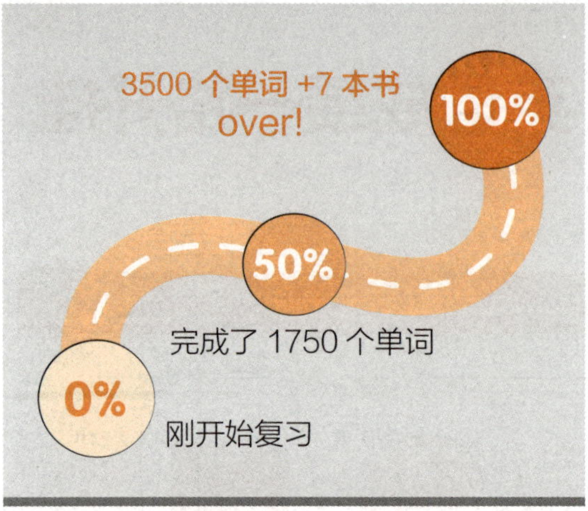

成绩的提升并非短时间内就可以看到成效。所以在这段复习时间里，我们并不以成绩提升了多少来作为自身学习进步的衡量标准，而是以知识地图的完成率来考查自身的学习情况。只要每天比前一天积累了更多的单词，每天都在语法的地图上前进了一小步，那么最终就会汇聚成英语成绩提升的一大步。

英语提分完整路径

英语学习就像是建设大厦一样，要经历开工准备、打地基、构建框架并填充内容，大厦才能竣工。

1 开工准备

稳住心态，做好打持久战的准备

积累单词和语法并不在一天两天，而是需要一两个月的时间，对于英语基础比较薄弱的同学尤其如此。

所以，大家要做好一两个月内几乎每天都要背单词或者语法的准备。我们要做的，除了安排好合适的背诵量，还有一件更重要的事，那就是坚持。在几乎看不见成绩提升的时光里，坚持做一件貌似正确但暂时看不见回报的事情，对于个人的意志力是一种考验。

还是那句话“我们并不以成绩提升了多少来作为自身学习进步的衡量标准，而是以知识地图的完成率来考查自身的学习情况。”当你看到那3500个单词被一点一点地装进自己的脑袋里，当你看到一本又一本英语书中的语法知识被自己记住并熟练掌握，别怀疑，那就是你进步的信号。

2 打地基

科学复习，70 天搞定 3500 词

这个地基是什么，大家能猜到吗？那就是我们之前一直在说的单词和语法，这里又特指高考必备的3500词和教材中的语法。一天记忆50个单词，两天完成一个单元的语法，一共花去大家高三学习生涯的70天。

那么如何背诵单词呢？艾宾浩斯记忆法是一个不错的方法。我在高三的时候也曾使用过这种方法，其核心要义就在于及时复习，将50个单词分为一组，在第一天、第二天、第四天和第七天分别进行复习，一组如此，组组如此，每一组便都能得到及时复习。大家可以将每一组的复习时间列成一张时间表，以免遗漏或者忘记。

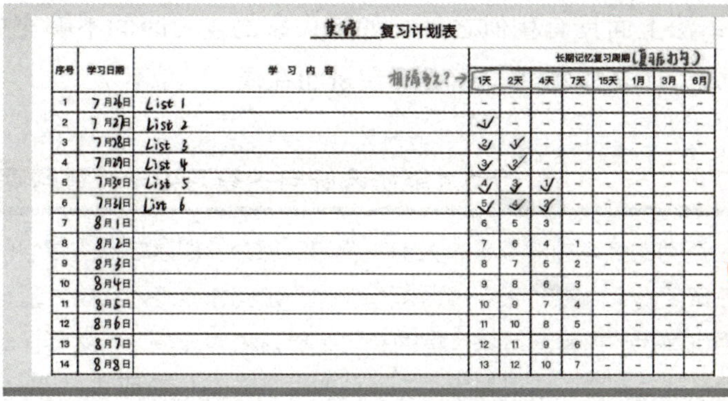

英语 复习计划表

序号	学习日期	学习内容 相隔多久？→	长期记忆复习周期（复习打勾） 1天	2天	4天	7天	15天	1月	3月	6月
1	7月26日	List 1	-	-	-	-	-	-	-	-
2	7月27日	List 2	1√	-	-	-	-	-	-	-
3	7月28日	List 3	2√	1√	-	-	-	-	-	-
4	7月29日	List 4	3√	2√	-	-	-	-	-	-
5	7月30日	List 5	4√	3√	1√	-	-	-	-	-
6	7月31日	List 6	5√	4√	2√	-	-	-	-	-
7	8月1日		6	5	3	-	-	-	-	-
8	8月2日		7	6	4	1	-	-	-	-
9	8月3日		8	7	5	2	-	-	-	-
10	8月4日		9	8	6	3	-	-	-	-
11	8月5日		10	9	7	4	-	-	-	-
12	8月6日		11	10	8	5	-	-	-	-
13	8月7日		12	11	9	6	-	-	-	-
14	8月8日		13	12	10	7	-	-	-	-

至于语法，如果正好是在一轮复习期间，大家可以跟着学校老师的进度进行复习。但如果错过了一轮复习，大家就需要自己按照几本教材的顺序进行复习，并且最好能配有相应的语法练习，比如教辅资料或者学校的作业等。

3 构建框架

根据题型进行相应练习

打好地基之后就要建立英语的学习框架，也就是根据考试题型选择合适的练习题，在听、说、读、写方面都进行相应的练习。

（1）听力练习关键不在于多而在于精。最开始进行练题的时候，每天听一组题就可以了，也就是按照之前的短对话、长对话和独白这三种分法将听力题分成三组，每天一组。这样题量不大，大家就可以把时间更多地放在后续的精听和复习上。

所谓精听，第一步当然还是做题；第二步是在不看解析的情况下再听一遍，看能否补充之前漏听或者听错的部分；第三步则是尝试着将自己答错的那部分内容听写下来，再将自己写的内容跟解析对比，把遗漏或者听错的地方着重再听两边，加深记忆。

（2）阅读练习相对听力练习则要灵活很多，在学校里就能完成。按照阅读理解和语言知识运用的分类，每天完成一个大类的模拟题。在完成之后，第一步需要大家对照解析，学习解题的思路和方法；第二步也是最重要的一步，就是要勾画出导致出错的单词或者句子，尤其是句子中陌生的单词。可以将这些单词重新誊抄到一个单词本上面，然后加入自己的单词背诵计划。

说了这么多，大家应该也发现了，做题的关键不在于做了多少题，而在于做题之后的复习和积累，这一点在写作的练习上尤为明显。

（3）写作练习的重点在于积累范文中的表达和作文框架。由于写作和阅读练习在单词和语法上面具有相似之处，如果大家的复习时间不够充裕，那么可以采取隔天复习的方式。还是那句话，练习不在量而在质。

如何才能协调好自主复习和学校复习呢?

以上所有的练习内容都是个人自主复习的部分，但是在自主复习的同时，学校里肯定也有相应的复习任务。而个人的时间和精力是有限的，如何才能协调好自主复习和学校复习呢？复习的重点在于是否可替代。这里的可替代指的是自主复习和学校复习必然存在着一些重合的部分，因为英语练习的题型就这么多，所以如果今天学校安排了阅读方面的作业，那么就可以直接将学校安排的练习作为自主练习的素材而不需要自己再在教辅书上再做一套题。

除此之外，对于从练习中积累的单词、语法和范文句子必须要做到及时复习。比如可以将周一到周六定为做题时间，周日定为复习时间。只誊抄而不复习，单词本就成了摆设，知识也不会因为你抄写了一遍就自动进入你的脑袋里。

英语学习避雷指南

1 避免“提问羞耻”

大家在看答案解析的时候，不一定都能看懂解析的思路。这个时候与其自己花一节课或者半节课的时间琢磨一道题，不如留着课后询问老师或者同学。有时候也许只需要几分钟就能解决自己的疑惑，这样既省下了时间又获得了英语解题的新思路。当然笔者理解大家问问题时的不好意思和其他各种顾虑，比如“我是不是问了一个很蠢的问题”又或者“我还是没听懂但是不敢再问了”等等。我想要告诉大家，如果你一直不去问问题，真的遇到自己解决不了的问题怎么办？如果这个问题真的在高考中考到了怎么办？大多数的老师还是很欢迎学生来问问题的，不论学习成绩好坏。

2 避免“机械式”完成计划

每个人的记忆效率和做题效率是不一样的，所以以上的复习规划应该是一种参考式的规划。大家没必要把它当作某种不可更改的东西，而应该当作帮助你制订独属于自己的学习计划的辅助工具。今天发现自己完不成这么多的任务，明天就可以适当地调整做题量，咱们不怕学得慢，就怕学得囫囵吞枣，结果什么也没学到，学了几天就又不肯学了。所以慢慢地跟计划磨合，跟自己磨合，希望英语也能成为让你骄傲的学科。

同频共振 学姐你一直跟我们强调坚持的重要性，但是有时候我实在是坚持不下去，该怎么办啊？

我觉得首先需要转变心态。你是人，而不是机器，所以你总会有累的时候，这并不能说是自制力失败。你要正视自己身体发出的休息信号。其次，你可能是学习动力不足。学习动力也可以简单地分成内部动力和外部动力，如果你的内部动力不足，可以尝试引入外部动力。打个比方啊，你今天需要背50个单词。如果只是你一个人默默地背，那么能不能完成就只能依靠你一个人的自制力了。但如果你的家长或者同桌或者老师知道了你的背诵任务，并且你还需要在他们那里打卡才能过关，你还会完不成任务吗？再说得严重一点，如果你今天背不完还会受到一些惩罚，你还敢完不成吗？

方法速查

英语学习基本法

- 先给自己定个小目标
  - 目标成绩 90~110 分
- 英语学习避雷指南
  - 避免“提问羞耻”
  - 避免“机械式”完成计划
- 英语提分完整路径
  - 开工准备：稳住心态，做好打持久战的准备
  - 打地基：科学复习，70 天搞定 3500 词
  - 构建框架：根据题型进行相应练习

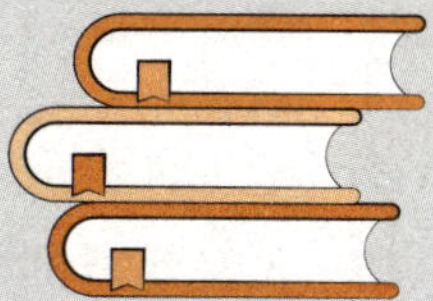

初升高新赛季，历史到底该怎么学？

秒懂高中历史上分套路

上分攻略

分享者信息

名字：元梓俨，我的学生一般喜欢称呼我为“元神”

学校：北京师范大学

专业：历史学（公费师范）

提分关键词

初高衔接；学科与选科；学科素养

选科选了历史，应该做好哪些心理准备

1 学好历史只靠死记硬背？

随着新高考改革的逐渐推行，“3+1+2”或“3+3”模式中历史的地位也越来越重要。在前者中，历史与物理并列；而在后者中，历史也因为其“简单”“好学”而被很多的学生选择。

但是在实际的学习中，有很多学生反映历史这门课很“玄乎”。历史看上去很“另类”，它既有着大量的基础史实需要记忆，又对我们的逻辑能力有着很高的要求。如果没有足够的思维训练，只是死记硬背，仍然做不对题目。所以一些基础知识不错的同学，到了高中反而觉得历史“玄之又玄”。在占用了大量的背诵时间之后，还需要更多的思维训练，这就是历史学习的特点。

2 到底学什么？

高中历史包括中外历史纲要（上、下）和选择性必修1、2、3这五个部分。它们的大致情况是这样的：

Top 1	中外历史纲要（上）	中国史是一切的基础，也是我们学习历史的根本，它是高中历史的主 C（核心位置），也是主要的得分点。如果对它的掌握不熟悉，即使其他部分的内容掌握得再好，到了后期，也没有终结比赛的能力，只会越拖越颓势，最终不可避免地走向失败。
Top 2	中外历史纲要（下）	世界史像是队伍里的副 C，也就是仅次于中国史的得分点。它有着一定 C 的能力，但更多是对中国史的一种补充。
Top 3	选择性必修的相关内容	可以理解为各种 buff 增益，有了它们，对中国史、世界史的学习会有更深的认识。但这是建立在对中国史、世界史知识掌握得很扎实的基础上的，如果没有二者，那么对选择性必修知识点的掌握也只是空中楼阁。

初升高新赛季历史最强上分攻略

下面这个方法是我综合高中时期的学习经验和大学时期所学的教学知识之后总结出来的，可以有效解决大家的痛点。

1 基础知识：如何以最快的速度完成知识的积累

史实是历史学的基础，如何更好地记忆、理解基础知识是学习历史要面对的第一课。而学习和复习基础知识的一把利器就是近年来的一个新词——大概念。

（1）什么是大概念?

简单来说，“大概念”就是一个能把我们所学知识串联起来的线索，换个说法就是“主题”或“关键词”。

（2）如何寻找大概念?

最简单的方法无疑是课上老师的讲述，也可以通过课程标题与单元标题、单元序言中的内容来寻找，例如第2课的“诸侯纷争与变法运动”，第7课的“隋唐制度的变化与创新”，第五单元的“晚清时期的内忧外患与救亡图存”。除此之外，在复习的过程中，可以尝试自己总结一个大概念，形成更适合自己的知识结构，帮助自己更好地完成知识积累。

这里我手把手教大家实操一下。

我们以纲要上第 4 课“西汉与东汉——统一多民族封建国家的巩固”为例

这个标题的落脚点在“巩固”，所以“巩固”就是我们要找的大概念，围绕它来整理课本内容即可。

巩固的是什么？就是中央集权君主专制。

为什么要巩固？因为出现了问题：西汉初王国问题与边患问题、西汉末外戚专权。

怎么样去巩固？汉初郡国并行休养生息、汉武帝颁布一系列加强中央集权君主专制的措施、刘秀颁布一系列加强君主专制的措施。

巩固的效果如何？文景之治、汉武盛世、光武中兴。

通过整理围绕“巩固”大概念的知识点，我们可以发现这一课的重点在于第一、二级子目录以及第三级子目录中刘秀加强君主专制的措施，这就能帮助大家有选择地记忆相关内容，尽快抓住重点。

2 史料读取：如何做到慧眼识珠

我们遇到的史料大致有以下几类：

（1）**文言文史料。**这种史料基本只在中国史出现，很考查大家的文言文阅读能力，不过也不是读不懂就不会做题。这类史料一般选自二十四史，尤以汉、唐、宋、明四朝集中。如果出现的是非官方史书的记载，这些史料往往是对我们课本所学内容的再次印证或者另一个观察角度。因此大家可以根据相关的时代特征来对材料进行分析。

（2）**现代文史料。**这是历史大题的主要材料类型，虽然阅读难度下降，但是对同学们抓关键词和对材料分层的能力是一个很大的考验。我们以2023年高考全国乙卷历史真题为例来为大家进行简单说明。

根据材料三并结合所学知识，概括美国在日本对华投降问题上采取的措施。

材料三　日本战败之际，杜鲁门认为，“蒋介石的权力只及于西南一隅……长江以北则连任何一种中央政府的影子也没有”。8月10日，美国政府下达指令：利用日本军队做守备队，阻止共产党前进，以待美国帮助国民党把军队运送到华南并把美国海军调到中国海港。15日，杜鲁门的《一号通令》要求日本天皇命令中国战区的日本海陆空将领（除满洲外）都向蒋介石投降。根据这一方针，美国大力帮助蒋介石运兵到华北、华东，美国军队在天津、青岛等地登陆，10月下旬起开始助蒋向东北运兵。

——摘编自方连庆等主编《战后国际关系史》

[参考答案] 措施：利用日本军队做守备队，阻止中共部队受降；要求中国战区的日军向蒋介石投降；美国利用此次时机直接干涉中国内政，助蒋反共。

这道题的主要难点在于课本中对国民党在抗战相持及反攻阶段“消极抗日，积极反共”的史实只进行了简单的介绍，而这段材料则反映的是抗战末期国民党抢夺胜利果实等内容。针对这则史料，我们的相关知识联想不能只停留在抗日战争时期，需要一直联想到解放战争乃至抗美援朝时期。从后续的知识中我们知道美国为了在东亚地区遏制共产主义和苏联势力，先后扶持了中国国民党、韩国和日本，那么我们就可以根据这些史实来回答这一问题。

（3）**图片史料**。这种史料的主要内容包括：地图、人物、数据图表、相关漫画等内容，小作文题尤其喜欢让大家阅读图片后提出自己的观点并进行解释。这点我们会在关于核心素养的内容中做进一步的解释说明。

关于史料阅读有一个小技巧

要看史料的出处：是官方史料还是民间记载，是当事人评述还是后世评述，是原始史料（第一手史料）还是史学专著。如果出现多则史料，则要对比它们之间的关系，是同一阵营还是不同阵营，是补充说明还是针锋相对。一般来说，我们在做题的过程中遇到的史料应该是由原始史料和研究成果搭配组合而成的。通过了解史料的出处，我们可以初步判断其与我们所学知识的关系是对知识的进一步论证还是另一个视角论述。

3 核心素养：如何做到一通百通

对于高一阶段来说，核心素养的培养主要通过老师上课的讲授来进行感知。而感知的关键在于抓住关键词，我给大家总结了一些关键词或引导句，当老师提到这些的时候可能就是要讲核心素养了。

掌握了以下五大素养就掌握了历史学习的广度和高度，关于每个核心素养在做题中应该怎么运用，我也给大家总结了一些关键点。

核心素养	关键表述	运用关键	常见题型
家国情怀	中华民族、爱国爱党	这个是最基本的，在回答的过程中一定要站在自身的国家立场看问题，特别是在关于近代中国落后于西方的相关题目中，一定不能说对方的侵略行为是正确的	小作文
唯物史观	生产力与生产关系、经济基础与上层建筑	主要出现在与社会变革相关的题目中，特别是在原因类题目中，生产力几乎是个万能因素，但是不能直接说生产力，而是需要进行修饰，例如生产力发展，经济 / 军力 / 国力增强等	小作文
时空观念	时间地点、辩证看待问题	必须将历史事件或人物放到对应的历史条件下去分析，不能以现代人的视角看待历史	原因意义类
史料实证	阅读史料，提取相关内容	一般作为大题的第一小问出现，主要就是分析史料、提取相关信息，正如上文提到的真题。作答时注意分辨材料的导向，是对教材观点的补充还是另一个角度的论述，然后据此来进行提取信息，将与所学知识相关 / 相反的内容全部写出来	大题第一小问
历史解释	结合史料进行分析	这是核心素养中最难的一个，是高中历史学习的最终要求，主要通过小作文题目进行考查。历史解释需要在历史知识和材料的基础上得出自己的认识，有时会综合运用到其他核心素养	分析类小作文

核心素养的考查点：小作文

对核心素养的考查集中体现在小作文题中，这也是同学们普遍反映小作文题很难拿分的原因，而答题的关键就在于上表中提到的对核心素养的相关表述。大家根据相关表述来组织罗列材料，再加上通顺准确的历史语言，就可以实现小作文题的提分了。我们同样以2023年高考真题为例。

材料

20世纪初，梁启超发表《新民说》，认为要使我国立于世界民族之林，赖“民德”的培育。民德分为私德与公德，“人人独善其身者谓之私德，人人相善其群者谓之公德”。他将春秋以来的“民德”按优劣分为第一至第六共6个等级，认为东汉儒学最盛，士人崇尚气节，民德最优。其所作《中国历代民德升降表》如下：

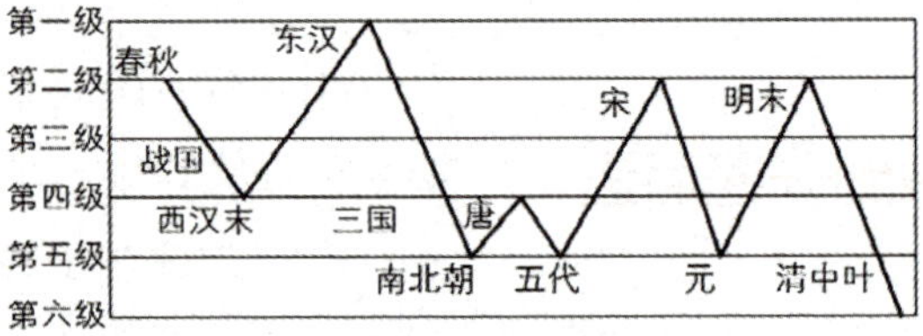

——摘编自梁启超《饮冰室合集》

选取中国古代史整体、部分或某个朝代，对材料中的观点提出自己的看法，并加以阐述。（要求：看法具体明确，史论结合，论据充分，表达清晰。）

对于这道题，我们首先要搞清楚“民德”是什么，简单来说，就是“兼济天下，独善其身”。题目中已经给了大家一个观点——“东汉儒学最盛，士人崇尚气节，民德最优”，但整体来看这个观点难度较高，因为我们对东汉的了解较少。

大家要注意的是，材料中每一个朝代的“民德”是随着时间在变化的，因此我们就可以去分析民德变化的原因。同时我们也可以提出与材料所给内容不同的观点，例如我们以“唐朝的民德应是新的高峰”为题，结合我们所学的“盛唐气象”等相关内容，从唐朝的政治、经济、文化、民族关系和对外交流几方面进行论述。

综上所述，历史的学习既不像有些人所想的那样简单，但也并不是多难的一件事，更多的是需要对历史学科的正确认识和与之相对应的正确学习方法。

同频共振 高一历史课本知识时间跨度大，内容多，我需要全部记住吗？

你不需要全部记住，实际上，即使是老师们，也不能准确无误地说出课本上的每一个知识点。我们需要的是有选择地去记忆，我帮你们梳理了一些关键知识点，以此为线索记忆相关知识即可。

（1）专制主义中央集权的发展——以秦、宋、明、清四朝为主。（2）古代经济、文化、社会发展——战国百家争鸣、西汉尊崇儒术、宋朝经济重心南移与平民化社会、选官制度与赋税制度的发展。（3）近代民族危机与救亡图存。（4）古希腊罗马思想文化。（5）新航路开辟与近代主要资本主义国家的发展历程。以这些内容为主线，对相关内容进行梳理，这也就是我们所说的通过大概念构建自己的知识体系。

方法速查

历史上分攻略

- **高中历史概述**
  - 历史学习需要大量背诵＋思维训练
  - 高中历史各部分内容的地位
    - 中国史是主 C
    - 世界史是副 C
    - 选择性必修是 buff 增益
- **学法指导**
  - 使用大概念记忆基础史实
  - 阅读分析史料，学会分层提取信息
  - 如何培养运用核心素养
    - 家国情怀
    - 唯物史观
    - 时空观念
    - 史料实证
    - 历史解释

唯快不破的秘籍，历史学习怎样才“快”

短期速成，历史的高效学习法

上分攻略

分享者信息

名字：齐文勇

学校：北京师范大学

专业：历史学

学长学姐说：

我小时候就喜欢历史的厚重感和神秘感，相信你们之中有人也会有过这样的想法。当然啦，此历史不等同于历史课，学长我想做的呢，就是带领大家将这种兴趣传递到历史课的学习中，唯有热爱可平山海，相信那时候的你，也会觉得历史课美好，万物可爱。

提分关键词

背书技巧；思维笔记；逻辑导图

“天下武功，无坚不破，唯快不破”出自武术宗师李小龙之口，也是周星驰的电影《功夫》中的经典台词，相信大家并不陌生。那么，在我们历史学习中有没有一种秘籍能够实现“唯快不破”呢？接下来便是学长传经送宝的时间。

想成为历史学界的“武林盟主”，核心要记住：关键问题是“鱼”，核心概念是“熊掌”，鱼和熊掌都要；历史事实是“鱼”，历史解释是“熊掌”，其他皆浮云。

除了这“鱼”和“熊掌”需要重视，其他只会影响认识问题和解决问题的速度。简单地说就是，凡是与历史相关的事，自查有没有抓住关键问题，有没有掌握核心概念；自问哪些是历史事实，哪些是历史解释。这不需要你花费大量的时间和精力，因为只需把握这四点即可，所以速度够快，快速反应、快速联系、快速把握，这就是历史学习之“唯快不破”。

把生活和历史的脉络记在本上，记在心里

同学们怎样看待生活和历史的关系的呢？生活中的历史就是说日常生活中习以为常的认知和常识，古往今来皆如此。反过来，历史中的生活则与我们所知道的大不一样，需要重新认识。学长为大家做了一个表格，如下：

生活中的历史	历史中的生活
现实常识	历史常识
一脉相承，放之四海皆准	古今有别，具体问题具体分析
“长期战乱给社会带来巨大灾难，人民渴望安定统一”（《中外历史纲要（上）》第一单元第 3 课）	“商鞅变法……重农抑商”（《中外历史纲要（上）》第一单元第 2 课）
和平和稳定的生活是人们长久不变的追求。古往今来都具有相似性的内涵，能够帮助我们更好地理解过往的历史	古时我国有过重农抑商，有过闭关锁国，而今改革开放鼓励人们创业，当我们置身于一定的时空情境下时，对史料和问题不能理所当然地分析

在历史学习的过程中，要有意识地、系统地整合知识点，总结两种类型的常识，并逐步形成知识网络，将归纳方法和规律内化于心，当阅读资料和文献、面对习题和考试时就能敏感地捕捉到关键的词、句，并与已有的知识网络相对照，学习自然能如有神助，灵光乍现。

历史快速提分的三大秘籍

1 历史背记变通法

（1）时间上**有节奏**：背记历史教材的知识点要做好计划，一天一课或一周一单元是较合适的。循序渐进，才能渐入佳境。

（2）内容上**有联系**：所需要记背的首要内容为目录，包括每一个单元标题、课题、子目录标题，课—单元—书形成联系和体系。

（3）层次上**有侧重**：具体到教材语言，把握主要的线索和大方向，熟悉单元开篇导语，在已形成的标题框架下，补充重要的基础史实，不需要面面俱到、长篇大论，重在厘清前因后果。

以《中外历史纲要（上）》第一单元及其单元导语为例，体会教材语言遣词造句中蕴含的知识点，作为重点记忆的内容。

第一单元　从中华文明起源到秦汉统一多民族封建国家的建立与巩固

第1课　中华文明的起源与早期国家
第2课　诸侯纷争与变法运动
第3课　秦统一多民族封建国家的建立
第4课　西汉与东汉——统一多民族封建国家的巩固

中国是远古人类的重要起源地，中华文明是人类最古老的文明之一。中华文明多元一体，源远流长，生生不息，展现了自身发展道路的独特魅力。中国原始文化星罗棋布，多姿多彩，先后经历了旧石器时代和新石器时代。夏、商、西周是中华文明和早期国家的形成与发展时期，也是奴隶制社会的形成、发展与繁荣时期。春秋战国是政治、经济、社会、文化大变动的时期，百家争鸣是这一变动的思想反映。秦汉是中国统一多民族封建国家的形成时期，奠定了大一统中央集权国家治理的基本模式。

以《中外历史纲要（上）》第一单元第2课的第二子目录“经济发展与变法运动”为例，基础史实有商鞅变法，以了解其发生的时代背景和秦国局势为主，日常学习时记住关键部分即可，不需要模式化记忆其背景内容、影响等。

2 好“题”使在刀刃上

（1）拒绝题海，有计划地练习： 按量分类，既要对每次练习的数量有规划，又要在内容上有考量。

（2）培养题感，直击要害： 练习选择题帮助我们快速进入状态，进入历史学习的情境和历史学的语境中，敏锐地捕捉关键词，迅速地判断出题人的意图。

（3）巧用参考答案，心理和生理双放松： 淹没在数之不尽的题海中往往事倍功半，时间有限，压力过大，那么阅读浏览参考答案的解析未尝不是一个可取的方法。注意一定要避免过度用力，可以减少练习所产生的抗拒情绪。

3 记笔记打造历史的点、线、面

历史是怎样生动起来的呢？学习历史，知识点记到心里，又是怎样才能生动起来呢？生动的历史是形象而具体的，靠我们用点、线、面来打造。

点	历史事件关键词
线	关联历史事件线索和方向
面	历史全程

记笔记三步走：

（1）抓住核心概念和关键问题： 捕捉关键词能把握历史材料的线索和大方向。同理，在上课时，老师给出的课题也能帮助我们快速反应到此部分学习的核心内容。在学习中要记得将关键词和知识点随时联系，时刻不忘。

（2）拓展关键词，名词解释处理： 在已有大方向的层次上拓展关键词，用名词解释的方式对拓展的关键词进行处理，并按照时间顺序来加以逻辑上的梳理。

（3）**随时补充、完善**：归纳教材内容的同时，结合习题所见、书籍所载，将学习到的特点、意义等加以补充和完善，即补充相联系的其他关键词，也补充关键词中的新内容。

以《中外历史纲要（上）》第四单元第 14 课第一子目录为例：

单元标题："明清中国版图的奠定与面临的挑战"我们可以捕捉到关键问题为国家版图、社会危机，这是这一单元的主线索和大方向。

课题："清朝前中期的鼎盛与危机"将知识点聚焦于清朝的盛衰，在学习本课过程中，我们需要分析清朝前中期鼎盛与危机的表现和原因。

子目录标题："康雍乾时期的君主专制"可见核心概念为君主专制。

基于此，我们进一步拓展第一子目录的关键词，分析教材各段落内容，可以得到以下关键词：康乾盛世、乾纲独断、文化专制。

具体运用名词解释的方法，比如康乾盛世、奏折制度、军机处、文字狱等若干核心概念。

名词解释：以"军机处"为例，结合教材内容，需掌握的基础内容为：军机处为清雍正时设立的中枢秘书机构，中枢权力机关，受皇帝直接监督，形式上为临时机构，主要特点为人员简练，办事迅速机密，事实上是清朝君主集权的工具。

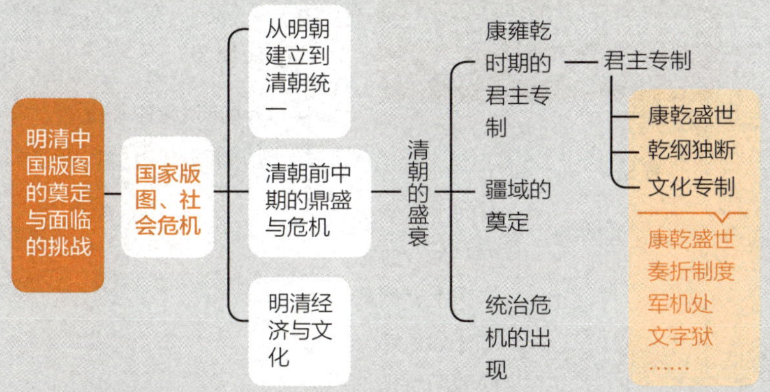

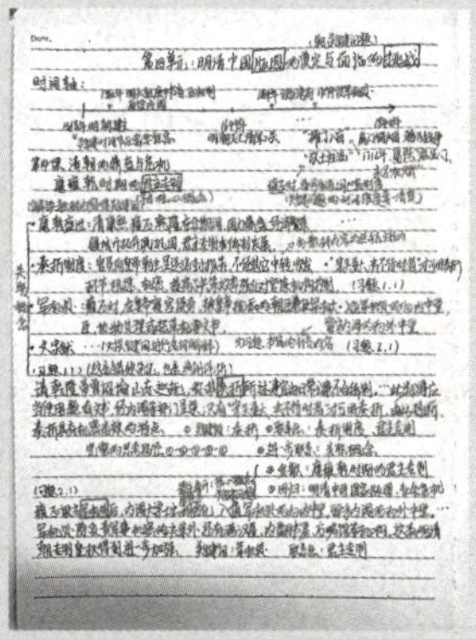

基本套路：

①把比较繁杂的大段落知识拆解；②找出一个个核心概念；③用名词解释的方法记录在纸上，关联的关键词放在相近的地方，相近的一个点到另一个点成线，就是本课的线索，可以用本课标题概括。

当我们练习时，看到了一个关键词，那么就要想到对应知识点所在标题下的所有关键词和关联词，也许正确选项就是在你已经有了足够积累后"灵光一现"的那个名词，蓦然回首，那"人"却在灯火阑珊处。

同频共振 历史知识点太细了，怎么可能记得住呀？

记不完，根本记不完！如若照大家所想，历史知识点当然是不可能记完的了，每一年、每一天可能都是一个历史事件回顾的节点，就说咱们泱泱华夏，上下五千年，有多少历史瞬间。我们需要做的是，记住时间段。以中国古代史为例，中国历史朝代的顺序表是要记住的，如公元前221年，秦朝建立；公元1912年，清朝灭亡，中华民国建立。这就需要我们花心思记住，利用朝代歌、顺口溜等方式进行记忆都是可取的。当然，如果实在有困难，我们也要力争记住各朝代大致存亡期，如在10世纪中期到12世纪早期为北宋时期，14世纪到17世纪是为明朝，要知道一定的时空观是我们学习的基础。而诸多的历史事件要素如背景、原因和意义等是不需要死记硬背的，在日常学习中，我们需要了解并不断积累，而在考试前呢，可以选择性地进行死记硬背是无可厚非的，学在平时，背在考前，减少无用功就好。

方法速查

唯快不破的秘籍：历史学习怎样才“快”

- **生活和历史的脉络**
  - 现实常识
  - 历史常识
- **方法**
  - 背记变通法
    - 时间上有节奏
    - 内容上有联系
    - 层次上有侧重
  - 练习好方法
    - 有计划地练习
    - 培养题感
    - 巧用参考答案
  - 记笔记：点、线、面打造生动历史
- **鱼和熊掌**
  - 关键问题和核心概念
  - 历史事实和历史解释

理转文，看我如何三个月速通高考历史

丢掉课本，抄标准答案

上分攻略

分享者信息

名字：吴哲皙

学校：陕西师范大学

专业：汉语言文学

学长学姐说：

出于各种原因，我曾经选择了不适合自己的理科。在低效率的理科学习中，我才终于意识到我的兴趣和能力所在应该是文科。幸运的是为时不晚，学校开放了理转文窗口，在高二下旬我又做出了孤注一掷的决定，转到文科班就读。这意味着，我需要在高三模拟考试开始前补习之前欠下的文科综合三门学科所有知识，作为一个历史水平几乎是从零开始提升到高三历史模拟考试最高分的“叛逆”学姐，我想向各位同学真诚地分享一些我的高三历史提分技巧。

提分关键词

基础提分；试题拆解；试卷分析；答题策略

基础题提分的反套路攻略

基础题并不是通常我们认为易如反掌的“简单题”，基础题通常指考试中涉及基本知识、概念或基础技能的问题。这类题目考查的便是历史基础，外加对材料的分析理解能力。的确，在考试中它相对简单，这更要求我们不能失分。然而往往带来高考中选择题不能得满分、简答题欠缺火候等遗憾的正是“简单题”中一些基本概念掌握不扎实和分析理解的不到位。

1 丢掉课本，别丢大脑

学弟学妹们，在形成了大概对“历史”（真正的、真实存在的历史，而非历史这个学科）的理解以后，就可以把课本丢到一边去了。高考前我也曾看过太多篇前辈们写下的备考建议，课本里犄角旮旯的知识确实是取之不尽用之不竭。可不会有人比我更需要在基础学习阶段迅速提分的了。让我们就事论事，就材料看材料、就选项看选项、就问题看问题。在材料中勾画关键词。

（1）选择题

将选择题的四个选项横向对比，每一句话都有其特定的切入点，因此，①首先要排除无关选项；②考虑其他选项中的时间、事件等有没有客观错误，进行筛选排除；③对应题目材料和问法，往往有一个选项和材料息息相关，却不是问题想要的答案。选择题往往要选择的是最适配的答案，这个“最”便容不得一点侥幸，更不应该过度解读。

（2）简答题

简答题材料冗长，可以先从出处出发，出处的标题往往反映了材料的主旨和材料的观点，有助于我们更好地将它放到我们脑中的“历史画卷”里，建立知识点的链接与联想，再根据问题的内容进行梳理，圈出其中关联性最强的内容，可以言简意赅地标注序号和关键词，利用整理完成的信息作答，事半功倍。

2 会抄标准答案也是一种技巧

（1）抄答案不是你想的那样

“抄答案”总是与不思考、不努力画等号，是学生时代的洪水猛兽，你们一定有一本被撕得凹凸不平的没有答案的辅导书。而事实上，“抄答案”是一种“强制性”的整理知识的过程，当然是在边抄边动脑筋的前提下。

（2）什么时候抄？怎么抄？

①许多参考书会借用题目来呼应课文中的基础内容。这种题目往往带来了知识的崭新记忆角度，但同时需要认真思考才能作答，如果有这方面知识的缺漏就会在此卡住，这时候就可以参照参考答案中对题目的分析解答，将答案中的每一个作答小点对应到材料的原文和相应的课本知识中，弥补知识缺漏并加强记忆。明确答案为什么那么写，学习一些历史名词如“美苏冷战意识形态对立”“美国经济进入滞胀阶段”等规范化表述。

②平时钻研高考历史真题，数量庞大，许多题目已经做过许多遍了，可以在后几

遍的练习过程中参照答案，对比自己与出题人的思维差异，查漏补缺，减少理解的偏颇。注意一定要看高考标准答案，一些模拟题的答案并不具备参考价值。

手把手教你抄答案

2021 年高考全国乙卷 · 历史 · 13

拆解试题	拆解答案
阅读材料，完成下列要求。(25 分) 材料一 “把这些研究成果发表出来，是为了保存人类的功业，使之不致由于年深日久而被人们遗忘[（1）①敏锐的历史记录意识和责任担当]。”这是希罗多德（约前 484~约前 420）所撰《历史》一书的开篇之语。在此之前，对于希腊人而言，神话就是他们的历史[（1）②具有开创性，影响深远]。《历史》前半部分以追问希腊与波斯之间战争的原因为起点（主要内容），记载了希腊、西亚、北非等地的地理环境、民族分布、历史往事等内容[（1）③视野开阔，史观宏大，不局限于本民族事物]，后半部分叙述希腊城邦与波斯之间战争的全过程，故该书又被称为《希波战争史》。它继承了荷马史诗的叙事方式(具有传承性)，又本着“研究”的精神，常常分辨传说的真假与异同[（1）④考证严谨]。作者赞扬雅典人，却并不肆意诋毁“异邦人”，承认东方民族具有比希腊更古老的文明[（1）④客观记录史实]。书中的不少记述是作者亲自调查得来的史实，如在埃及通过询问当时作为知识分子的僧侣，掌握了大量历史和文化知识[（1）④注重实际考察]。书中许多记载为后世的考古发掘和研究所证实。 ——摘编自张广智《西方史学史》等 材料二 《史记》由西汉史学家司马迁（约公元前 145~？）所著，记载了自黄帝到汉武帝二三千年间的历史(时间跨度大)，也叙述了汉朝周边各民族如朝鲜、匈奴和中亚、南亚各地的史实[（1）③视野开阔，不局限于本民族事物]。全书以编年叙事的帝王“本纪”为纲，以人物“列传”为主	（1）根据材料并结合所学知识，概括希罗多德与司马迁作为伟大历史学家的共同之处。(8 分） 设问：共同之处； 分值：8 分→4 点 答：共同之处：①敏锐的历史记录意识和责任担当；②在史学研究上具有开创性，对后世历史研究、撰写具有奠基作用，影响深远；③视野开阔，史观宏大，不局限于本民族事物；④注重实际考察，考证严谨，客观记录史实。 （2）根据材料并结合所学知识，分别说明《历史》与《史记》产生的历史背景。(12 分） 设问：历史背景； 分值：12 分→6 点 答：历史背景 《历史》：①对外贸易促进经济发展，增加了与其他文明的交流和对周边世界的了解；②自由民主的政治氛围；③希腊城邦与波斯之间的战争；④荷马史诗的叙事方式及传说的影响；⑤希罗多德的个人因素。 《史记》：①西汉的强大与统一；②丝绸之路开通促进经济发展，对周边世界了解更丰富；③罢黜

续表

拆解试题	拆解答案
体，被称为“纪传体”，成为后来历代官修史书的正宗[(1)②具有开创性，影响深远]。司马迁以儒家的历史观为宗旨(受到儒家文化的影响)，在前代深厚的历史学积淀基础上(具有传承性)，坚持“原始察终、见盛观衰”的著史原则，常常表达自己对于历史现象的认识甚至疑惑[(1)①敏锐的历史记录意识和责任担当；③史观宏大]。《史记》充分利用各类先秦文献、汉朝政事档案等，客观、如实地叙述史实，并佐以司马迁的游历见闻及民间传说，力求“通古今之变，成一家之言”[(1)④客观记录史实、实际考察]。 ——摘编自瞿林东《中国史学史纲》	百家，使儒家思想成为主流思想；④以往丰富的历史学积淀及文献记录；⑤司马迁的个人因素。 **(3)根据材料并结合所学知识，简述撰写史书应该包括的要素。(5分)** 设问：要素；史书撰写； 分值：5分→3点 答：要素：①在史料的选择上应该去伪存真；②对历史的记录力求全面；③客观记录，尊重历史；④史学传统；⑤政治环境。

其实，历史的学习也正来自这些做题、整理答案的实践过程之中。“抛弃课本”是建立在对课本的历史体系已经形成了正确框架后，“立足文本”是强化自己关键信息处理效率和细节内容获取能力的方法。而“抄标准答案”则是在思考整理过程中，学习吸纳规范表达与常用措辞，明白高考出题人想引导学生得出的究竟是怎样的答案，养成历史答卷的学科思维。这两种方法究其根本是为了让大家能够在高考复习阶段更快地进入高考的做题模式，从而达到提分的效果。

基础提分是高考考前复习最有成效的一段时间，在真正地走入历史的画卷后，你可以清楚地感受到自己分数的飞速上涨和答题的轻松，获得难以言喻的成就感。

我想设身处地地说，学习的“快”，不是你追我赶的焦急、不是好高骛远的浮躁，而是“一身浩然气，千里快哉风”的快意和高效。当你真正理解了历史、爱上了历史、提高了历史的学习效率，你能够享受的不只是高考的满意成绩，还有持久的学习能力、理智地解决问题的方法等。

同频共振 高中历史 Q&A

Q 高中历史真的需要整理时间线吗？

A 影响历史的重大事件发生的时间应该在初中就有过基本的了解，而相比初中历史需要记忆明确的时间点、高中历史需要的是了解事件发生的时代背景，以及该事件前后的各类影响因素，这就决定了我们不需要整理详细的时间线表，而是应该对当时的时空，即“社会发展到了什么样子”有清楚的了解。

Q 高三历史还有必要做基础知识类题吗？

A 建议带着思考直接抄答案，权当“好记性不如烂笔头”的记忆过程，节约巩固基础知识的时间，增强学习效率。但要注意的是一定要带着对历史时期和关键词的思考，明确一些特殊名词的用法。

Q 看着问题，但不知道它想要叫我回答什么，应该怎么思考呢？

A 从近两年的高考材料分析题可以看出，几则材料之间都有明确的线索关联，可以通过勾画记录材料的出处和叙述相应的时代背景知识，然后根据题干提问的关键词尝试摸索出卷人想要获得的“答案”。

方法速查

高三历史基础提分

拿下基础题

- 丢掉课本
  - 就材料看材料：关注材料主旨
  - 就选项看选项：横向对比选项
  - 就问题看问题：根据所问梳理
- 抄标准答案
  - 参考出题逻辑
  - 明确专有名词

专攻错题，直击高考历史丢分重灾区

消灭难点，精准提分

上分攻略

分享者信息

名字：陈福来

学校：云南大学

专业：社会学

历史睡了，时间醒着
世界睡了，你们醒着

提分关键词

临考冲刺；重难专攻；错题整理

你为什么觉得历史难？

1 学的时候不难，考的时候不会

在高考历史试卷中，无论是选择题还是材料题，都包含了大量的信息，考生需要在75分钟内对试卷中的信息进行分析归纳。在分析归纳的过程中会遗漏重要信息，从而在选择题作答时速度变缓，材料题作答时卡壳。

2 明明认真背了，每次做题还是错很多

有些同学认为，我只要背会提纲，历史基础知识就复习到位了，但试卷的成绩表明事实并非如此。背会提纲≠学会迁移运用，高考对历史知识的考查十分灵活，高考卷所选材料非常新颖且对所学知识的考查非常巧妙，如果只背提纲不懂迁移运用，就会导致实际作答时只会默写提纲上的知识，拿不到分。

夺回高考历史丢分重灾区

1 题型 1：地图题

专题汇编

西方世界：古希腊先哲时期的地图；中世纪的神学地图；大航海时代的地图；18~19世纪现代制图学的运用。

我国：地图绘制突出实用性，是对当时王朝的政治、经济、文化和自然状况的记载。

直面恐惧

你为何会害怕地图题?

（1）被复杂的图例吓倒：地图题中往往蕴含大量的图例，对图例进行分析对学生而言是不小的挑战。例如，有的人口分布图的图例十分复杂，光读完图例就要花费不少时间，花费大量时间还未理清地图所涉及的知识线索后便会产生深深的挫败感。

（2）试图“一步到位”：对于只使用单张图的地图题，想要一次性把题干中所有信息挖出来；对于多张图的地图题，只想大略看一下然后就开始作答。

（3）以凑满字数为目标：在“看完”图例，发掘图中信息之后，就开始“声势浩大”地作答了，直到字数凑到差不多为止，但实际分数一出来之后，十分打击人，下次甚至连凑字数都不想去凑了。

地图题克服恐惧 4 步走

通过拆解材料克服对于地图题的恐惧。

❶确定主题，题干或材料一般会告知地图的出处或想要说明的内容；

❷把地图中蕴含的要素挖掘出来，通过对比分析同一地图中的不同图例或者不同地图中的同类图例实现；

❸围绕地图的主题筛选地图中的要素；

❹围绕主题，按分写点，使用高中相关知识进行填充，中国的历史地图往往侧重于对当时王朝自然状况和社会经济状况的记载，而西方的历史地图依托现代制图学的发展和应用，其地图的形式往往接近于我们熟悉的现代地图形式。

材料题的答案并不是凭空生成的，而是隐藏在每一段材料当中，解题的过程就是我们克服恐惧、提高分析和归纳材料能力的过程。

专题汇编

题型 2：文明交流题

在高考中，文明交流题同样也是“引无数英雄竞折腰”的难题，是高考历史的大难点之一。接下来我还会用高考题具体说明如何战胜“敌人”。

（1）新高考为什么偏爱文明交流题

现代文明是开放的文明，开放的文明势必会涉及和其他文明的交往，而文明的交往并不都是和平的，在交往过程中往往会伴随冲突。新高考对文明交流的考查是为了让考生具有开拓的视野，实现对本文明和其他文明的祛魅。

在新高考中，人类的文明交流往往以地理大发现为界。地理大发现前的世界是碎片化的世界，文明交流范围很小，距离较近，技术受限；地理大发现后的世界逐渐连成一个整体，文明交流范围扩大，逐步突破物理空间的限制。

（2）高考历史常考的文明形态和交流形式

高考历史中常考查的文明有工业文明和农业文明两类形态，文明交流是一个中性词，合法的经贸、文化、人员、科技往来是文明交流的形式；暴力、掠夺、战争也是文明交流的形式。

直面恐惧

（1）你为什么害怕文明交流题?

①新航路开辟的影响：

a.使世界各地日益连成一个整体，贸易扩展，世界市场初步形成；

b.引起了欧洲的商业革命和价格革命，促进了西欧资本主义的发展；

c.新航路开辟同样也带来了对美洲原住民的屠杀和对亚非拉国家的殖民，造成殖民地的贫困落后。

②关于新航路开辟的影响，你肯定会背，也会熟练地默写，那么当你独自面对文明交流题的时候，为什么会感到恐惧呢?

a.会背不会用：将与文明交流相关的知识，迁移到课本之外的情境时，顿时觉得自己学过背过的一众史实都失灵了；

b.该板块思辨性强：由于文明交流有暴力和非暴力的方式，基于不同的研究角度，在题目中很可能选取或呈现不同历史学家的研究作为材料，而这些材料的观点往往存有分歧或相互碰撞，在观点碰撞的过程中，自己的思维也在快速转换跳跃，在思维跳跃过程中感到无所适从，从而产生了对文明交流题的恐惧。

（2）如何对抗恐惧?

①无论高考题的材料如何新颖，材料再新也是与所学知识的结合，抓住材料涉及的时间、关键人物和重点事件。

②史料与结论相结合，有多少材料就下多少结论。

要注意到材料中具体的历史情境，不要一看到时间或范围就默写提纲，最重要的是分析材料并厘清思路的过程。

方法速查

历史——消灭难点，精准提分

- 害怕历史学科的原因
  - 学的时候不难，考的时候不会
  - 明明认真背了，每次做题还是错很多
- 历史丢分的重灾区
  - 地图题：拆解材料
  - 文明交流题
    - 抓准材料关键词
    - 史料与结论相结合

高中地理无痛学习法

初高地理，轻松过渡

上分攻略

分享者信息

名字：孙思长

学校：北京师范大学

专业：思想政治教育

提分关键词

初高衔接；夯实基础；读图要领

4 步走打牢基础，让地理学习变得高效而简单

1 深度阅读课本，勾画标记重点

文科需要背，但要有重点地背。在通读课本的基础上，将老师上课补充的内容、反复强调的内容、考试常考的内容以及自己不懂的内容都勾画出来，用直线、三角、疑问号等做标记，便于找出重点，加深印象，或提出质疑。对于较长的段落，可用符号标出层次，使其条理分明，便于记忆。另外在勾画重点时要善于选择，避免一画到底。至于什么符号代表什么意思，由自己掌握。

2 学会归纳提炼，将书读薄

归纳提炼，形成自己的知识框架可以让背诵更高效。比如，可以将地理分为自然地理与人文地理两大类，每一类涉及的主要知识如下：

自然地理	地球表面热量分布不均的原因	四季、五带的产生和划分的依据	海陆热力差异形成的季风与季风气候	气温与气压的关系
	海拔与气温、气压的关系	空气的水平运动与垂直运动的成因	水循环的动力及其过程	内力作用与外力作用及其对地表形态的影响
人文地理	人口迁移的影响、农业区位因素等大章节知识框架			

还可以进一步整理归纳，形成自己的思维导图，具体方法如下：

（1）按照单元和小节，自己绘制树状图，梳理知识，方便随时查看重点。

（2）按照专题，如气候、经纬线、河流、铁路等将有关地理知识串联起来。

（3）采用文图互换的方法，将某部分知识改用图示表现出来，或将某图示变换成文字叙述，加深自己的印象。

注意整理归纳时，最好不要对着课本直接描绘，可以先写出标题，然后自己总结。这里以大气的受热过程为例（见右图）。

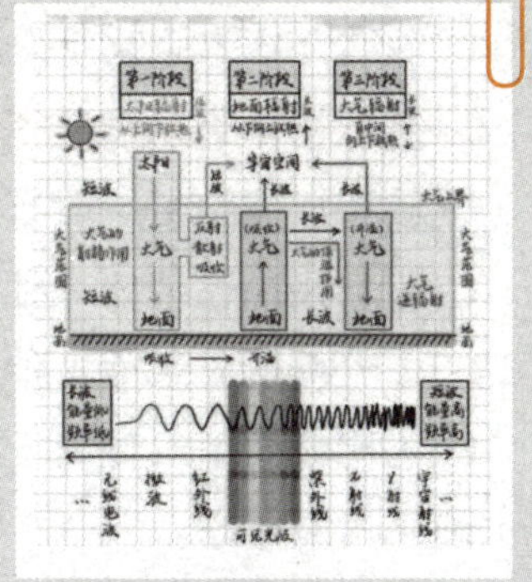

大气的受热过程

图文结合，重视地图

地理学习离不开地图，以下3个基本技能每个人都应该掌握。

熟悉关键地图类型

等值线图	区域图	遥感影像图	景观图
地理过程演变示意图	地理原理示意图	地理要素分布示意图	剖面示意图

学会看地图

步骤	操作内容	关键点
第一步	读图的主题	确定图例涉及哪方面的知识
第二步	看清图例	特别是在自然地理、区域地理中
第三步	注意细节	联系实际帮助理解图例信息
第四步	核对答案与题目信息	检查答案中是否用到了题目中的所有信息，以此检查答案的完整性

学会图文结合

高中地理教材中有着丰富多彩的各种类型的插图，学习时采用图文结合的方法能更好地认识、理解和掌握各种地理事物和现象、地理规律和原理，使地理易懂易学、好记好用。

4 多攒些答题模板

无论是自然地理还是人文地理，都有答题模板可用，比如人类与地理关系就是许多地理问题必须紧扣的主线。**如何整理自己的答题模板呢?**

（1）在学习中要善于总结每个地理事物发生发展的规律、形成的区位条件或影响因素。

（2）对照课本找准对应的知识点。

（3）结合具体的地理背景加以改动。

以气候特征类题目的答题模板为例。

气候特征类题目一般有三种类型：

（1）直接描述某地（种）气候类型的特征；

（2）分析造成某地（种）气候特征的原因或主要影响因素；

（3）比较两地气候特征的差异，但无论是哪一种类型，一定要注意首先从气温和降水两个角度考虑。

答题建模		
气候特征的分析和描述方法	气温特征	**主要分析最高月气温，最低月气温和气温年较差。** 气温年较差大于 15℃可以认为是大陆性气候较强，气温季节变化大；小于 10℃表明海洋性气候显著，气温季节变化小。
	降水特征	**主要读取各月降水量，分析降水季节变化，估算降水总量。** 一般来说，描述月降水量低于 10mm 时为稀少，10~50mm 为少雨，50~100mm 为多雨，大于 100mm 为丰富。
	气温和降水配合情况	**对上述气温和降水特征的分析结果进行比较，并对气温和降水配合情况进行描述。** 如 7 月平均气温大于 22℃、降水量超过 50mm，可描述为“高温多雨”。
气温和降水的影响因素	气温的影响因素	（1）在分析南北方向距离很远的两个地点的气温差异时，一般考虑纬度因素； （2）在分析东西方向距离很远的两个地点的气温差异时，一般考虑海陆分布因素； （3）在分析距离较近的两个地点的气温差异时，一般会考虑地形因素； （4）在分析大陆两岸气温差异时，一般会考虑洋流的影响。
	降水的影响因素	（1）首先考虑大气环流的影响； （2）如果较近的两个地点存在明显的降水差异，一般会考虑地形的影响； （3）在分析大陆两岸的降水差异时，一般会考虑洋流的影响。

除了做题，还能怎样学好地理

晨起看到大雾，要想到雾形成的原因，想到秋冬季节早上起雾为什么会多在晴朗天气；听到“久雨大雾必晴，久晴大雾必阴”，要想到冷暖锋过境时的不同表现；看到一棵树上有不同颜色的叶子，要记得从光照、温度、水分等方面分析成因。

明白地理概念、原理、规律；不断调用地理概念、原理、规律。这两点不是割裂开的，而是互为因果，螺旋式上升的过程。

对于高中地理的学习，是否只学习课本上的知识就足够了呢？显然不是。对于自然地理部分，了解地理背景知识在应试时十分重要。而在信息网络发达的今天，我们可以通过多种渠道拓展地理知识。

纪录片推荐：

《地球脉动》（第一季豆瓣评分 9.7）
《航拍中国》（了解中国地理必看）
《地理中国》

同频共振 高中地理很抽象，学的和考的好像完全不一样！

地理这一科目本身就包罗万象，除了课堂上必备的地理知识外，还需要我们积极去拓展。当我们积累了足够的基础知识和地理模型，刷题时就会轻松很多，慢慢地就形成了地理思维，地理学起来也就不会那么抽象了。

方法速查

高中地理基础

打牢基础
- 整理课本基础内容
- 知识梳理
- 重视地图，学会读图
- 积累答题模板

兴趣培养与思维训练
- 联系生活实际
- 分知识模块，采用不同学习方法

地理是短板，该如何“起死回生”

高考倒计时，地理“抢分”攻略

上分攻略

分享者信息

名字：月亮

学校：北京师范大学

专业：地理科学（师范）

学长学姐说：

地理一头雾水，成绩三四十分没有起色怎么办？要想高考地理过得去，基础必须提起来！高三生如何在最短的时间内“抢救”地理弱项呢？

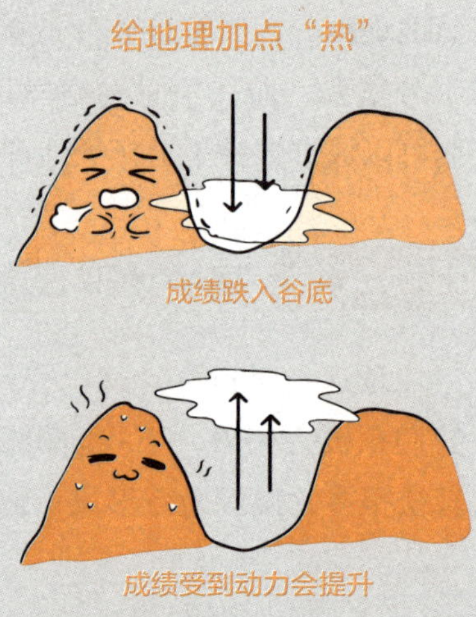

提分关键词

时间管理；弱科补救；复习规划

“比起着急赶路，更重要的是先做好规划与准备。”高三复习的关键就在于做好战略布局。要冲刺高考，首要的任务是了解高三学年的教学安排，再结合个人情况统筹复习。

高三复习一表总览

复习阶段	时间	复习重点	计划对策
一轮复习	高二期末考后～高三上期末（7月～次年1月）	地毯式复习＋长时间战线，复习全面，重视基础知识	回归教材，搭建知识框架，重难点查漏补缺，打牢基础知识
二轮复习	高三下开学～考前一个月(2月～5月初)	综合知识应用＋锻炼应试能力	题海战术，注重知识串联，总结解题方法，提升解题效率
三轮复习	考前一个月(5月初～高考)	全面进入考试状态＋身心调适	模拟训练；积极心理暗示

对于地理基础偏弱的学弟学妹，必须牢牢把握住高考前这三轮复习，这是冲刺高考的最后一次机会。结合学姐高三的复习经验以及心路历程，我给大家总结了以下方法，希望可以帮助大家，使地理成绩“更上一层楼”。

一轮地毯式复习攻略：基础知识扫盲

一轮复习时间最长，是一次地毯式的基础知识扫盲。在这一阶段，老师会带领大家系统性地回顾高一、高二的全部内容，所以地理基础弱的学弟学妹抓住这次“补救”机会。

1 不浪费课堂上的每一分钟

紧跟老师节奏，回顾课本，地毯式扫盲巩固基础知识。

复习过程中，学姐建议你们：(1) 以章节、课时为单位重点进行复习，关注遗漏知识点与重点内容，同时要注重对概念、原理的理解。一定要做到把边边角角的地方都复习到，牢牢掌握核心的地理知识，不为高考留下任何隐藏的“地雷”。(2) 不忽视补充的知识点。一轮复习的时候老师会相对加深难度，也会补充一些知识点。我们要关注这些补充的知识点，因为这些点高考很可能会考到。(3) 跟上老师节奏、提升课堂效率。高三复习备考时间紧、任务重，学习的大部分时间都在课堂，学习的核心内容也来源于课堂，高效把握住在课堂上的时间具有事半功倍的效果，也能为其他科目的复习备考节省大量的时间。

2 一轮复习笔记这样记，实现量变到质变

“好记性不如烂笔头。”记笔记的过程是梳理内化知识点的过程，同时也能够加深记忆，减少遗忘。

一轮复习记笔记的小技巧：

（1）思维梳理+理解内化。①思维梳理是找到整节课或整个章节的线索结构。学姐通常会以章节为单位做思维导图，明确章节骨架；同时在每小结笔记中注重标题分级排序、突出重点。②理解内化是“输入”再“输出”的过程，老师讲述的内容以及PPT内容先过一遍脑子，进行“输入”，再根据自己的理解整合“输出”写下来，内化为自己的笔记。

（2）使用活页本，做好留白，方便补充。使用活页本和留白有两个作用：一是课堂

所讲授的内容不一定能在课上全部记完，留下的空白可以在课后补充；二是在以后的复习和刷题过程中遇到了与其相关的知识点、答题点或者是自己对知识点的解释与想法可以用其他颜色笔补充上。

（3）**图文结合，加深理解。**这里的图可以是个人手绘示意图、也可以是裁剪打印粘贴的地图。地理学习离不开地图，地图所蕴含的信息远远多于文字，特别是在学习选择性必修1时，画出简单的示意图能够加深对地理规律、现象、过程的理解。例如，能画出“冷锋暖锋示意图”也就意味着对锋面形成的原因与天气特征了解清楚了；同样对于区域地理，能够画出“非洲气候分布图”以及“非洲轮廓与重要经纬线”，那么对于非洲的区域概况就有了基本了解。

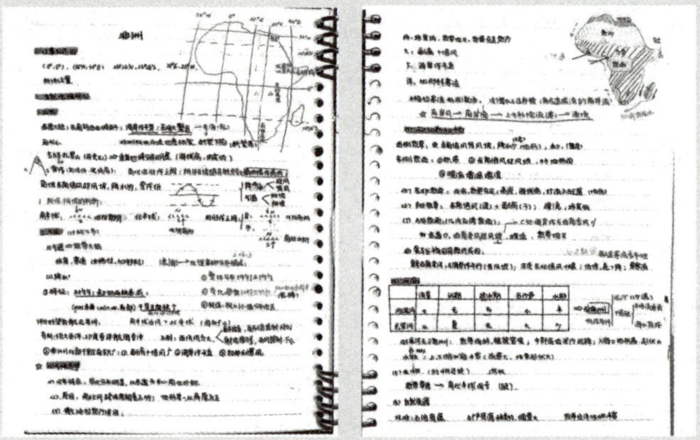

“非洲轮廓与重要经纬线”笔记实拍

（4）**结合笔记，反复巩固背诵。**笔记整理好了，不用可不行，必须把记忆背诵提上日程。学姐建议每天规划好复习和背诵的任务，反复巩固，背诵的同时结合地图理解可以大大提升效率。“量的积累会实现质的飞跃”，日复一日坚持下去，打牢地理基础，地理分数提升的质变也就不远了。

3 无痛式背记，拯救健忘的你

（1）系统化，专题化整理知识

高三一轮复习知识多、内容杂，加之地理具有很强的综合性与关联性，各个知识点是互通联系的，经常在题目中混合出现考查。所以将知识进行系统化、专题化整理就很有必要。

采用思维导图形式，将知识点系统化。在复习过程中，我发现与河流有关的题目经常被考查，所以我就以“河流”为中心主题构建了我的“河流”专题思维导图。

通过一轮的知识梳理，我对与“河流”有关的知识有了大概的了解，我将“河流”分为了水文特征、水系特征、补给方式和其他四个主要部分，再对每个部分的知识进行细化总结。同时，我也在绘图中留下了较多空白，方便后面刷题、复习时进行补充。

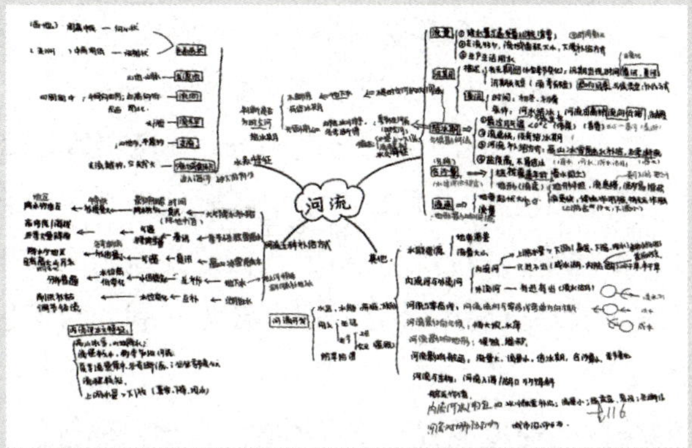

“河流”专题思维导图

这样的系统化、专题化的思维导图有利于思维发散、综合思考。

例如遇见了与“河流”有关的综合题目：“分析 × × × 河流/流域的水文特征”。这时候我就会结合我所做的“河流”专题思维导图去思考回忆，“河流水文特征”有哪些思考角度呢？联想到思维导图，想起水文特征可以从“流量”“流速”“汛期”“结冰期”“含沙量”五个方面去回答。最后，我们再从这五个角度联系材料图文信息进行分析就可以得出结论了。所以地理材料分析题并不难，它有规律和方法，只要我们掌握了这种规律和方法，然后将自己储备的知识与题目联系起来，就可以得到答案了。

（2）把图用“活”，事半功倍

①多看图，将“纸图”转化为“脑图”。我在高二学习的时候特别爱看图，每一次都会有不同的收获。在区域地理的学习过程中，中国地图、世界地图翻来覆去地看，不仅加深了我的空间思维与区域认知，将纸上的地图转换成大脑中的“脑图”，并且在这个过程中也会印证很多自己在课本中学到的知识与规律。例如，将世界山脉分布图与世界板块分布图对照重合，印证了板块交界处地壳活跃，挤压碰撞下形成了众多山脉。

②多用图，调动“脑图”，查漏补缺。遇到题目或生活中的地图的时候，反问自己：“这个地方在哪里？这个地方附近有什么特征？”例如，在题目中出现了巴西的地形图，“这个地方在哪里？”调用自己的“脑图”用空间定位的方法去判断，巴西在南美洲！“南美洲的轮廓是什么形状的呢？”脑海中南美洲轮廓逐渐勾勒出来。“南美洲地形是怎么样的？巴西在南美洲什么位置呢？”脑袋好像空空的想不起来，这个时候就拿出地图册翻翻看，将这块区域补充到自己的“脑图”中。这样我们的“脑图”就像拼图一样逐渐丰富完善，也对区域地形越来越熟悉，在摸索构建知识基础的同时提升了我们区域认知与空间思维能力，一举两得。

③多画图，加深记忆与理解。有的同学可能会认为画图很浪费时间，自己也画得不够美观。但是学姐认为，画图是有必要的，重点突出、简单明了即可。如果过于重视美观，反而会浪费时间，笔记是用来复习的，不是用来欣赏的。

4 按顺序复习，分秒必争

建议复习顺序：区域地理→自然地理→人文地理，重点抓自然地理。

（1）区域地理先行，毕竟它最简单

区域地理是自然要素和人文要素的有机组合，并且在考题中区域地理常以综合型题目出现。此外，区域地理相对于自然地理来说内容较为简单，在记住地图的基础上理解更容易，所以弄懂区域地理对大家后续冲刺阶段补充知识点较为有利。对于区域地理学习学姐有以下建议：

①熟悉区域的特征。比如特殊的经纬度、地形地貌、位置形状、人地关系等。

②熟悉区域的核心问题。比如一提到黄土高原，你就能想到水土流失和能源问题。此外，建议把同个区域的问题和参考答案汇总起来，比如把涉及黄土高原的内容都放在一起，分区域复习和记忆。

③运用原理来解决该区域问题。做题+背经典答题模板和术语。经典答题模板，也就是现在大家常常说的“母题”，比如东北地区春旱原因、华南地区冬旱原因、华北地区冬春沙尘暴多发原因等等，材料出得再新颖考的也是母题知识。

④及时刷题巩固。复习完一个区域，马上刷对应的题，时间紧张的话只刷高考真题就可以，一定要把答案解析看懂，看不懂马上问老师，别拖！

（2）重点抓自然地理，一分都不能丢

为什么一定要抓好自然地理基础？首先，因为自然地理内容主要在必修1、选择性必修1中出现，时间久远遗忘多；其次，大部分内容是在选考之前学习的，老师授课难度浅，且为高考考查重点，分值占比高。

①掌握基本概念、弄懂原理。

②学会看图，注意核心图与原理图。

核心图	气压带风带分布图、气候类型分布图、北半球重要气压中心分布图等
原理图	人口迁移的影响、农业区位因素等大章节知识框架

基础不好的同学一定要认识到读图的重要性。建议读图有困难的学弟学妹可以去B站找一些视频来看，很多博主会分享简单却实用的看图方法，还有一些例题讲解，掌握方法后自己也动手画一下示意图。会看图之后你就会发现很多之前做题时看不见的信息，而这些就是解题的关键。

③答题模板与角度整理记忆。例如，特征描述类、成因分析类等。

（3）人文地理速记速背，不必占用太多时间

人文地理总体而言难度较小，主要是一些事实知识点和答题模板的内容。所以放

在最后复习背诵掌握。复习过程中要关注：①五大区位因素：农业、工业、城市、交通、商业；②区位发展变化的主导因素。

此外，会联想很重要！人文地理来源于生活，也是我们最容易直接感受到的板块。尤其是在刷选择题时，可以代入日常生活的常识用排除法解题。

针对部分典型大题，建议把近三年高考题、你所在省市模拟题中涉及人文地理板块的题目都简化成“问题+答案要点”，形成答题模板汇总进行背诵。你会打开新世界的大门，发现很多答案都是共通的。

二轮综合复习攻略：题海战术开始

一轮复习结束就进入了二轮综合复习。二轮复习重心在综合知识应用与锻炼应试能力上，也就是说，二轮复习要采用题海战术——刷题+模拟考试。

1 刷哪些题提分快？

（1）多刷题，找感觉

刷什么题？学姐建议多做高考真题和高质量模拟试题。通过多做真题和模拟试题来锻炼考试技巧和应试能力，这样可以更好地提前适应考试。对于经典高考题，建议反复刷几次，同一道题目，第二次、第三次再做都会有不同的见解。这样有助于适应高考出题思路以及考法。

（2）每日一题，保持新鲜感

在二轮复习过程中一定要坚持每天做题，积累题感。学姐在这一阶段会每天刷一套选择题专项训练或者是一道综合大题保持手感。在这个过程中会逐步提升知识的综合应用能力，在解题能力上实现质的突破。

2 自己的弱点是什么？

（1）找到自己的薄弱点

复习过程中大大小小的考试接踵而来，对于每次考试中暴露出来的问题，一定要重视并及时反思总结。在高三后期分数的增长空间就在错题上，对那些易错易混的知识点一定要及时复习，这时候我们的一轮笔记就体现出作用来了，它帮助我们查漏补缺，从而避免不必要的失分。认真分析自己的每一次考试，丢分的原因是什么。明确自己的薄弱点，进而采取积极有效的应对措施。对于某些专题类的知识点、新概念等专有名词我也会专门进行积累总结，日积月累下知识面也就拓宽了。例如，我在刷题的时候遇见了很多零碎知识点和一些相关新概念，于是开辟了一个新模块进行总结。此外能够总结的点还有很多，比如知识点、专有名词、答题模板、考试技巧、易错点……

（2）便利贴提示法

在每次考试后，我都会对考试进行总结，并将总结的核心内容写在一张便利贴上：可以总结自己的易错点、做题思路、答题技巧等，然后把便利贴贴在笔记本第一页，每次考前看一遍提醒自己，这样考试中易错易忽略的地方就很难再丢分。在考试结束后又进行新的总结，又会有新的便利贴贴在笔记本上，形成一个良性循环。

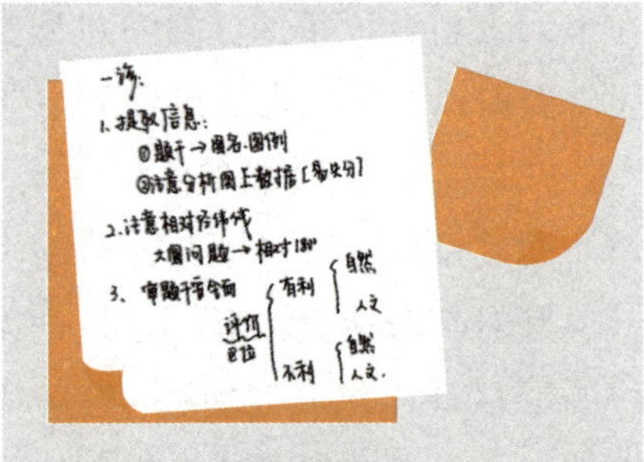

便利贴提示

三轮考前准备：稳住，你就赢了

三轮复习是高考“守擂”的最后一关，这个阶段核心在自我调整——全面进入考试状态＋身心调试。

经历过一轮和二轮复习，三轮复习时已经有一定基础了，所以在这个时候要做的是把书读“薄”，轻装上阵。三轮复习期间要经历几次临考模拟训练，这几次考试不应该过于关注成绩，重要的是关注自己考试的状态。

临近高考心态一定要放宽，不必过多关注分数。学姐在几次模拟考试中都考得不理想，分数甚至不如一轮复习时的成绩。但是我并没有慌，因为这毕竟只是模拟考试，我想从这几次考试中得到的不是分数，而是对高考考试状态、心态的模拟训练。找到这个状态后心就会慢慢静下来，心静，思维也就会随之清晰起来。

方法速查

高三地理基础提升

- **一轮地毯式复习：重构知识基础**
  - 紧跟老师节奏，回顾课本，地毯式扫盲巩固基础知识
  - 做好一轮笔记，及时巩固复习
  - 复习顺序
    - 区域地理先行
    - 重点抓自然地理基础内容
    - 最后人文地理
- **二轮综合复习：提升能力**
  - 多刷题，提升能力，保持题感
    - 吃透高考题
    - 每日一题，保持题感
  - 查漏补缺，归纳总结
    - 关注错题
    - 便利贴提示法
- **三轮考前复习：稳心态调状态**
  - 全面调试进入考试状态
  - 心态调整

70天地理高分冲刺计划

3招登顶“珠穆朗玛”

上分攻略

分享者信息

名字：丁乐葭

学校：华侨大学

专业：国际经济与贸易

提分关键词

临考冲刺；专题笔记；答题模板；错题专攻

提到地理这门学科，许多同学脑海里蹦出的第一个词就是“玄学”：各类地图、区位因素、零碎知识点……地理这门学科比较复杂，既考查背记，又考查判断和分析能力，很伤脑筋。

当我刚升入高三时，我的地理成绩在中等水平徘徊不前，苦苦寻求着冲刺高分的“蹊径”。通过不断地探索与试错，我终于找到了性价比较高的冲刺地理高分的“秘诀”。

另辟蹊径，告别“无效学习”

经过前两年的高中学习，相信大家在地理学习上都有了自己的节奏与方法。然而，仍然有许多问题阻碍着我们登顶，停滞在半山腰。其实，掌握了高效的学习方法，夺得高分也就不再是一件难事。相信“肯登攀”的你，在领悟以下的方法后，也能登上地理的“珠穆朗玛”。

1 你与学霸的距离，只差一个专题整理

专题式学习，使我们能够具备更开阔的视野，在做题时进行全面的思考。

很多同学可能会疑惑：如何进行专题的选择呢？怎样整理才能高效全面呢？

地理这一学科的范畴十分广阔。关于专题的选择，角度是十分多样化的。例如针对生态问题与自然灾害这一大类的专题，我们就可以继续细分为洪涝灾害、土地荒漠化、干旱等小专题；建立海洋专题，则可细分为洋流、海洋资源等小专题……

当然，针对具体知识点进行详细展开，建立“微专题”也是巩固知识的好方法。如果说大专题让我们具备了宏观的地理视野，小专题和微专题就让我们在微观上“吃透”地理。

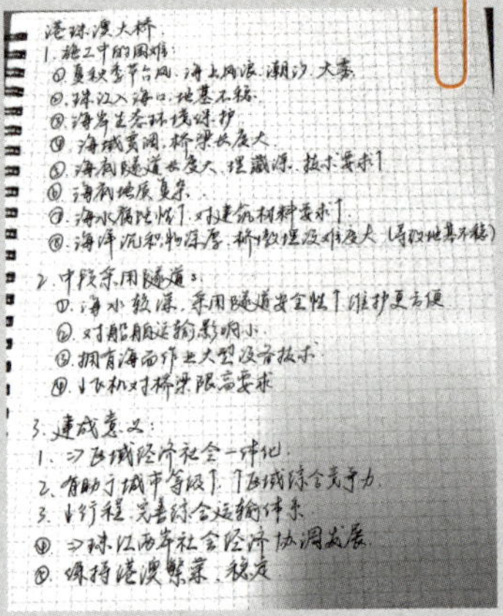

图中的港珠澳大桥专题就是我做的微专题整理之一。港珠澳大桥作为一个常考知识点，时常以不同的出题形式出现在我们面前。这时，进行专题的整理就显得尤为必要。

在某次考试中看到港珠澳大桥时，自以为对它十分熟悉的我沾沾自喜，但看到具体问题时却傻眼了——题目考查的是它中段采用隧道的原因。此后，我建立了港珠澳大桥专题，在接下来的做题过程中，每每遇到相关的问题，便在总结后记录到专门的笔记本上，并时不时拿出来翻阅。像图中施工的困难、中段采用隧道方案、建成的意义等，都是常考的知识点。

微专题整理示意图

有时我们距离高分仅差一步，这一步就是对以往题型与知识点的整合。很多题目我们做完容易忘记，采用专题整合的方式可以做到不落下任何一个重要知识点，之后再作答相关题型就游刃有余了。这里我建议大家尽量做到10天整理出一个大专题，2~3天整理出一个小专题或微专题，坚持做下去，定能收获成效。

2 碎片化学习，不放过每个细节

地理也可以采用碎片化方式学习？是的，地理也能像语文和英语一样进行碎片化学习。

那么，这些碎片化的知识点包括哪些内容呢？仔细想想，你是不是存在着以下这些问题：

①对书本角落里的一些零碎知识不加留意；

②遇到“专有名词”时一头雾水；

③总将相似的概念混淆。

如果这些问题正在困扰着你，那么把碎片化知识进行系统的整理将会助你脱离“苦海”。

我在地理笔记中进行了两类碎片化知识的划分，分别是地理专有名词和零碎知识点归纳。

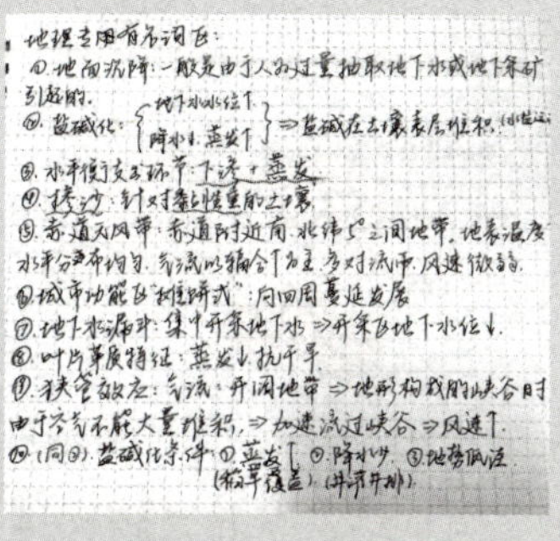

“地理专有名词”整理示意图

“地理专有名词”，我记录了地面沉降、狭管效应、赤道无风带等在刷题过程中所遇到的地理专有名词。第一次遇到时，尽管题目对此有一定的解释，但我仍然对这些概念理解得不全面，导致做题时出现思维上的偏差。而后来我意识到，掌握这些名词不仅有利于加深相关知识的理解记忆，更能在下次碰到时迅速反应、节省时间。

借助网络与纸质资料，很轻易就能将这些名词的详细解释记录下来，以后再遇到时也可进行拓展与补充。例如我的笔记中，先是记载了盐碱化的过程，而后碰到盐碱化条件的知识点，也将它补充在笔记中。

“零碎知识点归纳”的限制则放宽许多，例如图中展示的雾形成的条件及消散的原因，锋面雨带的移动等，都可以归于这一领域。在这一部分，除了记录知识点外，我还用圆珠笔在每个知识点前方标明这个知识点所在的章节范围，既方便查找也方便复习，一举两得，事半功倍。

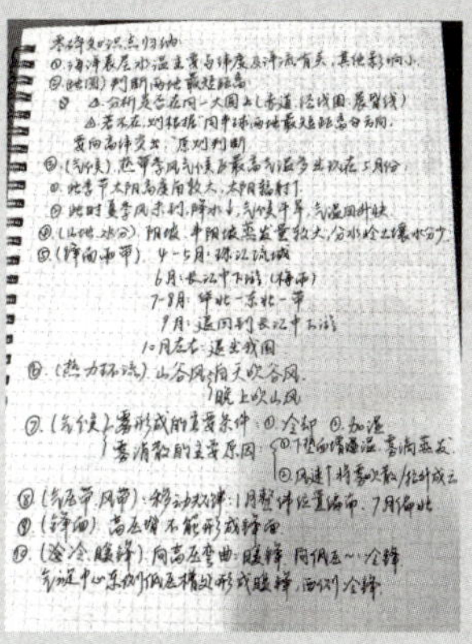

“零碎知识点归纳”整理示意图

“碎片化学习”不仅指的是知识点零碎，所利用的时间也可以是零碎的，这就给予了我们很大的选择空间。早读开始前、下午上课前、晚自习开始前的几分钟都是很棒的翻阅这些零碎知识点的时间。

3 只刷题不总结等于没刷

在做完某些令我记忆深刻的题目后，收集资料进行的归纳总结，从某种意义上来说也可归于答题模板。许多同学和曾经高三的我一样陷入一个误区——认为地理需要大量的刷题来巩固记忆。我也曾沉迷于刷题无法自拔，却发现不仅效果甚微，而且还浪费了大量的时间和精力，产生焦虑与困惑在所难免。其实，地理并不是不需要刷题，只是它要求我们真正做会、做透一类题，从而触类旁通。那么，进行某些题目的拓展总结就不失为一个好方法。

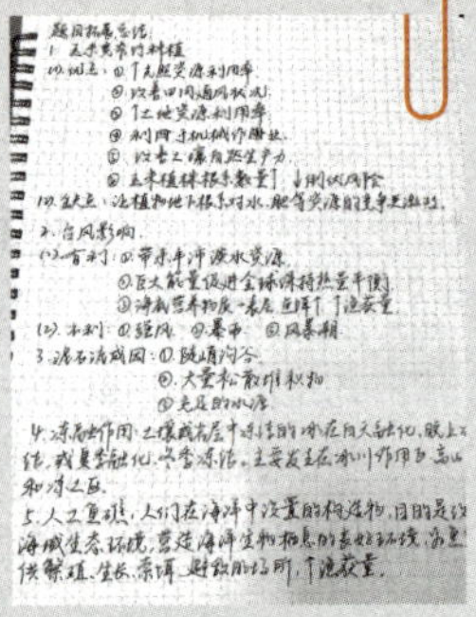
题目拓展总结：
1. 玉米宽窄行种植
(1).优点：①↑光照资源利用率
②改善田间通风状况
③↑土地资源利用率
④利用边行优势增产
⑤改善土壤自然生产力
⑥玉米植株根系数量↑ ↓倒伏风险
(2).缺点：使植物地下根系对水、肥等资源的竞争更激烈。
2.台风影响
(1).有利：①带来丰沛淡水资源
②巨大能量促进全球保持热量平衡
③海水营养物质—表层 鱼群↑ ↑渔获量
(2).不利：①强风 ②暴雨 ③风暴潮
3.泥石流成因：①陡峭沟谷
②大量松散堆积物
③充足的水源
4.冻融作用：土壤或岩层中冻结的冰在白天融化，晚上冻结，或夏季融化、冬季冻结。主要发生在冰川作用区、高山和冷之区。
5.人工鱼礁：人们在海洋中设置的构造物，目的是改善海域生态环境，营造海洋生物栖息的良好环境，为鱼类繁殖、生长、索饵、避敌的场所，↑渔获量。

题目拓展总结示意图

这里，我拓展了玉米宽窄行种植的优缺点、台风影响等，这些都是我在总结错题后进行的归纳。许多教辅资料的答案中也会加入类似的题目拓展，从“类题”学懂“一类题”的重要性不言而喻。

我们不一定要刷很多道题来感动自己，只需要每天精做一两页题甚至几道题并进行联系与拓展，你就会惊奇地发现你在冲刺高分的道路上突飞猛进。

无论是目前对于学习方法的探索，还是未来的人生道路选择，高三的我们都有着无限的可能性。不如现在就出发吧，相信你定能登上地理的“珠穆朗玛”！

同频共振　进入高三，地理综合题涉及的知识太多了，完全没有头绪呀！

地理综合题看似错综复杂，其实它和其他学科一样，有着自己的底层逻辑。看到材料，我们要做的第一步并不是直接做题，而是先对材料中的每一句话进行分析，尽量推导出它背后隐含的信息，并联系我们学过的知识。其次才是确定答题思路，结合我们整理过的专题或答题模板，扩展答题角度。

方法速查

冲刺高三地理高分

如何夺取地理高分

- 专题整理，整合体系
- 碎片化学习，把握细节
- 答题模板整理，突破题型

创意思维导图公开，建立自己的笔记体系

抓牢知识记方法，政治达到 90+

上分攻略

分享者信息

姓名：闫文慧

学校：陕西师范大学

专业：思想政治教育（优师计划）

学长学姐说：

高中在衡水二中就读的我很幸运地在高二遇到了我最喜欢的政治老师。因为对老师的喜欢，我对这个学科有了偏爱，也激励着我未来成为一名像她一样优秀的政治老师。

提分关键词

学习思路；习惯培养；思维导图

刚上高中的你一定因初高中政治知识点的不同而迷茫吧！我因为中考政治成绩接近满分，所以上高中后轻视了对政治的学习。而高一因为忙着学其他学科，不背诵政治，被政治在成绩上给了当头一棒。

到了高二，政治老师经常检查背诵作业，那一刻我产生了危机感，开始每天都背诵一个或几个知识点。幸运的是，这个习惯不仅让我通过了政治老师的背诵检查，还让我的政治成绩稳定在了班级中上游。那一刻，我恍然大悟，高中政治，打牢基础才是重中之重。

“知己知彼”，方能百战不殆

1 知识量更大、内容更丰富

高中政治课本必修加选择性必修共有七本书，初中政治课本共有六本，虽然看起来只是多了一本，但是知识量却是翻倍地提升。

高中政治紧密结合社会实践，讲授马克思主义基本原理，以及马克思主义中国化成果特别是习近平新时代中国特色社会主义思想。学习初中政治更多地需要你了解自身、明辨是非，学习高中政治则是需要你成为一个有独立思考能力的青年。

2 题型难度加大、思维要求提高

高中政治的题目需要自己解析，挖掘题目背后到底问的是什么。但是万变不离其宗，尽管题型难度加大，但终究离不开课本上的基础知识。所以高一的时候千万不要慌张，脚踏实地，打牢基础。分析题目的能力就是在这个过程中提升的。

3 与时事密切相关

高中政治的出题素材来源于每天更新的时事，这就意味着我们要不断积累，与时俱进。

一个时事的诞生可能就意味着一道或者多道新题目的出现，这意味着不能再用传统的思维来答题。分析题目深层的含义，挖掘不同时事背后的知识联系，是学习高中政治必不可少的一个技能。

原来学会这三个方法就能考到 90+

如果你连基础都打不牢，就更不必说去挖掘题目背后到底考的是什么了。以下几个方法，学到就是赚到！

1 背诵方法

我在这里所强调的背诵，并不是死记硬背，而是必须先弄清楚你所背诵的知识点到底来源于哪里，有哪些内部联系和外部联系。

在这里分享一下我的背诵过程。

首先，当我开始背诵第一个具体知识点前，一定会做的事情就是先背诵课本的目录。这样做，你接下来背诵的每一个知识点都能知道它来源于哪里。

我们来设想一下，当你做题的时候需要思考这道题目到底考的是哪个知识点时，可以先确定它的大范围，是经济、哲学还是政治；明确了大范围后你就可以开始回忆课本的目录，确定中范围；这样，你最后找到具体知识点这个小范围的概率就会大大提高。

其次，当你确定自己掌握目录后就可以开始背诵具体知识点了。我会用一张A4纸同向折叠两次，把它分成四折，一、三区域用来抄写知识点并背诵，二、四区域用来默写知识点。这样做，不仅能让知识点更加清晰，还可以在默写后快速对照课本找到遗漏和错误。

最后，我在背诵知识点的时候会给它们想一些简称。先用这些简称组合成口诀，能避免你在背诵完再答题的时候遗漏某一条。

2 笔记体系

初中的时候我没有用笔记本，很多知识点都是在课本上做标记，相信很多同学也跟我一样。但是高中政治必须要形成自己的笔记体系。笔记的意义不只是记录，更要有回顾的价值。

我把自己的笔记本分为两个部分，第一个部分是知识汇总，第二个部分是错题回顾。

首先来看知识汇总部分。这一部分的笔记是根据你的答题经验汇总起来的，比如选择题常出现的含有关键词的句子和大题常考的得分点。

关于选择题的总结，举个例子，比如关于“中国特色社会主义的内容”，可以把“共同富裕是中国特色社会主义的本质要求”“公平正义是中国特色社会主义的内在要求”等这些出现关键词的句子放在一页上。这些句中的关键词都是选择题常考的考点，非常有必要集中记忆。

大题的汇总分为很多版块。我把热点、政策和活动放在最开始的部分，也就是那些答案里不止一次出现但课本里面没有的词汇，需要我们自己去积累。对于不同版本的课本可以根据自己的理解总结不同的板块，也可以根据不同的主体来总结关于这一主体的常用词句。

其次是错题回顾部分。我在这一部分的第一页总结了政治选择题的非知识性错误，也就是本来可以做对但是没做对的题或者记录一些做题方法上的问题。

最后是总结选择题的错误点，把不清楚的知识点总结在一起。如果有一类题型不清楚可以做一个专题汇总，把每一道这样的题都放在一页或者几页上，方便系统回顾。

3 答题技巧

（1）选择题

基本原则：表述正确＋符合设问＋符合主旨。

“表述正确”考查的是对基础知识的把握，“符合设问”和“符合主旨”考查的是基于审题的理解。读题的时候可以勾画关键词（主体、事件等），一定要先弄清楚题目在说什么、问题在问什么，不要一上来就先看选项判断正误。有的选项本身正确，但可能不在设问范围内，或是与题目事件无关。

基本技巧：先排错，再排异。

政治选择题的一大特色就是序号选择题居多，所以排除法能方便我们快速做题。但单纯的排除法并不是万无一失的。因此在做排除时要优先排除根据课本内容能够确定错误的选项，其他选项不能“一刀切”。

（2）经济／政治大题

主体与相关主体：政治和经济大题非常重视主体定位，平时注意总结每个主体的相关考点。善于从设问中把握主体（谁做事）和相关主体（与谁有关），才能打开作答的角度。

（3）哲学大题

范围明晰＋优先原则：背书时一定要明确每个表述包含的知识点范围，做题时才能快速反应。

先作答题目中精准反映出的知识点，再搜索考查范围内自己没提到的知识点，思考是否有能解释通的可能性，若时间允许，尽量对自己的答案进行补充。

巧用模板，轻松答题

题型一：“体现类”主观题

【题型特点】设问中有“体现了什么”“怎样体现”等字眼。

【解题技巧】定点＋联系＋梳理＋作答

定点：确定考核的知识点是什么；

联系：联系所给材料与所学知识；

梳理：将材料所给的信息与考核的知识点一一对照，二者相符的就是要点；

作答：要做到观点和材料相结合。

题型二：“反映类”主观题

【题型特点】一般来说设问所给的材料有文字式的，也有图表式的。大致有两种情况：一是反映了什么问题或现象，二是上述材料反映了什么变化。

【解题技巧】不管是哪一种设问的情况，材料所提供的信息都是感性的，而答案要求是理性的，也就是说“感性材料理性化”，即把材料所提供的信息用教材中所学的知识加以表明，做这类题的关键是对材料所给的信息要全面把握。

题型三:“原因类”主观题

【题型特点】一般设问以“为什么说”“为什么要”等形式呈现。

【解题技巧】具体有三种方案:

第一种:从分析其必然性、必要性的角度展开。必然性亦可理解为紧迫性,也就是应客观规律、时代背景而生的产物,是为了解决现状不足的需要;必要性和重要性就是解决此问题的重要现实意义。

第二种:从为什么要、为什么能的角度展开。一定要紧扣题意,并且联系教材知识来回答,答得越充分越全面越好,同时还要分析能够这么做的条件以及社会环境。

第三种:从政治、经济或文化,历史或现实,内因与外因等角度展开,要求具体问题具体分析。

一般情况下要回答“这样说”“这样做”的依据,意义(重要性)、必要性、可能性等,有时也要回答不这样做的危害。在解答中,一般应由近及远,由直接到间接,先经济后政治,有次序、有条理地展开说明。

题型四:“对策类”主观题

【题型特点】设问一般来讲都给出了确定的主体,如党、国家、政府、公民、企业、消费者和个人等,并且指定了要回答的某一方面内容。

【解题技巧】解答此类题目时,可采用定点法。

经济角度	**市场**:面向市场进行产业、产品结构调整,生产适销对路商品;遵循价值规律,将生产资料与劳动力进行优化合理配置; **科技**:贯彻科教兴国战略,运用高新技术; **管理**:加强管理,贯彻人才强国战略; **素质**:提高经营者、劳动者的素质; **效益**:努力降低生产成本,增大产出,提高经济效益,走新型工业化之路; **品牌**:树立良好的企业形象与信誉,创立品牌,生产优质无公害商品,冲破国际“绿色壁垒”; **竞争力**:坚持“引进来”与“走出去”相结合,将企业做大做强,增强国际竞争力,积极参与国际竞争。
政治角度	一般会从依法治国与以德治国两个角度来回答。 从**国家角度**回答时,要注意从履行国家职能和坚持国家机构的组织活动原则角度回答; 从**党的角度**回答时,要注意从党的领导方式和党的建设角度回答; 从**公民的角度**回答时,要注意从公民的权利与义务及其关系角度回答。
哲学角度	回答怎样做的问题,一般要侧重于方法论,原理不用过多表述,但一定要结合实际问题来谈,要体现哲学的思想与方法的要求。

题型五:“意义或影响类”主观题

【题型特点】设问一般有“积极影响”“经济意义”“政治意义”“经济政治意义”等。

【解题技巧】例如经济意义可以分为对国内经济的意义、对国外经济的意义,政治意义可以分为对国家的政治意义、对党的政治意义。

题型六："认识（评价）类" 主观题

【题型特点】通常是材料先给出一个重大的社会现象，然后要求用所学的知识谈谈对这一现象的认识。常见设问有"如何认识""如何看待""谈谈对某一现象的看法""分析（评析）某一现象"等。

【解题技巧】此类题可按照"判断表态+阐述道理+明确做法"的解题思路来回答，也可按照"是什么+为什么+怎么办"的解题思路来回答。

"是什么"：即题目说（做）的是一件什么事，或题目观点是对还是错。

"为什么"：即（做）这件事的依据、重要性、必要性、可能性，不做这件事的危害。

依据是指（做）这件事的经济学、哲学、政治学的理论依据；

重要性是指（做）这件事的作用、意义、目的、目标等；

必要性是指（做）这件事当前存在的客观实际，即非做不可的原因；

可能性是指（做）这件事存在哪些主客观条件，使做这件事成为可能。

思维导图法，帮你厘清思路，快速上分

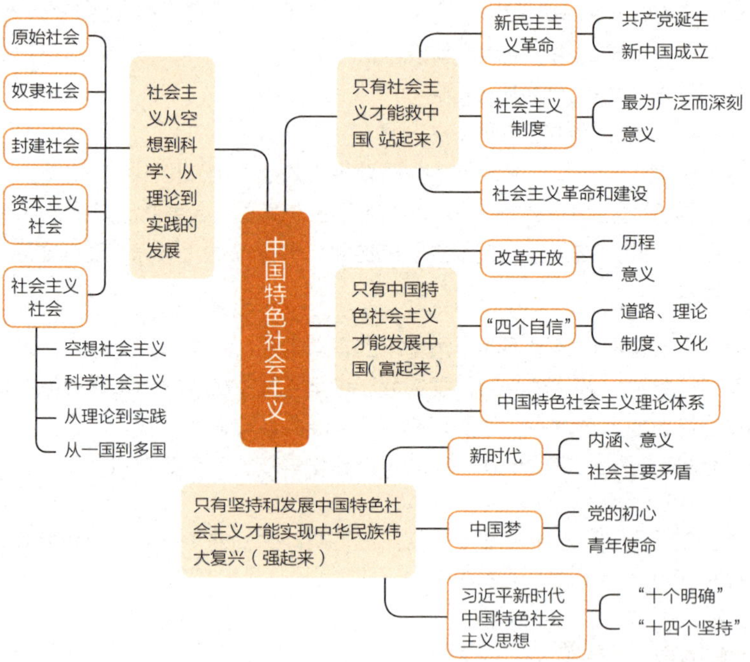

经济与社会

- 我国的生产资料所有制（坚持“两个毫不动摇”）
  - 公有制
    - 地位、体现
    - 国有经济
    - 国有企业
  - 非公有制
    - 地位
    - 组成
    - 作用
- 我国的社会主义市场经济体制
  - 市场
    - 三大机制→优点
    - 三大弊端→危害
    - 高标准市场体系
  - 政府
    - 经济职能
    - 主要目标
    - 常用手段
      - 财政政策
      - 货币政策
  - 社会主义市场经济体制的基本特征
    - 重要特征
    - 显著优势
    - 根本目标
    - 内在要求
- 我国的经济发展
  - 以人民为中心
  - 新发展理念
  - 全面建设社会主义现代化国家的首要任务
    - 扩大内需
    - 供给侧结构性改革
    - 现代化产业体系：实体经济
    - 乡村振兴
    - 区域协调
    - 高水平对外开放
    - 教育、科技、人才
- 我国的个人收入分配与社会保障
  - 个人收入分配
    - 分配制度
      - 按劳分配
      - 按生产要素分配
    - 收入途径
      - 劳动性收入、经营性收入、财产性收入、转移性收入
    - 劳动
    - 完善个人收入分配
      - 两个同步
      - 初次分配
      - 再分配
      - 第三次分配
  - 社会保障
    - 内涵、作用
    - 形式
      - 四基本
      - 四补充
    - 公平对待每个公民
    - 尽力而为、量力而行
    - 权责清晰
    - 应保尽保

政治与法治

- 中国共产党的领导
  - 历史和人民的选择
    - 各种政治力量
      - 近代国情、社会主要矛盾、历史任务
      - 三种建国方案
      - 中国共产党诞生
    - 党领导人民
      - 站起来
      - 富起来
      - 强起来
  - 中国共产党的先进性
    - 以人民为中心
      - 立党为公、执政为民
      - 性质
      - 根本立场
      - 根本宗旨
      - 初心使命
      - 奋斗目标
    - 指导思想与时俱进
    - 解放思想、实事求是
    - 党员先锋模范作用
  - 坚持和加强党的全面领导
    - 坚持党的领导
      - 最高政治领导力量
      - 领导核心
      - 具体要求
    - 背景
    - 党建的要求
    - 全面从严治党
    - 执政方式（科学、民主、依法）
- 人民当家做主
  - 人民民主专政
  - 我国的政治制度
    - 国体
      - 本质
      - 全过程人民民主
      - 国家职能
    - 政体
      - 基本内涵
      - 人民代表大会
      - 人大代表
      - 人民代表大会制度
        - 决定因素
        - 优越性
    - 基本政治制度
      - 政党制度、民族、宗教、基层群众
- 全面依法治国
  - 马克思主义法的理论
  - 法治建设的历程
  - 总目标及原则
    - 必要性
    - 要求
  - 法治中国
    - 法治国家
    - 法治政府
    - 法治社会
  - 基本要求
    - 科学立法
    - 严格执法
    - 公正司法
    - 全民守法

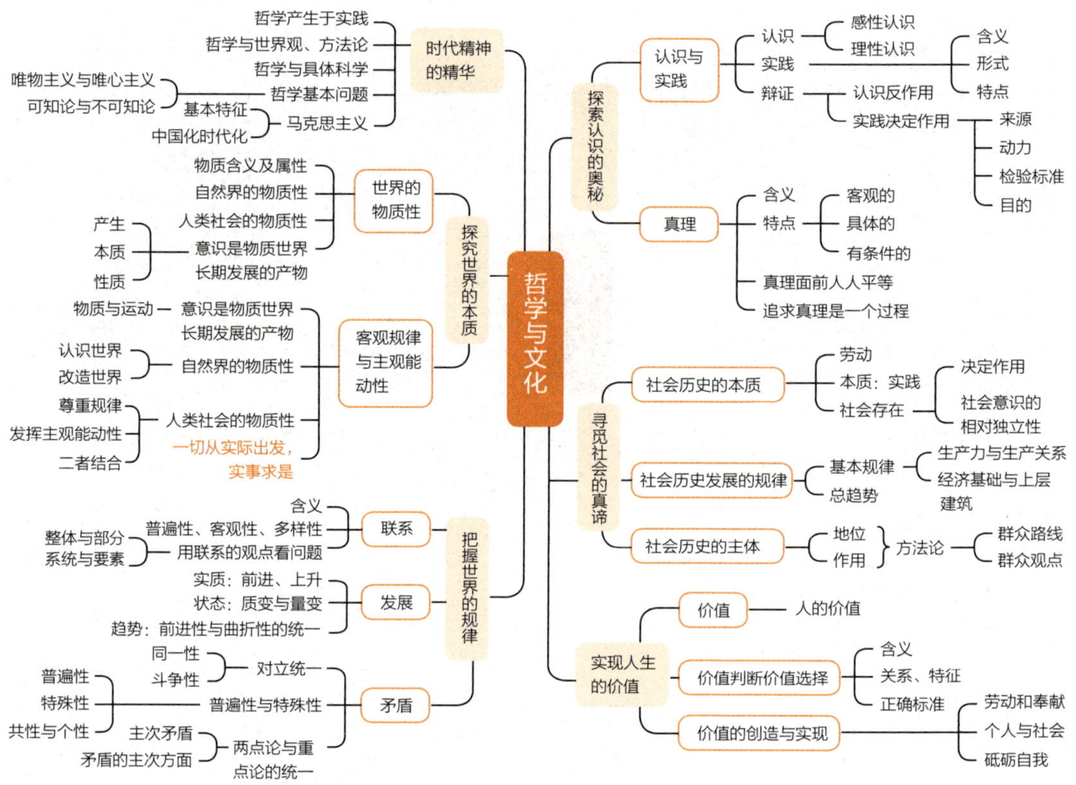

哲学与文化
探究世界的本质
时代精神的精华
哲学产生于实践
哲学与世界观、方法论
哲学与具体科学
哲学基本问题
唯物主义与唯心主义
可知论与不可知论
马克思主义
基本特征
中国化时代化
世界的物质性
物质含义及属性
自然界的物质性
人类社会的物质性
意识是物质世界长期发展的产物
产生
本质
性质
客观规律与主观能动性
物质与运动
意识是物质世界长期发展的产物
认识世界
改造世界
自然界的物质性
尊重规律
发挥主观能动性
二者结合
人类社会的物质性
一切从实际出发，实事求是
把握世界的规律
联系
含义
普遍性、客观性、多样性
整体与部分
系统与要素
用联系的观点看问题
发展
实质：前进、上升
状态：质变与量变
趋势：前进性与曲折性的统一
矛盾
同一性
斗争性
对立统一
普遍性
特殊性
共性与个性
普遍性与特殊性
主次矛盾
矛盾的主次方面
两点论与重点论的统一
探索认识的奥秘
认识与实践
认识
感性认识
理性认识
实践
含义
形式
特点
辩证
认识反作用
实践决定作用
来源
动力
检验标准
目的
真理
含义
特点
客观的
具体的
有条件的
真理面前人人平等
追求真理是一个过程
寻觅社会的真谛
社会历史的本质
劳动
本质：实践
社会存在
决定作用
社会意识的相对独立性
社会历史发展的规律
基本规律
总趋势
生产力与生产关系
经济基础与上层建筑
社会历史的主体
地位
作用
方法论
群众路线
群众观点
实现人生的价值
价值
人的价值
价值判断价值选择
含义
关系、特征
正确标准
价值的创造与实现
劳动和奉献
个人与社会
砥砺自我

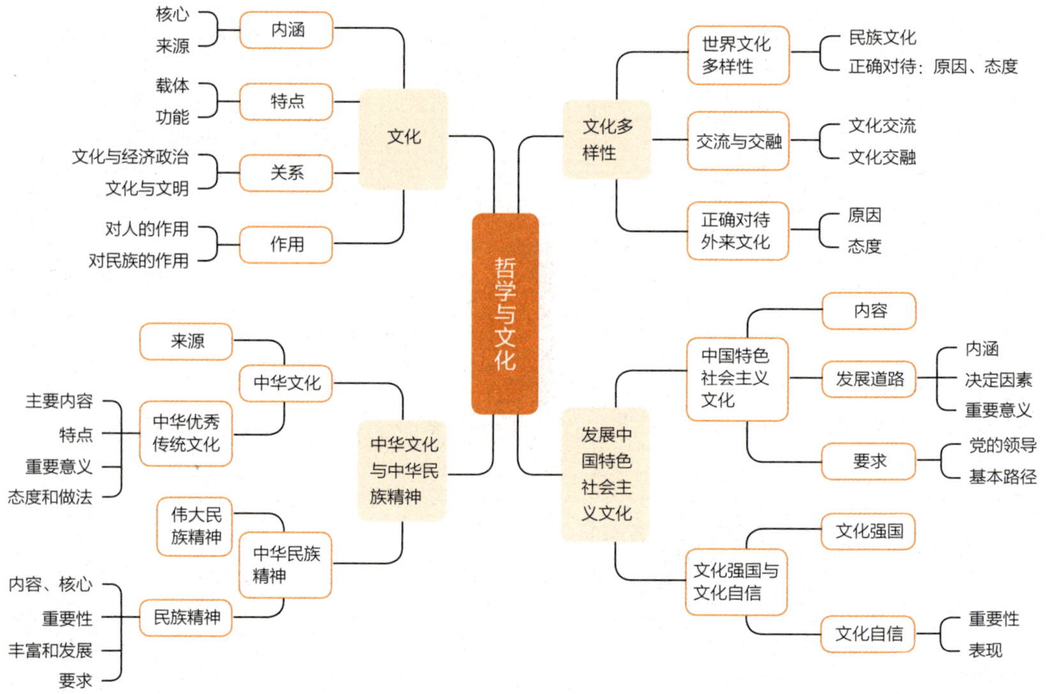

哲学与文化
文化
内涵
核心
来源
特点
载体
功能
关系
文化与经济政治
文化与文明
作用
对人的作用
对民族的作用
中华文化与中华民族精神
中华文化
来源
中华优秀传统文化
主要内容
特点
重要意义
态度和做法
中华民族精神
伟大民族精神
民族精神
内容、核心
重要性
丰富和发展
要求
文化多样性
世界文化多样性
民族文化
正确对待：原因、态度
交流与交融
文化交流
文化交融
正确对待外来文化
原因
态度
发展中国特色社会主义文化
中国特色社会主义文化
内容
发展道路
内涵
决定因素
重要意义
要求
党的领导
基本路径
文化强国与文化自信
文化强国
文化自信
重要性
表现

回归课本，高效背书的三大法则

只看课本，政治能得多少分？

上分攻略

分享者信息

名字：吴昆成

学校：华中师范大学

专业：汉语言文学（公费师范）

提分关键词

课本用法；背书技巧；时事分析

高三这个大舞台上，我们都是主角，而政治学科就像一位严肃的导演，总让我们捉摸不透。但别怕，多看书、多总结，探索导演的“心路历程”，你会发现政治学科原来也藏有有趣的灵魂。为了成为舞台上的佼佼者，我们得跟这位导演好好交流，把握它的“命脉”。

课本：政治学习的尽头

进入高三，同学们为了提分，拼命刷题是常态。然而，对于政治而言，刷再多题也起色不大。这正是同学们的一个误区，刷题≠一定能提分。

“巧妇难为无米之炊”，其实，政治学科最关键的不是题，而是课本。课本是学习政治的根本，也是学习政治的尽头，其中包含了所有需要掌握的基础知识和基本概念。同学们应该在高三时回归课本，全面梳理知识点。认真阅读课本，找准教材主线，以主线为引领对每一个知识点进行深入的理解和记忆。同时，也可以结合课堂笔记和教辅资料，对知识点进行全面的梳理和归纳，形成清晰的知识体系和实用的答题笔记。

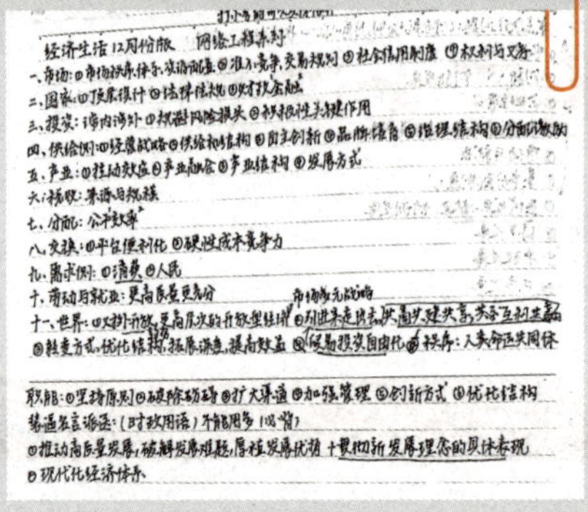

课本主线知识笔记示意图

左图就是我在高三上学期对课本主线知识概括的一个笔记，上面还标注了“12月版”，实际上我每隔一两个月就要归纳一遍。一方面是更新、改正有些知识，另一方面也起到了巩固基本知识的作用。

“基础—拔尖计划”：高考备考整体策略

在高三备考的过程中，明确的学习策略和复习计划是每位考生取得成功的关键。我的学习经验是实施“基础—拔尖计划”。所谓“基础—拔尖计划”，基础是前提，拔尖是重点，“基础”与“拔尖”可以贯穿整个一轮、二轮复习的过程。

1 基础复习，学会串联知识点

基础复习是整个备考过程中的基石，它要求我们对政治学科的基础知识进行全面而系统的梳理，主要抓教材。在这一阶段，背书是必不可少的环节，但背书并不等于盲目地记忆。背书时，我们可以采用分块记忆、思维导图等方法，将知识点串联起来，形成完整的知识链条。可以进一步将知识点分成以下模块和专题进行复习：

模块	专题
模块一 中国特色社会主义	（1）社会主义和中国 （2）中国特色社会主义与中国的发展
模块二 经济与社会	（1）生产资料所有制与经济体制 （2）经济发展与社会进步
模块三 政治与法治	（1）中国共产党的领导 （2）人民当家做主 （3）全面依法治国
模块四 哲学与文化	（1）探索世界与把握规律 （2）认识社会与价值选择 （3）文化传承与文化创新

续表

模块	专题
模块五 当代国际政治与经济	（1）国家与国际组织 （2）世界多极化与经济全球化
模块六 法律与生活	（1）民事权利与义务、社会争议解决 （2）家庭与婚姻、就业与创业
模块七 逻辑与思维	（1）科学思维和逻辑思维 （2）辩证思维和创新思维

2 拔尖突破，做到有效记笔记

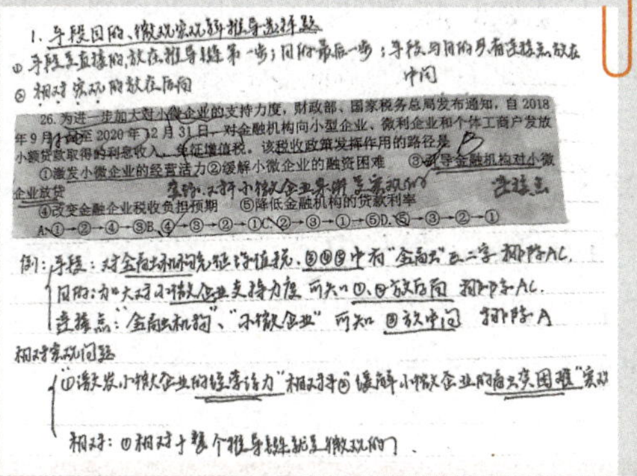

选择题做笔记的方法示意图

拔尖部分，需要“抓自己”，即针对自己的薄弱环节进行有针对性地强化训练。我知道，很多同学都喜欢记笔记，这是一个非常好的学习习惯。但是，我也发现有些同学在记笔记的过程中存在一些问题。他们可能会非常认真地记录每一个细节，但是却没有真正解决自己遇到的问题。

记笔记本身并不是目的，真正的目的是通过记笔记来帮助我们更好地理解和记忆知识。

无论是把老师所讲的一字一句记下来，还是说把错题一题一题地抄到本子上，那都只是第一步。“学而不思则罔”，记笔记最关键的是思考。面对课本上的知识，应该想一想怎么更好地记忆下来、运用下来，比如可以使用思维导图梳理课本知识。面对自己做错的题，不应该只是改一改对错，抄一下答案。关键在于分析自己错题的根本原因，以及是否能提出一种模式或路径去解决。

再以下面这道主观题为例，我提供一个自己常用的做笔记的方法，即可以将“思考笔记”和“错题笔记”结合在一起，构成“基础—拔尖”体系。用手工刀把错题和答题卡直接割下来，不用担心对卷子有损坏，或者损失了背面的题。高中的卷子太多，今天不看、不解决的问题，明天就要“吃灰”。也不需要把每道错题都弄下来，只针对典型题目就好了。

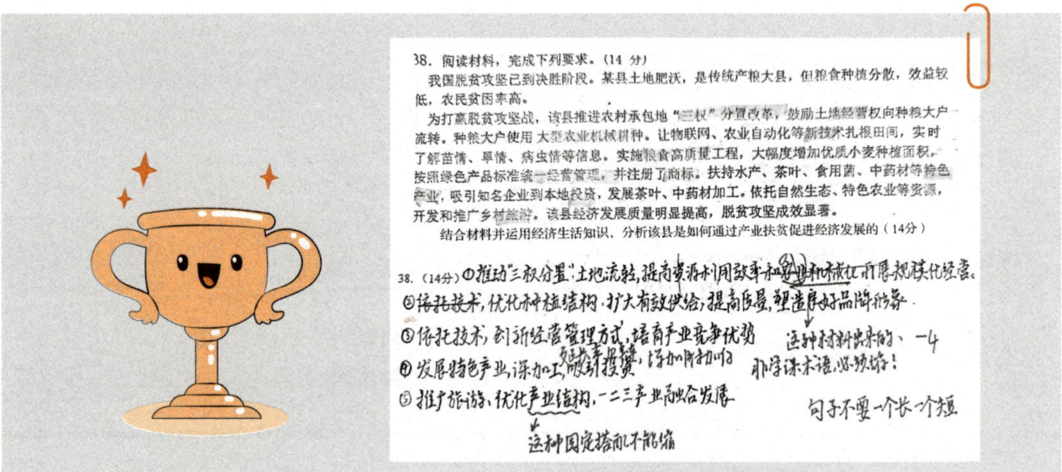
38. 阅读材料，完成下列要求。(14 分)

我国脱贫攻坚已到决胜阶段。某县土地肥沃，是传统产粮大县，但粮食种植分散，效益较低，农民贫困率高。

为打赢脱贫攻坚战，该县推进农村承包地“三权”分置改革，鼓励土地经营权向种粮大户流转。种粮大户使用大型农业机械耕种。让物联网、农业自动化等新技术扎根田间，实时了解苗情、旱情、病虫情等信息。实施粮食高质量工程，大幅度增加优质小麦种植面积，按照绿色产品标准统一经营管理，并注册了商标。扶持水产、茶叶、食用菌、中药材等特色产业，吸引知名企业到本地投资，发展茶叶、中药材加工。依托自然生态、特色农业等资源，开发和推广乡村旅游。该县经济发展质量明显提高，脱贫攻坚成效显著。

结合材料并运用经济生活知识，分析该县是如何通过产业扶贫促进经济发展的（14分）

38.（14分）①推动“三权分置”，土地流转，提高资源利用效率和农业机械化，开展规模化经营。
②依托技术，优化种植结构，扩大有效供给，提高质量，塑造良好品牌形象。
③依托技术，创新经营管理方式，培育产业竞争优势
④发展特色产业，深加工，吸引投资，增加附加值
⑤推广旅游，优化产业结构，一二三产业融合发展

主观题做笔记的方法示意图

之后，就要对答题卡和题目进行分析。包括答题的形式、关键词的使用等。比如在这道题中，我就意识到了这道主观题答案还不够美观，一个原因是对于材料抓得不够准确，导致概括的时候啰哩啰唆。还有一个就是需要增加一些关键词或推导链，如“延长产业链，增加附加值”。这样的关键词，也往往会被吸收到我的答题笔记中，完善自己的答题体系。

对于主观题，由一道题目举一反三思考其他方向的题目，比如“同模异角”“异模同角”“同材异型”等。主观题一般由三种因素影响：材料内容、限定的知识范围和题型。可以尝试一下转变其中一二个因素，自己是否能做得出来，这样，下次再遇到相似的题目、题材时，就会应对自如，答案也会更加的完美。

时事分析：培养政治思维的秘密武器

掌握基础知识和一定的答题技巧后，我们需要学会运用这些知识来分析政治事件和政策。这是政治学科学习的更高层次要求，也是提升成绩的关键所在。

提升时事分析能力，首先需要养成关注时事热点的习惯，了解国内外发生的重大政治事件和政策动态。这有助于我们积累分析素材，培养政治敏锐性和政治认同感。千万不要以为关注时事没有用，它可以帮助同学们减少读题时间，准确把握答题的切入点与方向，破除阅读障碍，也可以促进知识的及时更新。

当然只是走马观花看一看没有太大作用，更重要的是要提取时事、重要文件中的信息和关键词，深度建立时政逻辑，将其纳入自己的答题体系中。

最有效的方法是通过高三全年的试卷材料来积累时政素材。无论是模拟题还是月

考题，都能利用起来从多角度预测和解读热点。我习惯用专门的本子记录每个热点，结合答题技巧，特别是记录答题关键词。复习时翻阅，对提升政治学习能力大有裨益。这种方法既实用又高效，值得一试。

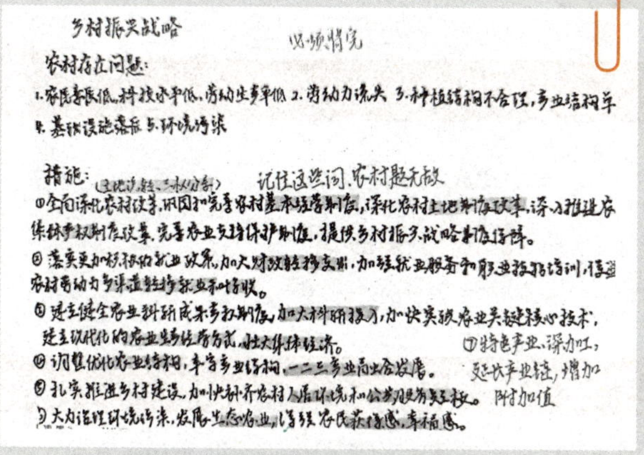

乡村振兴战略

农村存在问题：

1.农民素质低，科技水平低，劳动生产率低 2.劳动力流失 3.种植结构不合理，产业结构单 4.基础设施落后 5.环境污染

措施：（土地流转、三权分置） 记住这些词，农村题无敌

①全面深化农村改革，巩固和完善农村基本经营制度，深化农村土地制度改革，深入推进农村集体产权制度改革，完善农业支持保护制度，提供乡村振兴战略制度保障。

②落实更加积极的就业政策，加大财政转移支出，加强就业服务和职业技能培训，促进农村劳动力多渠道转移就业和增收。

③建立健全农业科研成果产权制度，加大科研投入，加快突破农业关键核心技术，建立现代化的农业生产经营方式，壮大集体经济。

④调整优化农业结构，丰富产业结构，一二三产业融合发展。

⑤扎实推进乡村建设，加快补齐农村人居环境和公共服务短板。

⑥大力治理环境污染，发展生态农业，增强农民获得感、幸福感。

⑦特色产业、深加工，延长产业链，增加附加值

时事热点笔记记录的方法示意图

比如对“乡村振兴”战略的时事笔记，我会从当时最新的时事文件、试卷时事材料、答题模板概括，力求一次概括，能解决大部分题目。但随着时间变化，有些词汇也会“过期”，这就需要自己持续关注最新的时事，更新自己的知识结构。

同频共振　课本知识点太多，内容比较分散，整理起来比较麻烦怎么办？

其实这种困扰我也有。市面上有不少总结课本内容的图书产品，不妨参考一些辅导书，再对照课本进行梳理，这样会方便许多。

方法速查

高三政治逆袭三大法宝

- **课本：政治学习的尽头**
  - “巧妇难为无米之炊”
- **提升时事分析能力**
  - 养成关注时事热点的习惯
  - 提取时事、重要文件中的信息和关键词
- **大策略问题——“基础”与“拔尖”**
  - 基础：学会串联知识点
  - 拔尖：
    - 记笔记最关键的是思考和记忆
    - 错题笔记上要有自己的分析

大题满分模板，关键词写作体系

政治不是只有死记硬背

上分攻略

分享者信息

名字：吴昆成

学校：华中师范大学

专业：政治学

提分关键词

大题专攻；答题模板；学科思维

三步走拿下大题

你以为政治仅仅是文字的堆砌吗？你有没有过答题时写满了卷面，得分却不高的经历？如果你正在疯狂点头，那一定不要错过这个超实用的方法——关键词写作体系，它能帮你轻松应对政治大题。我们以2023年全国高考政治（乙卷）第13题为例，来讲解具体用法。

【2023年·全国乙卷】13. 阅读材料，完成下列要求。（14分）

材料一　2012~2022年我国劳动年龄人口数量和城镇私营单位就业人员平均工资

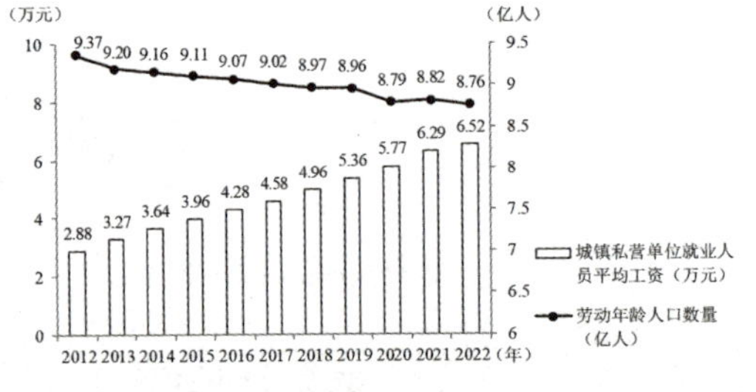

注：劳动年龄人口是指16岁～59岁的劳动适龄人口。

材料二

随着5G、人工智能、云计算等技术的快速发展，服务机器人越来越广泛地应用于商业、医疗、生产性服务等领域：迎宾机器人提供接待、咨询、引路、导览讲解、互动娱乐服务；医疗机器人提供导诊、远程诊疗服务；检修机器人检查电网、维护电路和电信设备，清洁机器人在粉尘环境下清扫施工现场……

（1）解读材料一反映的经济信息。（4分）

（2）有人说，广泛使用服务机器人，会引发失业潮，不利于就业稳定。结合材料一和材料二，运用经济知识对该观点加以评析。（10分）

1 沙中取金，提炼关键词

仔细阅读题目材料，从中提炼出与问题相关的关键词。这些关键词可能是材料中的核心概念、重要数据或关键事件。

材料一是图表题。对于这类材料，标题、图例、表头、线条趋势、面积占比等是需要重点关注的内容，因此我们可以提取出“劳动年龄人口数量”“城镇私营单位就业人员平均工资”两个重要信息，它们的走势分别是下降和上升。

材料二是文字题。对于这类材料，首句、末句、特殊标点等需要重点关注。这则材料里有一个冒号，冒号前面是对现象的总体描述，因此关键词就从这里面提取，即“技术发展”“服务机器人广泛应用”。

2 点石成金，转码关键词

结合课本知识，将上一步中的关键词转码为政治学科中的抽象概念或理论。

这一步是一个从现象到本质的逻辑推导过程。比如材料一，“劳动年龄人口数量呈下降趋势”是现象，本质是劳动力供给持续减少；“城镇私营单位就业人员平均工资逐年提高”是现象，本质是用工成本不断上升。

如果你转码时没有思路，可以多注意题干信息，通常题干就是一种“提示”，比如第（1）题的题干中，“经济信息”就提示我们只需回忆学过的经济板块的知识即可，再结合材料中的关键词“劳动人口”“就业人员”，很容易联想到市场、就业、劳动力等内容。

同理，结合材料二与第（2）题的题干可以总结出“就业竞争力”“就业技能”“劳动力供给结构”“劳动（生产）效率”等关键词。

3 合二为一，组合关键词

将转码后的关键词按照一定逻辑组合起来，形成一段完整、有逻辑的答案。注意保持答案的条理清晰，避免出现重复或遗漏。

首先要明确，评析类题目一定要从正反两方面来说，以体现我们的辩证思维。具体到上面第（2）题，题干中给出的观点是反面的，我们可以先肯定其正确之处，再用“但是”转折，然后重点分析正面的观点，即“使用机器人不影响人工就业”。

将已总结出的关键词放在左边，观点放在右边，我们只需思考中间该填什么就行了。例如：

思考模型	分析
劳动力供给减少（材料一）→?→使用机器人不影响就业	劳动力减少，意味着劳动力短缺，机器人正好可以弥补缺口
劳动力供给结构（材料二）→?→使用机器人不影响人工就业	人工的劳动力供给结构与机器人不冲突时，机器人不会影响就业，因此只要加强教育培训、引导劳动者提高自身技能就可以避免失业
劳动（生产）效率→?→使用机器人不影响人工就业	机器人使生产效率提高，创造出新的需求、新的产业，进而扩充就业岗位

不论正推还是倒推，只要能将前后串联起来就可以，是不是很简单？

方法速查

关键词写作体系

- 如何提炼关键词？—— 关注材料中的核心概念、重要数据或关键事件
- 如何转码关键词？—— 从现象到本质的推导；关注题干
- 如何组合关键词？—— 从正反两方面确定观点；将关键词往观点上推导，串联成句

985学长带你“毒打”高中物理

打好数学基础，带着脑子做题

上分攻略

分享者信息

名字：姚宁

学校：北京师范大学

专业：物理（公费师范）

学长学姐说：

一个有用的公式：$W=Pt$。把我们的物理成绩比作功 W，想提升成绩要做的就是提高学习效率 P 并增加投入时间 t。我们的一天只有24个小时，想学得比别人好，就要想办法提高效率！本文要做的就是带大家完成提高效率这一件事。

提分关键词

初高衔接；学科概述；学习方法

我们的一天只有24个小时
想学得比别人好就要想办法提高效率

高中物理和初中物理的不同

1 各模块之间不再独立，而是彼此关联

初中物理中的力、热、声、电、光各个模块似乎是彼此独立的，电学就只考电学，不沾力学的边儿。然而到了高中，各模块之间的关联性很强。

举个例子，2023年全国乙卷高考物理真题。

在 O 点处固定一个正点电荷，P 点在 O 点右上方。从 P 点由静止释放一个带负电的小球，小球仅在重力和该点电荷电场力作用下在竖直面内运动，其一段轨迹如图所示。M、N 是轨迹上的两点，$OP > OM$，$OM = ON$，则小球（ ）

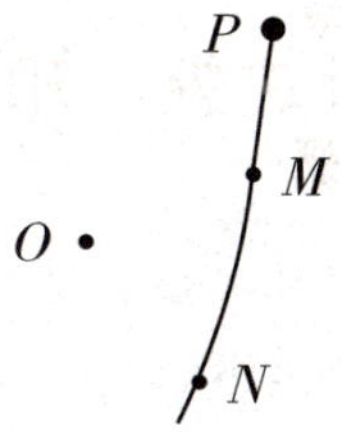

A. 在运动过程中，电势能先增加再减少

B. 在 P 点的电势能大于在 N 点的电势能

C. 在 M 点的机械能等于在 N 点的机械能

D. 从 M 点运动到 N 点的过程中，电场力始终不做功

这一题毫无疑问属于电学模块。和初中不同的是，解这道高中的电学题必须从力学入手，对点电荷做受力分析。说白了电场力和重力一样，也只是一种力而已。考虑到这一点，这题就变成了一道披着电学外衣的力学题。接着，我们运用功能关系（$W = Fx$）就可以轻松解出此题。

由此也可以看出，本题仅仅是作为高考中一道难度中等的电学题目，所用到的知识却横跨物理必修一（运动和力）、必修二（曲线运动、能量）、必修三（电场），其中最核心的仍然是必修一所培养出的物理观念——运动和相互作用观。可以说，整个高中物理，就是从各种新的角度去学习、运用牛顿第二定律而已。

2 不再简单直观，需要具备逻辑推导抽象模型的能力

初中时的受力分析只需要分析出物体受到的几个力、画出这些力即可，而到了高中，我们还需要用公式去计算这些力的大小、进行矢量合成与分解，并在脑海中“预演”物体运动的过程。

仍然以刚才这道2023年的高考题作为例子。高中物理的题目因较为复杂，总是存在着一条（甚至多条）逻辑链。本题的逻辑链如下：

①判断小球所受电场力方向→根据运动轨迹判断电势能的变化情况。

②注意到小球在竖直面内→根据运动轨迹判断重力势能的变化情况。

③总能量 = 机械能 + 电势能→根据能量守恒定律判断出 M 点、N 点机械能相等。

这三条逻辑链彼此关联，共同给出了解答本题的思路。实质上，这三条逻辑链可以进一步概括为一条：**分析运动和力→分析功能关系**。假如本题要求定量计算，那么可能还需要使用牛顿第二定律计算小球加速度。此时你会发现，这样梳理后，这道题确实还挺简单的——因为它的逻辑链并不长，只要能综合运用各模块知识，就很容易

解出来。对于大题或选择题的最后一题而言，逻辑链往往是比较长的，然而当我们一条条拆解出来，就会发现每步都只是像本题一样的简单分析而已。

3 除此之外，知识量和知识深度也有一定跃进

这几乎是必然的，而且也不局限于物理。升入高中，各科的知识量和深度都会有较大幅度的提升。这意味着我们必须提高学习效率，投入更多时间，同时合理分配给各科时间。

知识模块	初中物理	高中物理
力学	1. 认识力的概念（三要素） 2. 定性地了解重力、弹力、摩擦力等的产生和影响因素，一般不要求计算 3. 浮力要求计算，是初中物理的重难点 4. 对于多个力，只要求掌握同一直线上的二力平衡	1. 力的概念加深，是一种“矢量”，并且是改变物体运动状态的原因 2. 定量地对重力、弹力、摩擦力等进行计算 3. 浮力基本不考查，但是会学习万有引力等新的力 4. 对于多个力，要求掌握在平面内多个力的合成与分解
运动学	1. 知道参照物的概念，运动和静止是相对的 2. 速度的概念是路程除以时间，是标量 3. 用图像描述路程随时间及速度随时间的变化	1. 参照物改名为“参考系”，暗中强调建立坐标系去分析问题 2. 速度的概念是位移除以时间，是矢量。初中所学的速度等同于高中的速率 3. 对图像法的要求提高，要求从斜率、面积等角度理解图像 4. 运动学和力学通过牛顿第二定律建立起联系。牛顿第二定律是高中物理最核心的定律
功和能	1. 功的概念：$W=Fs$，同一直线上研究做功 2. 功率 $P=W/t$ 3. 定性地了解动能和重力势能及其影响因素 4. 动能和势能可以相互转化	1. 功的概念变为力和位移的标积（即数学中的数量积），力和位移可以不在同一直线上。 2. 定量地计算动能和重力势能。学习“动能定理” 3. 从能量守恒和机械能守恒的角度认识能量的相互转化，了解到功其实是能量转化的量度
电磁学	1. 知道两种电荷、摩擦起电等基本知识 2. 定性地了解了磁场和电流的磁场 3. 简单地定性了解了电磁铁和电动机的原理 4. 定性地了解了电磁感应现象和产生条件，简单了解了交流发电机	1. 从库仑定律、电荷守恒定律进一步认识电荷 2. 初中对磁场、电磁感应等的定性研究全部进化为定量，借助法拉第电磁感应定律等电磁学定律分析问题 3. 对感应电流的考查尤其细致深入，要求掌握其产生的条件及判断方向的方法，引入感应电动势的概念 4. 对于交变电流的研究更加深入，要求使用图像法进一步研究

学长带你“毒打”高中物理

看到这里，我想你已经基本明白了高中物理学的是什么，和初中物理有哪些不同。在此基础之上，我想给计划选物理类的同学们提醒一些注意事项，相信会对大家的整个高中物理学习大有裨益。

1 扎扎实实学好物理必修一

高一的物理好难，到了高二再学吧！

然而，物理必修一的重要性丝毫不给我们缓冲的时间。必修一的内容——运动和力（即经典力学）实在是太重要了。经典力学不仅是整个高中物理体系的核心，更是与运动和能量紧密相连的桥梁。你就想吧，物理必修二处处要用到必修一的知识（没开玩笑，就是处处要用到），物理必修三的带电体但凡会动（甚至有时都不需要动）也要用到必修一的知识，而选修的电磁感应、动量定理……就更不用提了。

如果你不会受力分析、没学透牛顿第二定律，就想在高二逆袭成为黑马？

不可能，绝对不可能！

2 学习时主动关联知识点

前文已经多次强调过，高中物理不同知识点间的关联性非常强，对综合运用知识的能力要求很高，要求我们具有所谓的“整体贯彻思想”。以物理必修一第一章所学的“加速度”概念为例，我们在第一章学习加速度时，必须将$\boldsymbol{a}=\frac{\Delta \boldsymbol{v}}{\Delta t}$和$\boldsymbol{v}=\frac{\Delta \boldsymbol{x}}{\Delta t}$联系起来，同时也要注意到这里面的$\boldsymbol{x}$、$\boldsymbol{v}$、$\boldsymbol{a}$都是矢量——这是刚上高中后，感受到的和初中物理最直观的不同，开始研究矢量了。而到了第二章，我们学习匀变速直线运动的规律，又是围绕“加速度”这一核心概念展开的。到此为止，我们需要意识到初中所学的匀速直线运动实质上是加速度$\boldsymbol{a}=0$的运动，从匀速直线运动到匀变速直线运动，是从一般到特殊的变化（聪明的你或许已经想到，从直线到曲线，也是从一般到特殊的变化。这是必修二要学习的内容）。研究匀变速直线运动的规律时，我们寄希望于找到主要研究的四个物理量$\boldsymbol{x}$、$\boldsymbol{v}$、$\boldsymbol{a}$、t之间的关系。这四个物理量之间组合，就形成了匀变速直线运动的各种基本公式。例如我们最熟悉、最基本的三个公式：

$\boldsymbol{x}$、$\boldsymbol{a}$、$\boldsymbol{v}$、t 组合 $\boldsymbol{x}=\boldsymbol{v}_0t+\frac{1}{2}\boldsymbol{a}t^2$

$\boldsymbol{v}$、$\boldsymbol{a}$、t 组合 $\boldsymbol{v}=\boldsymbol{v}_0+\boldsymbol{a}t$

$\boldsymbol{x}$、$\boldsymbol{v}$、$\boldsymbol{a}$ 组合 $\boldsymbol{v}^2-\boldsymbol{v}_0^2=2\boldsymbol{ax}$

注意到了吗？我这里将$\boldsymbol{x}$、$\boldsymbol{a}$、$\boldsymbol{v}$加粗，而t没有加粗，代表我们需要注意到公式中哪些量是标量，哪些量是矢量，避免做题时混淆方向而出错。

3 通过实验理解概念

高中物理中的确存在一些难以理解的概念。

例如“轻重物体下落得一样快”这一有悖于我们日常生活经验的结论。然而在学习了匀变速直线运动的规律后，我们意识到物体下落的速度快慢取决于其加速度。那么，为什么感觉轻重物体的加速度会不同呢？加速度难道是质量带来的吗？一公斤的棉花下落得的确没有一公斤的铁球快，这不就矛盾了吗。

因此，物理定律的得出不能完全依赖于观察，还应致力于实验、推理。排除了空气阻力这个变量，我们再进行实验就会惊奇地发现：无论是鸿毛，还是泰山，让它们同时开始下落，其速度都是一样快的。我们总把物理作为一个学科去学，作为一本习题册去刷，却常常不经意间忽略物理本身是对世间万物运转规律的解释，是用于改变世界的理论基础。

会做题从来不是衡量一个人是否学懂物理的标准。在生活中形成物理观念（物质观、能量观、运动和相互作用观），形成物理思维（模型建构、科学推理等），形成科学探究的意识（问题、证据、解释、交流）等等，才代表一个人真正学透学懂了物理。

4 做题时最重要的是将逻辑链捋清楚

有的同学会说，高中的物理题题干好长，一下子出现好多信息，脑子根本处理不过来，大脑的CPU都给干烧了；或者是就给个图和两行信息就让人解题，令人摸不着头脑，找不到突破口。这其实是因为我们解题时没有拆分知识点、建立“逻辑链”。

高中物理有其复杂性，逻辑链多而长，一下子把整个链条全看透往往是不可能的。所以需要我们一步一步地把知识点拆解出来，最终搭建形成整道题完整的逻辑链。绝大多数时候，找不到解题突破口就是因为我们捋不清逻辑链，对题目中的物理量和给出的等量关系敏感度、关注度不够。

仍以前文的高考题为例子。在开始捋逻辑链之前，我们得先对题目中的物理模型和等量关系足够敏感。本题涉及的物理模型是经典的点电荷和带电小球，研究带电小球在点电荷的电场中的运动。除此之外，出题人想给本题上点难度，于是把重力也引入了进来。任何学过物理必修一的同学都能意识到，无论是小球所受到的电场力，还是重力，本质上都是力，都是用来让小球产生加速度进而动起来的原因。

电场和重力场并没有什么本质区别，这儿有一个场，场里的物体要受力，就是这么简单的道理。学过物理必修二的能量之后，我们也就知道了场力对物体做功会使物体的能量减少（因为能量转化或转移了即能量守恒定律），电场力做功电势能就减少，重力做功重力势能就减少。

在此基础之上，请你回过头再去看一遍前文所概括出的本题的逻辑链，相信你会有新的认识。高中物理和初中物理相比，难点在于模型更多，题目中给出的有关等量关系的信息可能更隐晦，因而建议大家准备一个笔记本，来专门记录各种物理模型及其变式。

5 带着脑子做题 + 打好数学基础

物理需要刷题吗？当然要刷。

但是，对于物理这门学科来说，单纯地刷题远远难以达到深入理解和熟练应用的目的，带着思考和总结去做题，挖掘题目背后的物理规律和解题方法，才是让刷题生效的方法。

上文为什么反复提到了物理模型、逻辑链呢？我们可以把做出一道题拆解为这三步：

①分析出题目中有哪些物理模型和等量关系。

②借助公式一步步地捋出本题的逻辑链。

③正式开始计算解题。

物理的难点在于①和②，而不在于③。因此，所谓“带着脑子做题”就是有意识地去关注每道题的这三个步骤。把思考和解题区分开，清楚自己该怎么去思考，清楚自己在思考些什么。当做到了这一点，我们甚至可以尝试一种很新的刷题方法——不解题只捋思路。这会节省出我们大量的时间，便于去刷更多的题，从而和其他同学拉开差距。

你可以试着仍以2023年全国乙卷的这道高考题为例，将这三步拆分开来，从解构的视角再去看看这道题。当然，这种刷题方法对于刚上高一的同学来说有极高的要求，我们并不需要在此时就达到。咱们可以先知道这种方法，等到高二以后，并且物理能稳定在70分以上时，再来尝试这种“速刷法”。

而对于③呢？高中物理对数学的要求绝大多数是初中的知识，高中数学对高中物理的意义主要在于我们可以借助一些数学概念去理解物理，对物理概念产生更深层次的认识。

例如物理中的矢量其实就是数学中的“向量”（一般在高一下学期学习），在物理中我们对矢量知识的需要是远远低于数学对向量的要求，我们大可放心。

又例如前文提到的“必须将$\boldsymbol{a}=\frac{\Delta \boldsymbol{v}}{\Delta t}$和$\boldsymbol{v}=\frac{\Delta \boldsymbol{x}}{\Delta t}$联系起来”，当学了高二数学后，我们就发现，速度$\boldsymbol{v}$不过就是位移$\boldsymbol{x}$对时间$t$的一阶导数，加速度$\boldsymbol{a}$不过就是位移$\boldsymbol{x}$对时间$t$的二阶导数，仅此而已。从这个角度，我们可以尝试运用求导法则，从$\boldsymbol{x}=v_0t+\frac{1}{2}\boldsymbol{a}t^2$直接来推导出匀变速直线运动$\boldsymbol{v}$、$\boldsymbol{a}$各自等于什么。

物理学习的过程是艰辛的，但是我们只需要遵循合适的方法，走上一条正确的道路，接下来就只是简单地投入时间、一步一步沿着这条道路走下去罢了。

最后，作为一名物理专业的学长，也作为一名即将走上讲台的准高中物理老师，我衷心祝愿这些文字能够帮助到你，鼓舞到你。

方法速查

“毒打”高中物理

初高物理的不同
- 高中物理各模块之间的关联性非常强
- 高中物理对逻辑推导抽象模型的要求较高
- 高中物理的知识量和知识深度有一定跃进

怎么学高中物理
- 扎扎实实打好必修一的基础
- 学习时主动关联知识点
- 结合实验理解记忆知识点
- 做题时把逻辑链捋清楚
- 带着脑子做题

常见的物理学习“拦路虎”问答版

发现漏洞后，如何有效解决疑难？

上分攻略

分享者信息

名字：闫嘉喻

学校：陕西师范大学

专业：物理学

高考成绩：物理 106 分（满分 110）

提分关键词

转变学法；快速破题；查漏补缺

“物理物理，是为万物理论。”学好了物理，无论是空间尺度上小到夸克、大到宇宙，或是时间尺度上短至γ射线周期、长至宇宙的年龄，一切皆了然于心。作为一名高考物理106分（满分110）、十分热爱物理（现在学的是物理学专业）的学姐，我很想与大家分享一路上我对学习这门科目的小小心得。

高中物理的学习思路

Q：物理模考只考三四十分，高考物理还有希望吗?

A：当然有！但首先我们一定要摆正心态，拒绝盲目焦虑。我们应该把问题聚焦于“我有哪些知识点还没有掌握”“哪个模型还不熟悉”，而不是“我又只考了30分”或“我怎么什么也不会”。一旦把具体的问题笼统化，就会慢慢产生习得性无助的心理问题，这可是提分杀手。

Q：物理作为理科“大将”，是否只需要背公式、刷题，不需要整理笔记?

A：这是对物理学科的极大误会呀！若不整理笔记，那所有的物理公式只是“碎片化”地散落在你的大脑里，看到题目时，很难将需要的知识快速有效地提取出来。我们在刷题之后，一定要根据题型归纳错题，并总结易错点和解题方法，还可以将相关知识点和公式用不同颜色的笔写在一旁。之后也要时时回顾，巩固该知识点，这样才能慢慢做到灵活运用、触类旁通。

Q：做题时答案解析过于啰唆，能否按照自己的思路省略步骤列式计算?

A：答案解析上的某些步骤虽然看上去冗杂，但整体浏览下来，一定是一套完整的解题思路，若在自主学习时总是眼高手低，“看不上”一些所谓的基础步骤，那当自己实操时，就常会卡在某一步进行不下去。所以在借鉴答案解析时，要学会主动思考、理解完整思路。

Q：不喜欢向老师提问，自己钻研可以吗？

A：自己钻研问题固然是一个好习惯，但在高三面临时间紧张、学业压力重等问题的情况下，积极与老师沟通，让老师指点迷津，往往会起到拨云见日、柳暗花明的奇效。

如何快速破题落笔，冲刺高分？

在平时的学习中，我们或多或少会积累一些解题技法，但当拿到一道题目时，仍然会抓耳挠腮，费时费力还做不对。究竟该如何套用技法，快速破题呢？下面为大家举例：

1 电容器动态分析

许多同学在遇到电容器的动态分析时，只会机械地套用电容决定式，若题目变化一种说法或加入其他模型，就“大脑一片空白”了。其实，我们只要抓住关键词，例如当在题目中看到“电流流向”时，就要想到判断Q的变化。若电容器Q减小，则电源继续为电容器充电；若Q增大，则反向为电源充电，这样便能轻易判断电流流向。当看到“静电计”时，就要去判断并联电路U的变化，U增大则静电计张角变大,反之张角变小。当出现小球或油滴受力或运动的情况时，就要判断E如何变化，再根据$F=Eq$进行受力分析。再牢记“通路U不变，断路Q不变”，切记不要判断错情况，在起点犯错。

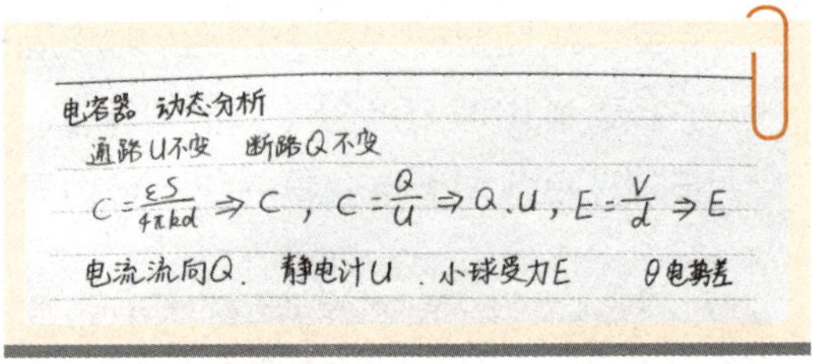
电容器 动态分析
通路U不变　断路Q不变
$C=\frac{\varepsilon S}{4\pi kd} \Rightarrow C$，$C=\frac{Q}{U} \Rightarrow Q.U$，$E=\frac{V}{d} \Rightarrow E$
电流流向Q．静电计U．小球受力E　θ电势差

2 交变电流“四值”

选择题有时会考查交变电流。而同学们常常会搞混交变电流的“四值”。我们究竟什么时候使用瞬时值、峰值、平均值、有效值呢？这里为大家做总结：当提到物体在交变电场中的受力情况时，我们要找到电流大小关于时间的函数,即使用瞬时值；当题目中提到“击穿电压”，也就是电压所能达到的最大值时，我们要寻找交变电流的峰值；当题目让我们求出q时，我们需要求出图像中波形与横轴所围成图形的面积与时间的比值，即电流平均值；最后一个也是考试中最常出现的题型，根据交变电流的有效值

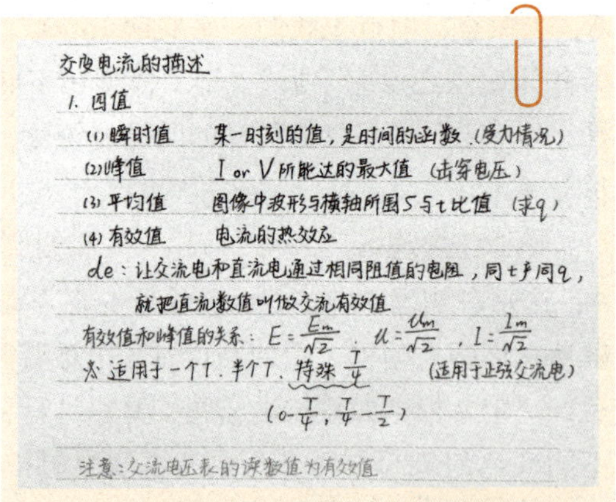
交变电流的描述
1. 四值
(1) 瞬时值　某一时刻的值，是时间的函数（受力情况）
(2) 峰值　I or V所能达的最大值（击穿电压）
(3) 平均值　图像中波形与横轴所围S与t比值（求q）
(4) 有效值　电流的热效应
de：让交流电和直流电通过相同阻值的电阻，同t产同q，
就把直流数值叫做交流有效值
有效值和峰值的关系：$E=\frac{E_m}{\sqrt{2}}$，$U=\frac{U_m}{\sqrt{2}}$，$I=\frac{I_m}{\sqrt{2}}$
※ 适用于一个T．半个T．特殊$\frac{T}{4}$　（适用于正弦交流电）
$(0-\frac{T}{4}, \frac{T}{4}-\frac{T}{2})$
注意：交流电压表的读数值为有效值

来求出电流的热效应——简而言之，我们的解题方法就是让交流电和直流电通过阻值相同的电阻，若它们在相同的时间内产生了同样的热效应，就把该直流电的数值叫作交流电的有效值。

3 电磁感应

至于更复杂的大题，我们以经常会出现在压轴位置的电磁感应大题举例。第一步，我们可以在简单读完题干后快速写下三个通用公式：$E=BLv$、$F_{安}=BIL$、$I=\dfrac{E}{R+r}$，通过这三个公式可以直接联立出$F_{安}=\dfrac{B^2L^2v}{R+r}$。我们就可以毫不费力地拿下公式分以及第一问的答案分。这时，就到了最关键的步骤：我们需要返回题干中去寻找独立关键词。所谓独立关键词，就是将问题中的物理量与题干中的相关物理量或提示信息取得联系。例如：当问到最大速度时，我们需要思考，在什么样的情况下，杆会在磁场中达到最大速度呢？其实很简单，也就是它的最终速度，即最后恒定不变的速度，只要列出杆所受到的安培力大小＋摩擦力大小＝拉力大小的受力分析式就能解出速度。当问到杆在运动过程中的产热时，我们只需要列出动能定理，等式左边写阻力做功与产热，等式右边写出动能变化量，这样便能将产热轻松算出。当问到通过杆的总电荷量时，我们需要快速反应出$q=\Delta\phi/(R+r)=BLx/(R+r)$，最后再注意串联不分配、并联要分配等细节问题，不要在最后时刻功亏一篑。这样，压轴大题的前两问就被我们拿下啦！

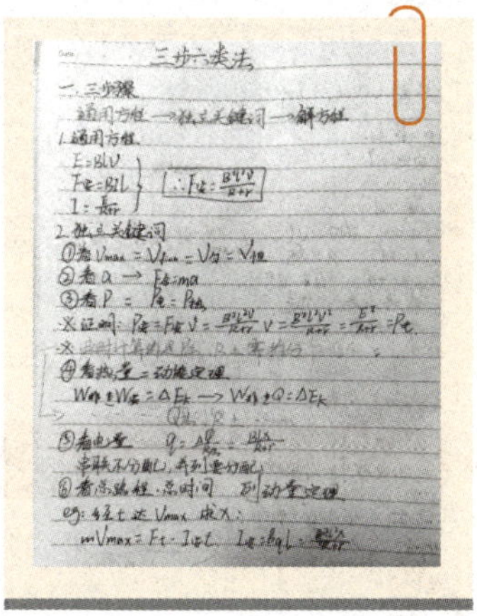

诸如此类的破题技巧还有很多，若想在考场上能够下笔如有神，还是要做到我们老生常谈的那句：抓准题干关键词，建立关键词与物理公式之间的联系。

祝愿大家如库仑力一般，$F=kQq/r^2$，距离目标越近，越能充满力量；愿大家像正点电荷的电场线一般，哪怕时有迷茫，也总能“走向远方”；愿大家像匀强电场一般，一路笔直、不弃不馁。无论结果如何，都请保持对物理的热爱与探索精神。在这门学科的深处，还隐藏着无尽的奥秘与智慧，等待着你们去发现、去创造。

方法速查

高中物理的刷题策略

学习思路

- 转变学法，切勿盲目刷题
- 地毯式扫描基础知识，掌握基本公式
- 按照题型分类整理错题
- 积极向老师和同学提问或寻求帮助

快速破题

- 找准关键词
- 回忆关键词可能对应的所有物理公式
- 根据所列关系式联立解题

改变刷题意识，应对“惯性”错题

为什么平时训练的正确率比考试时高那么多？

上分攻略

分享者信息

名字：周欣怡

学校：北京师范大学

专业：物理学

提分关键词

刷题策略；应试策略

改变刷题意识

1 三“刷”的区分

年龄增长、年级递增、学习科目变化，但“以不变应万变”的一直是刷题。可是，咱们细细想来，刷题真的是一成不变的吗？我想，答案一定是否定的。

阶段	复习	刷题
一轮复习	以章节为分界线，目的是复习遗忘的知识点，巩固基本功	章节刷
二轮复习	以知识模块进行复习，如力学模块的整体复习，目的是在增加知识熟练度的基础上，建立知识体系框架	广面刷
三轮复习	以考试为主，提升应试技巧，锤炼考试心理，熟练应用已学知识，发挥全部实力，将分数最大化	题型刷

将这“三刷”单独提出，是因为我们要有意识地去感受这个过程，才能更好地抓住复习的时时刻刻，有方向地查漏补缺。同时知道来时路，在面对未知时，才能更加

坚定。备考时，要明确刷题目的，不做“无头苍蝇”，提高复习效率；应试时，我们要一同坚定自信，相信自己。

2 做题者思维与出题者思维

作为学生，我们一直处于做题者的角色。但是咱们在拥有做题者思维的同时，也要发展自己的出题者思维。出题者出这道题的意义在何处？这道题的考点在哪里？经过这一番思考，可以降低我们“头脑简单”造成失分的概率。再者，近年来，物理题总是与实际应用联系紧密，力求创新，同时出现的一种现象就是题目变长，我们常常在结合现实情况解题时感到迷茫。这时出题者思维就可以“救吾于危难之间”，帮我们提高做题效率。这道题是在考查哪个模块的知识，力学还是电磁学？出这道题的考查目的在哪里，可能要运用哪些公式？慢慢理顺自己的思路，便会有豁然开朗的感觉。

3 拒绝盲目刷题

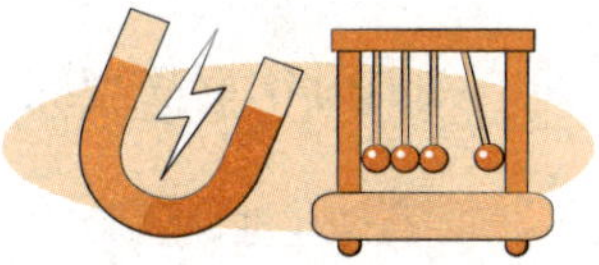

我们常常说“量变引起质变”，刷题需要量的积累，但也需要学会适当地停下脚步。不知道大家是否有过刷题不少，但成绩不见提升的状况？

问题 1：以为只要自己答案对了，这道题就一定会了

第一种情况：

以下题为例，有三种解题方法，答案相同。无论使用哪种方法，一定是要按照正确的方法解题才是真的会了。考试时间有限，方法错误耗时长，事倍功半，成绩的拔高自然很难。

一个小石块从空中 a 点自由落下，先后经过 b 点和 c 点，不计空气阻力。已知它经过 b 点时的速度为 v, 经过 c 点时的速度为 $3v$，则 ab 段为 ac 段位移之比为多少？

方法一：

$v_b = gt_1 = v \qquad v_c = gt_2 = 3v$

得 $t_1:t_2 = 1:3$

再由$h = \frac{1}{2}at^2$得 $h_1:h_2 = 1:9$

方法二：

由已知，小石块初速度为零，

故有，在 b 点，$v_b^2 = 2gh_1$

在 c 点，$v_c^2 = 2gh_2$

因为$v_b:v_c = 1:3$，所以$\frac{h_1}{h_2} = \frac{v_b^2}{v_c^2} = \frac{1}{9}$

方法三：

v-t 图像法

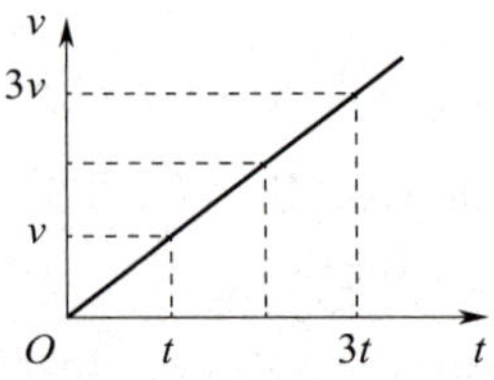

由图形和坐标轴围成的图形面积之比等于位移之比，分析得答案$h_1:h_2=1:9$

第二种情况：

我们的解题步骤和标准答案一模一样，过程与思路均无异，但仍然存在问题，这就是我们的答题标准出现问题。请注意，高考考的不仅仅是会不会，更是熟不熟。百米赛跑，比的不是是否能跑完，而是速度。对于想要考90分以上的同学们，我们要在做出题目的基础上，关注速度的提升，也就是提高我们的答题标准。

以2010年重庆理综真题为例：

月球与地球质量之比约为 1：80，有研究者认为月球与地球可视为一个由两质点构成的双星系统，它们都围绕月地连线上某点 O 做匀速圆周运动。据此观点，可知月球与地球绕 O 点运动的线速度大小之比约为多少？

对于此题，由已知信息可得月球与地球所受向心力大小相同：

$$F_1=F_2$$

且 $F=ma$，分析得

$$\frac{m_1}{m_2}=\frac{a_2}{a_1}=\frac{w^2r_2}{w^2r_1}=\frac{r_2}{r_1}=\frac{v_2}{v_1}$$

故线速度大小之比为 80：1。

但是若要提高我们的做题标准，我们需要把上述结论$\frac{m_1}{m_2}=\frac{a_2}{a_1}=\frac{w^2r_2}{w^2r_1}=\frac{r_2}{r_1}=\frac{v_2}{v_1}$记下来，提高我们做题的正确率与效率。如若每道基础题都需要从原始公式中推导，那么速度上不去，从哪里去提分呢？

问题2：以为这道题刷过了，就一定是掌握了

刷题的目的是从做会到做熟，刷题的标准是真正掌握方法。如果刷题的标准低、方法差，刷题后成绩自然提不上来。

对于我们物理有较好基础但是成绩却提不上来的同学，刷题不是把题目由不会刷到会，而是由会刷到熟，能够有充足的自信去面对它的变式是我们的任务，这一定是需要我们明确的。不要把看完、刷完某本教辅当成目的，教辅是刷题的工具而不是目的。

4 应对“惯性”错题

我们在做错的题目上会有一种“惯性”，回顾错误的类型，总会有“历史总是惊人的相似”的感觉。面对这种挫败感该如何应对呢？我们可以进行考试分析。找出最近至少5套物理考试试卷，客观分析每个题目的丢分原因。比如说第九题错了，错在功能关系中的做功求错了；第十题错了，错在圆周运动受力分析少算了一个力；第十一题错了，错在平抛问题没有解决思路。最后，对5套试卷进行综合分析，找出常丢分的版块和丢分的原因，并制订适合自己的解决方案。此时可以向老师和同学寻求帮助。

应试策略的提升

1 做题顺序的安排

考试与平时做题的一个重要区别就是考试有时间限制，而平时做题的时间较宽裕。由于物理学科本身难度就比较大，在有限的时间内稳定发挥出自己的实力也是我们的必修课。咱们如何应对呢？估算自身做每种类型题目的时间，做到心中有数，并且安排“因己适宜”的做题顺序。对于有些实行理科综合形式考试的省份，学生就要综合考虑生物和化学的答题时间和答题顺序。理综的做题顺序，我建议可以在小考中尝试不同的做题顺序，摸索最高效的方式，找到做题的手感与节奏感。

2 “三遍做”策略

一张试卷有难题也有简单题。那么我们可不可以分层次地去解题呢？我向大家推荐一个“三遍做”策略，一做思路简单、运算简单的题目；二做思路简单、运算复杂的题目；三做思路复杂、把握较小的题目。这也是为了我们能够充分运用时间，保证每道题目都能分配到合理的时间，避免造成在个别题目上花费过多时间后考试时间结束但是留下会做题目来不及写的缺憾，稳定我们做题的节奏感，以此达到不失可惜分、争夺难度分的目的。

方法速查

高中物理的刷题策略

刷题意识的改变
- 三“刷”：章节刷、广面刷、题型刷
- 培养出题者思维
- 拒绝盲目刷题
- 应对“惯性”错题的方法：分析试卷，找出常丢分的板块和原因

应试策略的提升
- 合理安排做题顺序
- “三遍做”策略

将复杂的问题简单化，治好了我的物理内耗

巧用物理学科思维解题

上分攻略

分享者信息

名字：Recover

学校：北京科技大学

专业：物理学

提分关键词

模型建构；逻辑推理

打开思路，你能撬起整个地球

物理学科的核心思维是“模型建构”和“逻辑推理”。

模型建构：通过刷题寻找、归纳、记忆各种模型，通过练习从复杂的题目中提取出简单的模型。

逻辑推理：通过已知的量去求出未知的量，公式和一些等量关系就是我们掌握的逻辑推理工具。

1 等效法

在物理问题中，一个过程的发展往往是由多个因素决定的，若其中某一因素起的作用和另一因素作用相同，就可以在简化题目的前提下进行等效替换。等效思维的实质是在效果相同的情况下，将复杂问题简单化。

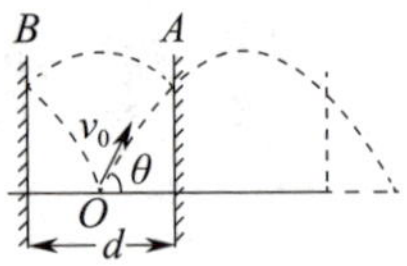

如图所示，水平面上有两个竖直的光滑墙壁 A 和 B，相距为 d，一个小球以初速度 $\boldsymbol{v}_0$ 从两墙之间的 O 点斜向上抛出，与 A 和 B 各发生一次弹性碰撞后，正好落回抛出点，求小球的抛射角 θ。

将弹性小球在两墙壁之间的运动等效为一个完整的斜抛运动，这就是运动过程的等效。

由题意得 $2d=v_0\cos\theta\cdot t=v_0\cos\theta\cdot\dfrac{2v_0\sin\theta}{g}$，易求得 $\theta=\dfrac{1}{2}\arcsin\dfrac{2gd}{v_0^{\ 2}}$

2 极端法

这种解题技巧其实蕴含的是极限的思想。

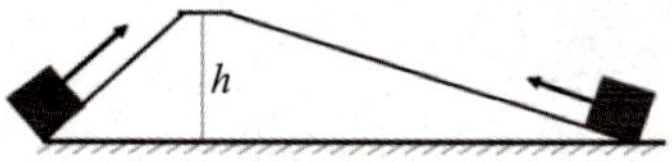

如图，某人将质量为 m 的同一木块分别沿粗糙程度相同但坡度不同的斜面底端拉到顶端，他两次所做的功分别为 $W_{左}$、$W_{右}$，试比较 $W_{左}$、$W_{右}$ 的大小。

常规的做法是推导出 $W=\mu mg\dfrac{1}{\tan\theta}h+mgh$ 发现 W 和 θ 成负相关。对于本题，并没有规定的取值，则可以在定义域 $(0,\ \frac{\pi}{2})$ 内任意取值，取边界值会让本题更简单，即左边看作近乎竖直的面，右边看作近乎水平的面，这样经过简单的思考我们就能知道 W 的值左边大于右边。一般极端法可以用在比较某几个物理量大小的题目中，这类题目因为不用精确计算，可以使用极端法来节约时间，化繁为简。

3 逆向法

逆向思维一般可以分为解题程序上的逆向思维、因果关系上的逆向思维、迁移规律上的逆向思维等，其本质上是某些物理量具有时间反演对称性。逆向思维在运动学分析中起着重要作用，比如给你一个 v–t 图像，求图上某一点的坐标，不管是从头开始走，还是从末尾开始走，走到这个点时，它的横纵坐标是没有改变的。

一颗水平飞行的子弹，恰好能依次穿过三块并列的固定竖直放置的木块。假设子弹在木块中所受阻力恒定，子弹穿越每块木块的时间都相等，不计子弹在两板之间的飞行时间，则三块木块的厚度之比为多少?

分析运动过程，子弹穿过木板的过程中所受阻力恒定，飞行方向上所受的合外力恒定，即加速度恒定。如果正向分析，过程可能有点复杂，但是换个思维方式，选择逆向思维，子弹的运动就变为初速度为零的匀加速直线运动，我们只要算出子弹在第一个 t 内，第二个 t 内，第三个 t 内的位移之比，这就很明显变得特别简单，即 $x_3=\dfrac{1}{2}at_1^2$，$x_2=\dfrac{1}{2}a(2t_1)^2-x_3$，$x_1=\dfrac{1}{2}a(3t_1)^2-x_3-x_2$。

容易得到比值为5∶3∶1。

4 虚设法

虚设法可以帮助我们将抽象问题具体化，一般分为两种，即虚设研究对象和虚设物理条件。

一个装水的方形容器，当容器向右做加速度为 $\boldsymbol{a}$ 的匀加速直线运动时，容器内水面与水平面的夹角为多少？

容器向右做加速运动，容器内的水向左倾斜，此时页面相当于一个倾角为 θ 的斜面，这样可以在斜面上虚设一个质量为m的小水滴，以此为研究对象做分析，水平方向和竖直方向分别列式子：

$$N\sin\theta=ma,\ N\cos\theta=mg$$

联立可得$\tan\theta=\dfrac{a}{g}$，$\theta=\arctan\dfrac{a}{g}$。

5 图像法

实际练习中我们会发现，大多数题目都是某个模型随着时间变化而得，这一过程可以用数学函数的思想表现出来，大家在学习数学时肯定听老师讲过数形结合，将数学中的函数与图像结合在一起，其实在物理中也是同样道理，遇到复杂图像题目，尝试找出因变量和自变量各自的含义（x、y）以及把他们连接起来的关系$f(x)$，这个f常常以物理公式的形式体现，或者经过计算变换可以变成我们熟悉的公式，这个思维在解决运动学、电路问题时能起到事半功倍的神奇效果。

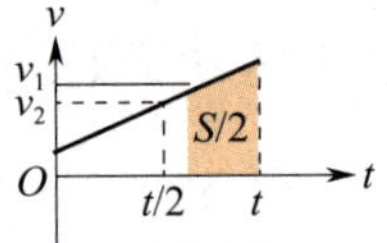

匀加速

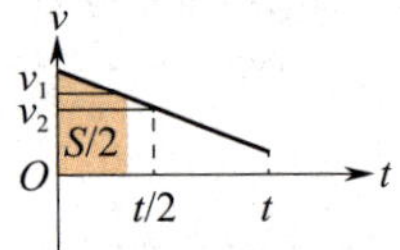

匀减速

物体沿一直线运动，在 t 时间内通过的路程为 S，它在中间位置 $\dfrac{S}{2}$处的速度为 v_1，它在中间时刻$\dfrac{t}{2}$处的速度为 v_2，则 v_1、v_2 的关系为：

A. 当物体做匀加速直线运动时，$v_1>v_2$

B. 当物体做匀减速直线运动时，$v_1>v_2$

C. 当物体做匀速直线运动时，$v_1=v_2$

D. 当物体做匀减速直线运动时，$v_1<v_2$

这一题就是速度随着时间变化的函数图像，我们已知v–t图像中图线与t轴所围图形的面积代表着位移，这样速度、时间、位移，三个在题目中出现的量就都可以在一个图中体现出来，画图可以帮助我们比较容易地选出正确答案为ABC。

方法速查

物理学科核心思维

模型构建，逻辑推理

- 等效法：效果相同的情况下做等效替换
- 极端法：比较大小的题目中，不需要精确计算时使用
- 逆向法：解题程序上的；因果关系上的；迁移规律上的
- 虚设法：虚设研究对象；虚设物理条件
- 图像法：借用数学函数图像，做到数形结合

升入高中，你还在把化学当英语背吗？

想学好高中化学需要做哪些准备？

上分攻略

分享者信息

名字：花椒炒海盐

学校：北京师范大学

专业：化学

学长学姐说：

我是一名大四化学专业在读学生兼实验室试管清洗工，并且即将成为太阳底下最光辉的工作者——人民教师。在这个人生重要的转折点上，我想结合自己学生时代学习化学的心路历程和作为一名准高中教师对化学的认识，和大家谈一谈高中化学。

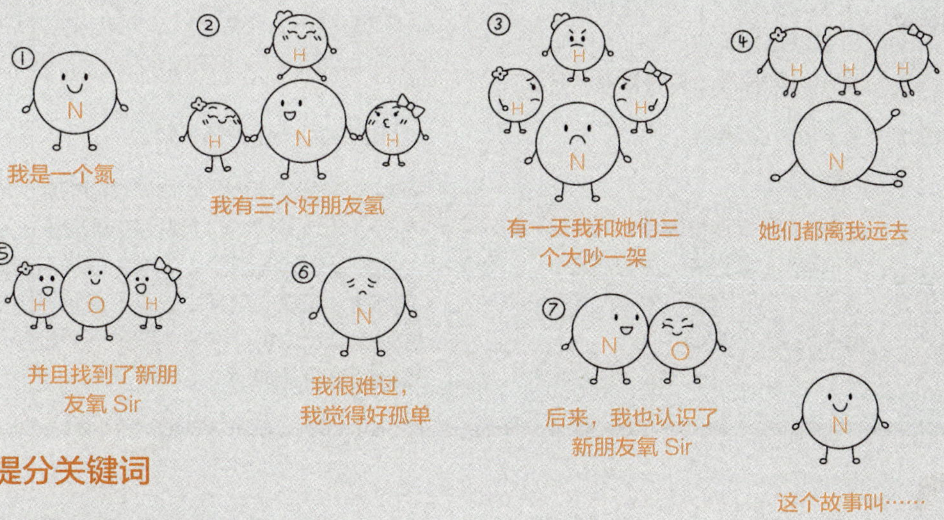

提分关键词

初高衔接；学科与选科；基础提分

化而生万物，学以致无穷。化学不仅是烧杯、试管之间的交响乐，也不仅是红、橙、黄、绿、青、蓝、紫之间的变戏法。作为一门自然科学，化学有着独特的美与力量；作为可创造新物质的实验科学，化学也闪耀着神奇的光芒。

初中化学学得好，高中化学就一定学得好吗？

有些同学在初中的时候化学成绩名列前茅，到了高中却傻了眼，这是因为初中化学和高中化学有天壤之别！

1 知识有什么不同：更多、更深、更难

	初中化学	高中化学
学科目标	启蒙教学，只要求学生掌握简单的化学知识、基本化学实验技能、简单化学计算及化学在生活、生产及国防中的某些应用	提高学生的科学素养，培养学生解决化学问题的能力，增进学生对化学的理解，引导学生对科学知识的理解逐渐向系统化、理论化靠近
知识层次	“知其然”	不但要“知其然”，而且要“知其所以然”，应用所学知识解决具体问题，并要在实际应用中有所创新
知识体量	初中化学共两本书，三大模块： ①化学实验及常用化学计量 ②基本化学反应 ③常见的金属、非金属及其化合物	高中化学有五册核心课本，六大知识板块： ①工具化学 ②社会化学 ③结构化学 ④原理化学 ⑤有机化学 ⑥实验化学
学科思维	是什么→怎么做	是什么→为什么→怎么做
考查方向	考试题型以概念考查、实验现象表述和简单计算为主，对学生的自主思考需求较少，学生只要背、记、掌握简单的定量计算即可	解释与原理相结合，对物质性质探究，考试内容以宏观现象与微观反应原理分析和实验现象猜想的考查为主，学生在学习时以记忆为辅，理解应用为主，需要具备一定的信息处理以及分析、推理、归纳、多视角思考和全面整合的能力

2 考法有什么不同：出题人的“小心机”

高中化学考法上的“字眼”是一大陷阱。

示例1：元素推断题的某选项，“氢化物沸点：Z>N>Y（Z为N元素、N为Cl元素、Y为C元素）”。

解释：大部分同学想当然地默认为最简单气态氢化物的沸点，对应的沸点：$NH_3>HCl>CH_4$，没有任何毛病，马上判断该选项是正确的，跳入了“氢化物而非最简单气态氢化物”的坑，忽略了碳元素形成的氢化物可以是气态烃、液态烃、固态烃，液态烃、固态烃的沸点均高于能形成分子间氢键的氨气。

示例2：某离子共存的题，题目问“下列各组离子在指定溶液中可能大量共存的是：D. 加入铝粉会产生 H_2 的溶液中：Cu^{2+}、Mg^{2+}、NO_3^-、Cl^-”。

解释：加入铝粉会产生H_2的溶液可能呈酸性也可能呈碱性，碱性条件下，Cu^{2+}、Mg^{2+}不能在该溶液中存在，但是酸性条件下，选项中四种离子均可以大量存在。所以说，选项中四种离子在该指定溶液中是可能大量共存的。这个时候，同学们就得认真分辨题目中所说“可能大量共存”“一定大量共存”和“一定不能共存”了。

另外特别强调一点，与物理的普适性不同，化学大多数有个例。而且在高中的学习中，我们会发现初中化学的某个规律是不完善的；等到了大学，往往会发现高中化学的某个规律是不完善的，所以知识点有出入是正常的。随着学习的深入，你会发现化学越来越多的玄妙与无穷探究之处。

想学好高中化学，需要做哪些准备？

1 初三结束的暑假：全方位认识化学

第一步：回顾与总结，绝不放过一个学过的知识。

①熟记并默写元素周期表中前20号元素的名称和符号及原子结构示意图，查资料总结元素与人体健康的关系。

②熟记并默写酸、碱、盐的溶解性口诀，总结酸、碱、盐之间的化学反应，并举例写出化学方程式。

③总结初中学习过的化学计算方法，如守恒法、差量法等，并进行练习。

④复习初中课本上化学基本实验操作。

第二步：预习人教版《化学·必修（第一册）》，预习十分钟胜过复习半小时。

①第一章第一节“物质的分类及转化”总结物质类别间发生的反应。

②第一章第二节“离子反应”和第三节“氧化还原反应”是贯穿整个高中化学的学科工具。

③第二章第三节“物质的量”中的概念相对抽象，可以借助教辅或者其他学习

资料重点了解两组公式：物质的量、粒子数目、阿伏伽德罗常数之间的关系；物质的量、质量、摩尔质量之间的关系。

在阅读的基础上，尽量完成教材中相关的练习，记下疑难问题，初步体会高中教材呈现方式、学习内容和学习方式。

第三步：借助短视频等工具，多角度、全方位认识、了解化学。

短视频时代，浏览一些趣味化学实验或者化学小魔术，可以进一步激发对于化学学科的学习兴趣。

①最简单、最直接的学习方法是读书，通过阅读化学相关的趣味书目，了解化学元素和化学学科的发展历程，以便能更好地探索化学世界的发现过程。

②注意观察食物的配料表，体会化学与生活的息息相关，培养学习化学的乐趣。

③同学们可以自己动手参与进来感受化学之美，尝试用家庭中的物品进行小实验、小魔术，例如自制原电池、自制鸡尾酒等。

2 高一阶段：养成高中生的学习习惯和学科思维

上课前：主动预习，做到“有备而听”

在学习的时候不能省去主动学习这个环节，在上课之前，通读课本，圈画重点，梳理思维导图，做好课前准备。

课堂上：针对性理解，全面巩固

课上要跟随老师的节奏。很可能开一个小差的功夫，便错过了老师讲授的新知识点。既然我们已经做到了“有备而听”，那么在课堂上就可以针对性地理解学习，并全面地记忆巩固。

课后：做到“日清”，高效运用笔记

高中化学的学科特点是知识点“碎、散、多、繁、难”，这时，“日清”的重要性便显现出来了。及时巩固复习当天学习内容，不堆积困惑的知识点和错题，有效做到知识“日清”，高效学习。

建议同学们在高一开始的时候准备一个能使用三年的化学笔记本。笔记本最好是专用的，不要既写错题又记笔记，否则对于知识点的梳理和回顾是极其不利的。同样需要注意的是，笔记本的每一页上不要记太满，中国美学讲究留白，而化学笔记本的留白则是为了可以不断补充、完善知识点。

在化学学习中，我们会发现，有些知识点是在做题的过程中获取到的，那么这些内容也可以记在我们的笔记本上。

在学习完一个章节的内容之后，建议同学们构建自己的思维框架，寻找知识的内在联系，这个过程可以参考教辅书中思维导图的搭建，但是全盘地摘抄是没有任何意义的，只有总结自己的思考结果，才能有切实的收获。

当然，这个笔记本我们一定不要丢失，为了避免丢失，建议同学们在学期结束之后将笔记本拍照留存。

化学的学习，不仅始于初三，贯穿高中三年，更是延伸至我们生活的方方面面，点点滴滴。从数十万年前北京猿人生活过的地方发现了经火烧过的动物骨骼化石，便开始孕育了化学学科。数十万年间，钻木取火、烧制陶器、冶炼青铜，化学技术的应用极大地促进了人类社会生产力的发展。几千年前，中国人和古埃及人开始使用粮食发酵酿酒，开启了数千年的酒文化；公元前300年，炼丹修仙、点石成金的探索与化学也密切相关；18世纪，近代化学之父拉瓦锡推翻了燃素理论，奠定了近代化学的基础，自此化学便从人类的衣食住行中显现出来了。化学学科和生命的生存发展有着密不可分的联系，我国化学化工产业产值占GDP的较大比例。对于正值青春年华的高中生来说，要认识化学，走进化学，感受化学，在掌握高中化学知识的基础上，佐以科学的学习方法、良好的学习习惯以及最重要的——对化学学科坚持不懈的学习态度和久久为功的坚持是最正确的选择。

同频共振 高中化学 Q&A

Q 有些高中化学知识必须得死记硬背?

在中学阶段，化学学科需要记忆的内容的确很多，但并不意味着化学学科知识必须死记硬背。 A

学生通过自己的归纳梳理将知识内化，比如制取气体的三种装置及对应制取的气体。 B

通过科学的理解或形象化的理解掌握相关知识。例如干馏是固体或有机物在隔绝空气条件下加热分解的反应过程，干馏的操作（或加工）过程需要两个条件：隔绝空气、加强热。也可形象地理解为“馏”是一种烹调方法，往往指高温爆蒸，隔绝空气的“馏”称为“干馏”。 C

方法速查

想学好高中化学需要做哪些准备？

初三结束的暑假：熟悉高中化学教材，全方位认识化学

- **第一步：**回顾初三化学知识，总结已有知识
- **第二步：**预习高一化学新教材，通读新课改人教版《化学·必修（第一册）》
- **第三步：**借助短视频等工具，多角度、全方位认识、了解化学

高一阶段：养成良好的学习习惯和学科思维

- **上课前：**主动预习，做到“有备而听”
- **课堂上：**有针对性地记忆理解，全面巩固
- **课后：**做到“日清”，高效运用笔记

越努力越难提分？瓶颈期破局计划

精准规避高三提分路上的绊脚石

上分攻略

分享者信息

名字：王一诺

学校：北京师范大学

专业：化学（公费师范）

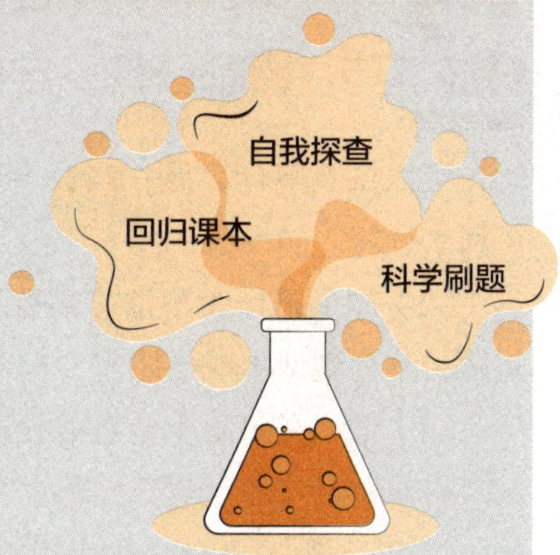

提分关键词

自我探查；回归课本；科学刷题

不知道你有没有这样的困惑：**高一、高二时化学常考 80+，有时甚至考 85+，升到高三，明明没有学习新知识、新内容了，并且你认真听课、认真做作业，化学成绩却很难再上 80 分，**这是为什么呢？

或许可以用我们很熟悉的一个词来进行解释：瓶颈期。高一、高二时常考 80+，说明我们很认真地学习化学，也具备一定的基础，但我们是人而不是神，人的记忆是会遗忘的。艾宾浩斯曾提出遗忘曲线模型，如果我们不勤加复习或者运用，在学完新知识一个月后可能就只剩大约 20% 的相关记忆了。

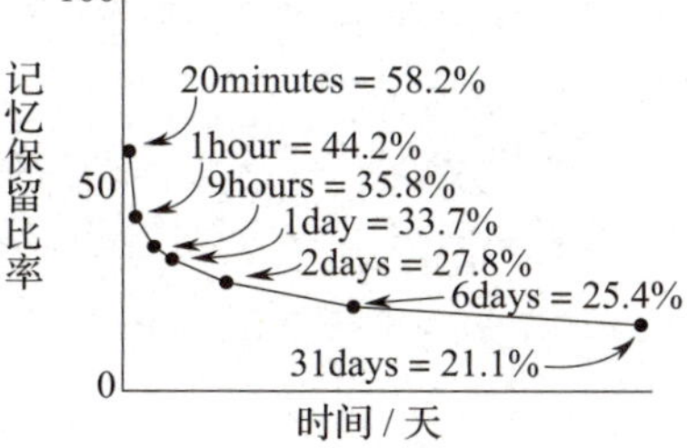

那我们该如何破局呢？

自我探查：我最可能在哪儿翻车

1 对号入座：错题勘察，锁定错误

自我探查最好的方法就是分析每次考试的错题。可以结合答案解析，分析到底是计算失误，还是概念不清，又或者是对陌生信息的处理能力不够？锁定错误原因之后，才能对症下药。

2 对症下药：逐题分析，定向突破

（1）如果是计算失误，除了针对性地训练计算能力，还要学会合理分配做题时间，学会取舍。当试卷整体偏简单时，可以认真解计算题；当试卷题量较大，又没有把握做对时，不如先做完后面的题再回来计算。

（2）如果是概念不清，需要根据题目考查点找到对应概念，在课本上做标注，或将题目整理到课本或错题本专门的位置，并时常回顾这部分知识，加深记忆。

（3）如果是对陌生信息的处理能力不够，又该如何处理呢？

（2023·湖北卷第10题）我国科学家设计如图所示的电解池，实现了海水直接制备氢气技术的绿色化。该装置工作时阳极无Cl_2生成且KOH溶液的浓度不变，电解生成氢气的速率为x mol·h⁻¹。下列说法错误的是：（　）

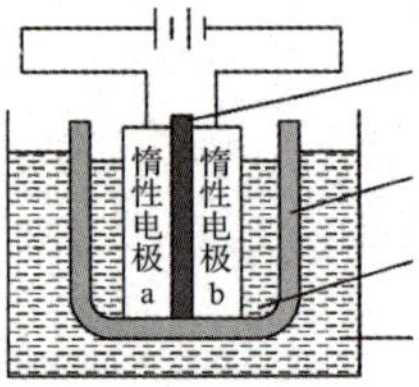

A. b电极反应式为$2H_2O + 2e^- = H_2\uparrow + 2OH^-$

B. 离子交换膜为阴离子交换膜

C. 电解时海水中动能高的水分子可穿过PTFE膜

D. 海水为电解池补水的速率为$2x$ mol·h^{-1}

电化学部分是最容易结合科技发展、生产生活信息出题的模块，加上题目中采用一些字母代替我们常用的数字或者出现一些我们从没见过的名词，很容易就把我们唬到，让我们自乱阵脚，不知如何分析。

面对这种情况，大家一定要放平心态，电化学部分的知识是有限的，目前考试问题的落脚点仍主要是在电极的判断、两极发生的反应情况和电解液成分的参与情况等问题上，只要我们按步骤对题目进行分析，陌生信息题也能迎刃而解。

第一步	第二步	第三步	第四步
判断正负/阴阳极	判断两极发生的反应	注意陷阱	手动计算

结合这道题目，我们也可以总结出解答信息类题目的方法

第一步	不要慌，信息题并不可怕	信息题不一定是难题，我们要相信自己完全可以结合已掌握的化学知识和方法，利用新信息，通过一系列思维活动进行解答
第二步	深入想，透过现象看本质	不论什么样的信息题都无法脱离我们所学的基础知识，信息只是基础知识的一个背景。我们要在所给信息的引导下，透过现象看本质（信息题到底是和哪部分知识结合），才能做到有的放矢，有法可循
第三步	仔细审，不放过每一个信息	仔细审题，对信息进行筛选，提取有价值的重要信息，并挖掘出题目中隐蔽性较强的新信息，保证信息的全面性；同时我们要搞清给出的新信息的实质，排除干扰信息，为正确解答创造条件

回归课本：把书读厚，再把书读薄

想进一步提升成绩，回归课本必不可少。所谓回归，一定是从课本中来，再回到课本中去的过程。回归课本是要我们追根溯源，回归到课本中的概念，也就是理解定义、性质、公式等。

回归课本要求我们先将书读厚，再将书读薄：①在一轮复习时，我们会对所学知识进行系统的、专题式的复习，在做相关题目时我们可以将题干或者选项中的考点标注出来，注重考查课本中的概念，将课本中的知识进行综合运用，通过输出看到自己的输入，书就读厚了。②而经过一段时间的训练，你会发现部分题目大同小异，可以归纳为某个类型，找到这个类型的核心是考查课本上的哪个知识点，通过理解课本的定义、性质、公式后，去题目中应用、理解、总结、升华，在这个过程中课本自然也就读薄了。

科学刷题：走出刷题误区

刷题是我们打怪升级，成功考取化学90+路上的重要一环，但是如果盲目刷题而没有掌握方法，只会导致我们又疲惫又得不到提升，久而久之甚至会怀疑自己是不是真的考不到高分。那我们如何走出刷题误区，进行科学刷题呢？

首先，要明确我们为什么要刷题。刷题自然是为了提升成绩，那你有没有想过，阻碍自己提升的关键是什么呢？是做题速度不够快，规定时间内做不完卷子？是觉得自己每一模块学得都还可以，但答题不规范，每一模块扣一些分就上不了90分了？还是做题往往依赖提示信息，自己做思路不明确，一看答案提示就会了？针对不同的问题，我们自然要采取不同的措施。

1 速度不够

主要原因：基础不够扎实

应对方案：对于自己的薄弱版块可以进行专题训练

第一步：我们要针对自己知识的薄弱区，先练习巩固。

第二步：按照题目难度练题，看看自己在哪个难度的题目正确率上不去了，准确了解自己目前的水平，进行针对性突破。

第三步：对这部分内容进行归纳总结，将考试的内容内化，真正转化为自己的东西。

前两步比较好理解，第三步较为抽象，我们以高考的“常客”——工艺流程题为例进行分析：通过做题可以发现，工艺流程题大多换汤不换药，我们可以总结出工艺流程题的基本步骤：

原料的预处理 → 除杂 → 转化 → 分离 → 粗产品 → 提纯 → 产品

在总结出模型后我们可以进一步将模型细化，例如这些流程中经常会进行哪些操作，常规操作的目的是什么？掌握核心操作后，结合实际题目中的物质变化，一道工艺流程题就解决了。同样的，无机和有机化学实验也可以总结出一套常见的操作步骤。

另外，为了提高做题速度，我们日常还可以采取定时训练的方式，每两天定时做一套题型结构和考试类似的卷子，有意识地提升做题速度，做完认真批改、纠错思考。

2 答题准确度不够

主要原因：答题不够规范严谨

应对方案：熟悉答题模板

例如离子的检验、工艺流程中的一些操作、原因及目的，作为固定的知识点，我们是有专门的化学术语进行表述的，不能采用大白话。这一点我们可以通过背诵答题模块，做题时有意识规范术语进行训练。

3 独立度不够，做新题难题没思路

主要原因：知识没有成体系

应对方案：归纳、反思、总结，将知识串联起来

尝试训练把知识点进行关联的能力，总结高考常考题型的内容，将知识点串联成为体系，总结模型，之后刻意练习这种类型的新题，准确把握自己的水平，进行针对性突破。

最重要的步骤是反思总结，我们刷题的目的是查漏补缺，对于典型的“漏”和“缺”我们可以采用将错题按照类别进行归纳的方法，通过归纳、反思、总结进而明确出做这类题的方法和注意事项，这样下来大家的错题肯定会越来越少。

同频共振 化学知识点好多，试题综合性强，复习基础知识时完全不知道从哪里开始背啊？

Ⓐ 我们可以跟随老师一轮复习的脚步，对知识进行系统性复习，在查漏补缺的同时，尝试构建化学板块的体系（比如原电池、电解池体系，化学平衡体系等）。

Ⓑ 相信在背记基础知识的同时，自主尝试体系构建下，大家能够真正把学到的知识转化为自己的知识。

方法速查

如何破局

- **自我探查**
  - 计算能力
  - 概念不清
  - 信息处理
- **回归课本**
  - 如何把书读厚
  - 如何把书读薄
- **科学刷题**
  - 速度
  - 准确度
  - 独立度

警惕提分陷阱，化学提高60分的小白逆袭宝典

万丈高楼平地起

上分攻略

分享者信息

名字：K 学姐

学校：北京师范大学

专业：化学

学长学姐说：

本人不才，高二化学只有 30+，高考化学却能拿到 90 分。基础不好的同学，你们想在高三学好化学，猛提好几十分吗？那就来听听我的分享吧！

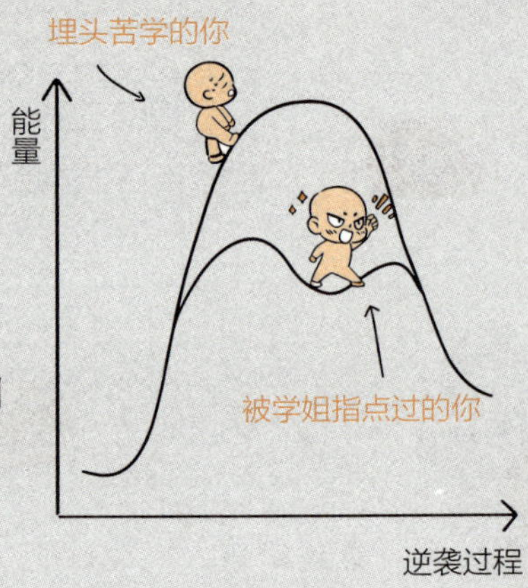

提分关键词

提分陷阱；临考冲刺；短期逆袭

警惕！你是否掉进了以下的提分陷阱

“为什么我明明很努力，但就是学不好化学啊！”请警惕！你也许已经掉进了以下的提分陷阱！

陷阱一：似曾相识

零碎的知识点太多，考试时觉得眼熟，但怎么也想不起来，复习的时候觉得自己什么都会，一考试就一写一个错。

陷阱二：不求甚解

努力地死记硬背化学方程式，但不理解这个方程式怎么来的、怎么配平的。

陷阱三：囫囵吞枣

刷了很多题，但从不整理，对完答案就翻篇，下次再做依然出错，不了解化学考试题型和解法，没有养成化学做题思维。

陷阱四：望而却步

看到化学实验和工艺流程复杂的步骤、烦琐的过程就觉得头大，不理解实验原理和现象，也搞不懂每一步的反应原理和条件。

以上种种问题，其实都是因为你没打好基础。

记住！更适用于化学小白的提分套路

1 策略一：究其根本，打好地基

高中化学的特点是多、杂、乱，要想把化学学透，我们必须先从教材的基本原理和概念入手。我们高耸的化学大厦必须在教材上打下坚实的地基。

（1）记什么

①熟记名词定义：包括氧化、还原、同位素、同分异构体、同素异形体、化合物、氧化物、氢键、正极、负极、阴极、阳极、烷烃、烯烃、炔、烃、醇、酚等。

②完整阐述定律、定理：勒夏特列原理、盖斯定律、阿伏伽德罗定律、三大守恒等。

③熟练写出公式、表达式：物质的量计算公式、物质的量浓度的计算公式、化学反应速率计算公式、pH值计算公式、水的离子积表达式等。

（2）从哪里记

①参考课本。课本附录中会列出重要的名词术语，不清楚的可以按照附录中的页码定位到原文复习一遍。②参考学校发的一轮复习资料。它们往往会把相似的概念和定义以表格的形式整理出来，方便对比记忆。③请教老师和同学，不清楚的内容一定要彻底搞明白。

2 策略二：彻底搞懂化学方程式，构建清晰的逻辑骨架

化学反应是化学学科的核心，而学好化学反应的核心在于理解化学方程式的本质。

你可能会想，化学方程式不就是记记背背吗？但高考中涉及的化学方程式都是我们没见过的，这怎么背呢？高考考查的是对知识的迁移和灵活运用能力的考核，考的不是背诵能力，而是底层逻辑思维能力。说具体一点，高考考查的是你对物质性质的掌握程度，考的是你能否把物质性质迁移到新的方程式中。

给你一个没见过的物质，然后告诉你该物质的性质，比如高铁酸具有强氧化性，让你写一个与高铁酸有关的化学方程式，这种题目是不是很熟悉？

化学反应和方程式这么多，我们该从何处下手呢？其实很简单：高中化学物质的核心性质是氧化性和还原性。让我为你们介绍一下常见的氧化剂和还原剂，以及它们

对应的还原产物和氧化产物。

氧化剂		还原产物	还原剂	氧化产物
$KMnO_4$（酸性）		Mn^{2+}	S^{2-}	S
$K_2Cr_2O_7$（酸性）		Cr^{3+}	SO_3^{2-}	SO_4^{2-}
X_2（F_2、Cl_2、Br_2、I_2）		X^-（F^-、Cl^-、Br^-、I^-）	HBr、HI	Br_2、I_2
Fe^{3+}		Fe^{2+}	Fe^{2+}	Fe^{3+}
硝酸	浓硝酸	NO_2	$H_2C_2O_4$	CO_2
	稀硝酸	NO		

方程式的书写有以下几步：①根据题目信息，写出反应物和生成物。②看性质，判断是否为氧化还原反应，是的话，标出变价→列出变化→求出转移电子总数→确定系数。

理解了这一点，就该投入使用了，看看高考是怎么考查的。

【2017·全国Ⅰ卷第27题】写出“高温煅烧②”中由$FePO_4$制备$LiFePO_4$的化学方程式

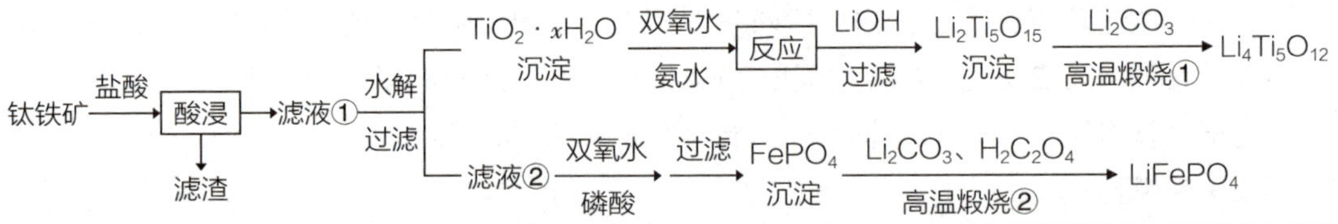

根据题目信息，我们可以写出反应物和生成物。

$$FePO_4+Li_2CO_3+H_2C_2O_4 \xrightarrow{\text{高温}} LiFePO_4$$

根据上述化学反应式，这显然是个氧化还原反应，找到作为氧化剂和还原剂的物质，反应物中Fe是+3价，生成物中Fe是+2价，有降价肯定有升价，谁升价？我们会发现反应物中有个常作还原剂的草酸，草酸中的碳通常升高为+4价转化为CO_2。2个碳升高了2价，根据得失电子守恒，也应该有2个铁降低了2价，这样我们就能进一步补充这个方程式。

$$2FePO_4+Li_2CO_3+H_2C_2O_4 \xrightarrow{\text{高温}} 2LiFePO_4+CO_2\uparrow$$

CO_2不只是草酸被氧化后的产物，高温下碳酸盐分解也会生成CO_2，左边草酸中的2个碳加上碳酸盐中的1个碳，生成物中应该有3个碳，反应物中有氢元素和氧元素，生成物通常有水，所以我们把水补上，最后高温下水为水蒸气，别漏了气体符号，最终方程式就这么写出来了，高考2分到手。

$$2FePO_4+Li_2CO_3+H_2C_2O_4 \xrightarrow{\text{高温}} 2LiFePO_4+3CO_2\uparrow+H_2O\uparrow$$

小结一下，化学方程式是你对化学知识的掌握运用能力的体现，写化学方程式最关键的步骤在于理解物质性质（氧化性、还原性、酸碱性）和掌握反应规律（得失电子守恒、电荷守恒、原子守恒）。只有掌握了这两点，考试的时候才能进行类比迁移，把不会的转化成会的，能做到这一点，化学高分就已经手到擒来了。

3 策略三：把琐碎的知识拼成完美的拼图

到了高三复习的时候，有一种感觉会尤为强烈：化学的知识点真的好碎、好混乱啊！构建有序的知识体系对于我们学好化学至关重要。

有同学可能会问，市面上的教辅资料已非常成熟，是否还有必要自己动手搭建知识体系？答案是肯定的。一方面，任何资料都只能起到一个辅助作用，没有一本书能彻底解决你在学习的过程中遇到的所有问题；另一方面，看懂了并不代表我们真的明白了、会用了，只有无数次的记忆、理解、推敲、反思之后，才能搭建一个自己的知识体系。

高中化学主要可以分为以下几个模块：

物质及其变化	金属及其化合物	非金属及其化合物
化学实验综合	物质结构与性质	化学反应与能量
化学反应速率与化学平衡	水溶液中的离子反应与平衡	有机化学基础

在一级框架的基础上，可以继续搭建二、三级框架乃至多级框架，下面以大家最头疼的、最难懂的有机化学基础为例：

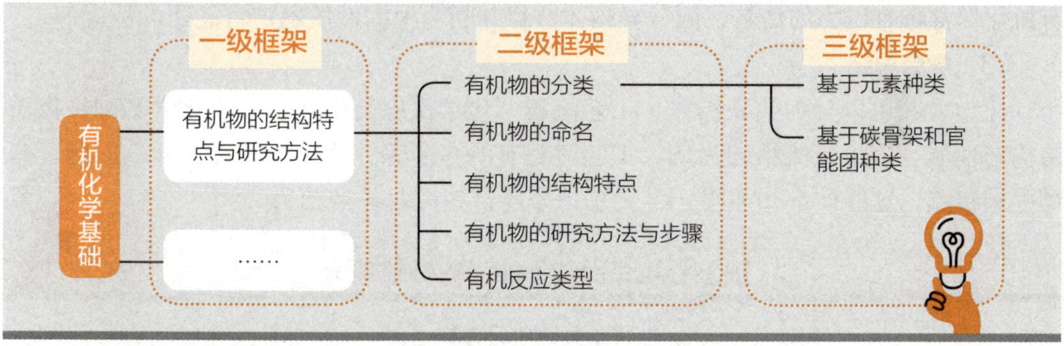

搭建框架只是构建知识体系的第一步，还有很多琐碎细节和问题，需要逐一厘清。例如在搭建了烯烃的知识框架后，我们需要厘清以下问题：这部分包括哪些概念？有什么代表性物质？这些物质的性质是什么？这些物质怎么制备/转化？

在搞懂上述问题的过程中，其实烯烃这部分的体系已经在我们的脑海内初步建立，为了让这部分的知识体系更加丰富，后续还要不断巩固和练习。

小结一下，搭建化学知识体系可以分为三步走：①搭建多级知识框架；②厘清重要问题；③理解记忆与练习。

策略四：自律的人，都在“精确”刷题

大家都会刷题，但你是否是以正确的方法在刷题呢？

（1）按考点刷题

高考化学的考点广泛而深入，涵盖了化学实验操作、有机物的性质、化学与生活、化学元素、电化学、化学反应速率与化学平衡等多个板块。

建议跟着老师复习的节奏做题，如果这周复习元素与化合物，就只做这一类题，做一百道、一千道。力求把这个板块的知识点和题型都吃透搞懂，课上课下相互配合才能实现刷题效果最大化。

（2）按题型刷题

对于选择题，可以利用碎片时间刷题。概念性的题目，例如实验仪器的用途、化学与生活，要做好错题本积累，早读睡前时不时翻看；应用性的题目，学会提炼题目中的有效信息，短时间之内快速锁定考点，注意题目给的信息和选项之间的关系，多刷多总结，养成题感。

对于大题，应该利用整段时间完成，最好多做限时训练，提高做题的速度，考试的时候能帮你迅速适应紧张的节奏。要学会分专题做题，例如这周晚自习40分钟只做有机化学大题，连续做好几天，然后总结这些大题经常考到的知识点和解题方法，像有机化学常考有机物的命名、同分异构体数目判断、根据性质确定官能团的位置等。

（3）学会总结

化学大题可以分为实验操作、工艺流程、化学反应与平衡、有机化学基础、物质结构与性质。以工艺流程题为例，工艺流程有哪些步骤，每个步骤常考什么问题，有哪些易错点，这些你都知道吗？学会总结才能自如应对各类题目。

狠下心攻克那些不能错的基础知识

<table>
<tr><th colspan="4">化学基础知识清单</th></tr>
<tr><th colspan="2" rowspan="2">复习内容</th><th colspan="2">复习情况</th></tr>
<tr><th>日期</th><th>总结</th></tr>
<tr><td rowspan="6">常考物质性质（物理性质：颜色/气味/溶解度/挥发性；化学性质：氧化性/还原性/酸性/碱性/稳定性/不稳定性/制备实验/检验实验/用途/俗名）</td><td>氯气</td><td></td><td></td></tr>
<tr><td>二氧化硫</td><td></td><td></td></tr>
<tr><td>硫酸</td><td></td><td></td></tr>
<tr><td>氨气</td><td></td><td></td></tr>
<tr><td>硝酸</td><td></td><td></td></tr>
<tr><td>碳酸钠和碳酸氢钠</td><td></td><td></td></tr>
<tr><td colspan="2">（1~36号元素核外电子排布）</td><td></td><td></td></tr>
</table>

续表

化学基础知识清单

复习内容		复习情况	
		日期	总结
元素及其化合物的转化	铝		
	钠		
	铁		
	氮		
	硫		
	氯		
常见实验装置、操作、用途、注意事项	加热仪器（试管、蒸发皿、坩埚、烧杯、圆底烧瓶、蒸馏烧瓶、锥形瓶、三颈烧瓶）；分离与提纯仪器（漏斗、分液漏斗、球形干燥管、U 形管、冷凝管、洗气瓶）		
	计量仪器（量筒、容量瓶、滴定管、温度计、托盘天平）；其他仪器（长颈漏斗、球形分液漏斗、恒压滴液漏斗、胶头滴管、滴瓶、表面皿、启普发生器）		
各种课本实验（实验装置、方程式、操作、现象、注意事项）	无机实验		
	有机实验		

作为过来人的我，想对你说，化学的世界虽然有时显得复杂多变，但请相信自己，努力不会白费，每一步都算数。只要不畏困难，持续努力，结合有效的学习方法，你一定会悄悄变成化学学霸，然后惊艳所有人！

同频共振 化学有很多概念和定义需要记忆，有没有一些技巧或者记忆方法可以帮助我记牢？

记忆就是个不断重复的过程，可以将重要的概念、定义、公式等内容写在卡片上，课前、课后走路、排队时不时翻看，看得多了就能记牢啦！ Ⓐ

也可以用手挡住概念和定义的解释，尝试自己复述一遍，这是一种检验自己是否真的记住了的好办法。 Ⓑ

方法速查

帮助化学小白怒提 60 分的逆袭宝典

化学提分陷阱

- 陷阱一：似曾相识
- 陷阱二：不求甚解
- 陷阱三：囫囵吞枣
- 陷阱四：望而却步

小白通关秘籍

- 策略一：理解基本原理和概念
- 策略二：彻底搞懂化学方程式，构建清晰逻辑骨架
- 策略三：梳理琐碎知识，构建知识体系
- 策略四：有效刷题、精准突破

从“痛点”到“亮点”的化学“质变”之旅

弯道超车，我的逆袭方法论

上分攻略

分享者信息

名字：阳湘闽

学校：北京师范大学

专业：化学

提分关键词

弱科补救；逆袭攻略；资源运用；做题速度

打造化学学科思维：充分理解取代死记硬背，熟练套路加快做题速度

我们如何能学好化学呢？我认为，想要解决问题，从根源上要先断绝初中化学以背为主的思维方式。高中化学琐碎的知识点、理论和方法，复杂的化学现象和问题，只靠背诵强硬记忆，又费劲又痛苦，还会造成不好的化学学习体验和消极的情绪。

因此，面对复杂的化学知识体系，我们可以主动出击，构建属于自己的化学思维体系。这要求我们在学习新知识的时候以理解为主、记忆为辅，吃透知识，“充分理解+熟练套路”成为破局之处。

运用化学学科思维：四个实例带你构建化学的知识架构

1 热化学与化学平衡：秒懂“五字判断法”

热化学无疑是让许多同学头疼的知识点，为什么呢？因为热化学讲的是化学反应的能量变化。而与能量有关的题，就少不了计算。但同样的，计算复杂的题目，它的思维量就相对少一些，因此通过多练熟记便能掌握热化学知识点。

热化学学完之后，随之而来的是化学反应速率和化学平衡。那么什么样的反应是达到了平衡呢？我使用五字判断法："逆等动定变"。一句话概括就是，可逆反应中同一物质的正、逆反应速率相等，则判断该反应形成动态平衡，平衡之后各物质的浓度与质量分数恒定。如影响平衡的条件改变，则平衡发生移动。

在分析反应速率时，我们紧抓$pV=nRT$这个公式，看准浓度、温度、压强和催化剂四个因素，逐一击破即可。

实用案例：速率平衡图像——折线图

在分析速率平衡图像中折线图的时候，最重要的就是看折线的拐点。同时，结合规律"先拐先平速率快，T高p大催化剂"，分析哪条线先拐、先变平，就能快速判断折线对应的压强、温度的大小关系或者有无催化剂。

例如图中题目，p_2对应的曲线先拐先变平，说明p_2对应的曲线反应速率快，先平衡，则压强$p_1 < p_2$。

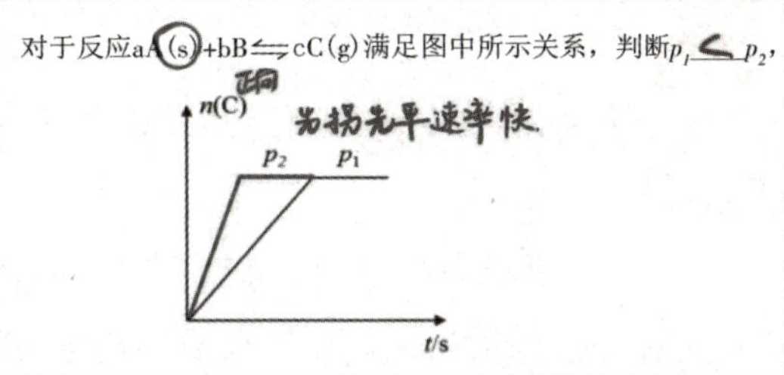

2 原电池、电解池及其运用：一个口诀全搞定

紧接着来到了电化学的部分。有的同学"谈电色变"，其实我们把电化学看成离子反应和氧化还原反应，结合电极的运用，便能以轻松的心情面对它。

电化学的过程我们可以看成是"电流的旅行"。这趟旅行从电势高的正极出发，遵循"电子不下水、离子不上岸"的规则，回到负极构成闭合回路。

其中，原电池发生的是自发氧化还原反应，而电解池需要接通外接电源，由物质的性质决定放电顺序。

但无论什么池子，一个口诀全搞定："负阳升失氧，正阴降得还"，意思是原电池的负极/电解池的阳极，反应物化合价升高，失去电子，发生氧化反应；原电池的正极/电解池的阴极，反应物化合价降低，得到电子，发生还原反应。每个字都有所代表的意思。

这个口诀可以帮我们快速地判断反应物是谁、电子的得失和物质价态的升降等，能帮助我们很快摸清池子里到底在发生什么反应，也就能快速地破题了。

摸清电解池和原电池的核心原理之后，电解饱和食盐水、电镀、精炼金属、冶金和金属腐蚀与防护等也不过就是“见题下菜碟”、在不同池子运用该原理罢了。

实用案例：电解池离子流向与 pH 值变化

在电解池中，有两句口诀可以几乎解决所有电解池离子流向和pH值变化情况问题，分别是“阴阳相吸”（离子流向）和“阴盛阳衰（电极附近pH值变化）”，意指在电解池中阳离子往阴极跑，常见的是H^+，而阴离子往阳极跑，常见的是OH^-。上面我们提到的口诀，阴极总是发生还原反应，那么往阴极跑的H^+容易被还原“放氢生碱”，导致阴极pH值升高；同理，阳极总是发生氧化反应，那么往阳极跑的OH^-容易被氧化“放氧生酸”，导致阳极pH值降低。这也就是“阴盛阳衰”的原理了。

3 物质组成与结构：以不变应万变

在高中化学的学习里，我们将认识到，元素在周期表中的位置是由它的原子结构决定的，元素的性质是随着原子结构的变化发生周期性的递变的，总结出来的递变规律就是元素周期律。

这真正告诉了我们什么是“结构决定性质，性质决定用途”。元素性质递变规律的学习，能帮助我们理解每个元素表现出差异的原因，这能进一步帮助我们在千变万化的化学反应中抓住变的规律，理解化学反应的原理。

实用案例：元素周期律口诀

我们知道随着原子结构变化，元素性质呈现出一定的递变规律，可以总结为“氧化稳定最高酸，化合非金右上强。还原剧烈最高碱，置换金属左下强”四句口诀。意指元素单质的氧化性、简单氢化物的稳定性、最高价氧化物的水化物（酸）的酸性、与H_2的化合能力和非金属性，越靠元素周期表的右上方越强；元素单质的还原性、单质与水反应的剧烈程度（不稳定性）、最高价氧化物的水化物（碱）的碱性、从盐溶液中置换出单质能力和金属性，越靠元素周期表的左下方越强。记住这个口诀可以帮助我们结合周期表的排布，记忆元素的化学性质和反应特点。

4 有机化学基础：化繁为简，串联零散知识

有机化学基础是最后一个模块，也是考试中的一座“拦路虎”。所有的有机物都有自己的碳骨架，而碳骨架上各自独特的官能团才是决定一个有机分子化学性质的关键。因此，想要学好有机化学，首先就是把握碳骨架的走向以及官能团的位置。

千变万化的有机化学，因为有机物之间的相似性，很容易背串。而把握主脉，化繁为简，熟练掌握了各种官能团的化学性质，就会发现无论多复杂的合成题，真正发生反应的只是其中的一部分，大部分结构是不变的，最后关键点也还是课本上最简单的反应，万变不离其宗。

例如课本上学过浓 H_2SO_4 催化和加热条件下乙酸和乙醇发生酯化反应，本质上是羧基和羟基发生的反应。考试中看到浓 H_2SO_4、加热条件，或者看到羧基和羟基，又或者看到产物中含有酯基，就可以考虑发生的是否是酯化反应。

同时，顺口的口诀一样能帮助我们记忆零散的知识，例如“硫酸乙醇三比一，温度直升一百七，乙醇脱水变乙烯”。这个口诀讲述的硫酸催化乙醇脱水反应，是石油化工中生产乙烯的重要步骤。你看，这么复杂的一个反应，不就很顺利记下来了吗？

实用案例：用图形记忆有机反应方程式

我们知道，无论多复杂的合成题，真正发生反应的只有小部分结构，大部分结构是不变的，那么在判断反应的过程中，我们可以按住不变的结构，将目光放在变了的部分，例如D-A双烯加成反应。

D-A加成的原理其实就是断开双键，形成单键（锅盖盖在大锅上）。

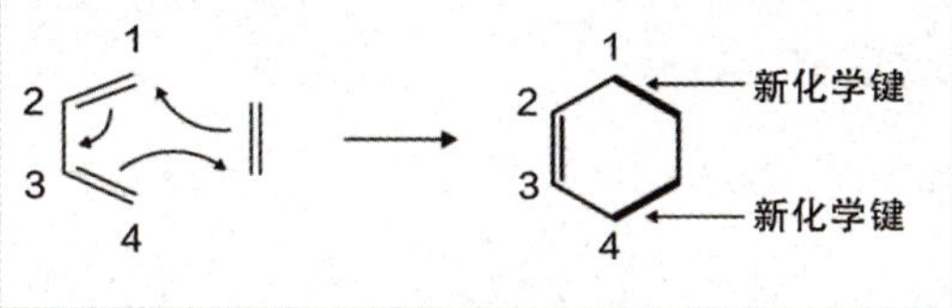

我们再看看考试中会出现的复杂有机题。

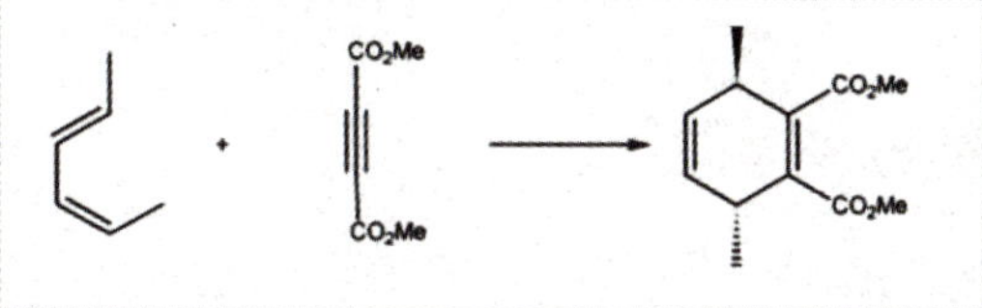

找找看熟悉的结构。

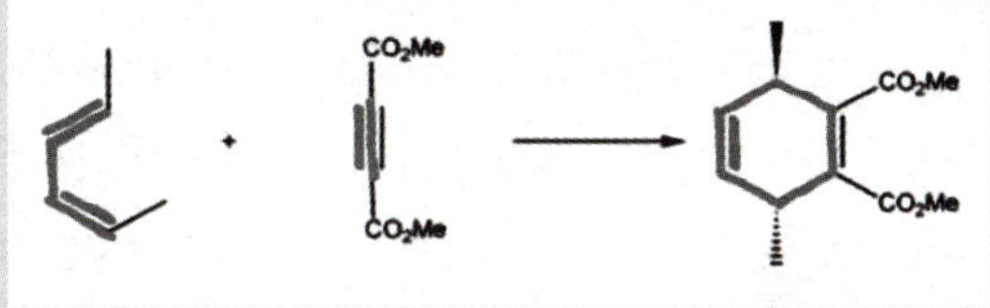

是不是很快就能分析出该反应的过程？因此，图形记忆可以帮我们秒杀有机合成题。

方法速查

化学学习全攻略

核心思想

- 充分理解取代死记硬背
- 熟练套路加快做题速度

四个实例构建化学学科思维

- 热化学与化学平衡：“逆等动定变”判断法
- 原电池、电解池及其运用：“负阳升失氧，正阴降得还”口诀法
- 物质组成与结构：以不变应万变
- 有机化学基础：串联知识点，用图形记忆

掌握技巧，初高完美衔接

秒懂高中生物学习策略

上分攻略

分享者信息

名字：曹诗怡

学校：陕西师范大学

专业：化学（公费师范）

提分关键词

初高衔接；初高知识对比；实战技巧

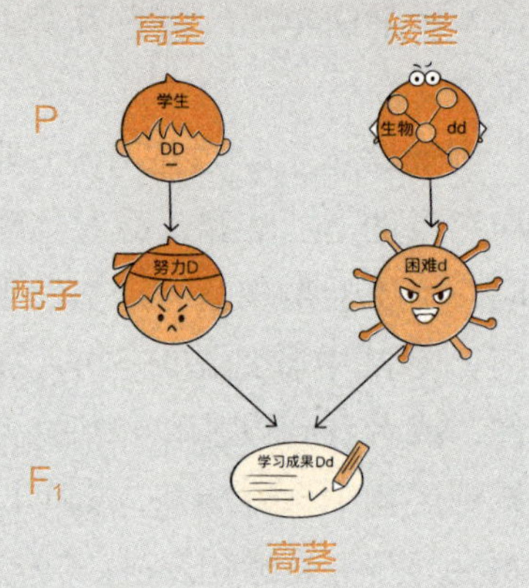

面临初升高，相信很多同学内心是好奇且激动的。对于生物这个学科，同学们初三一年都没有接触它，来到高中再次与它相遇，会不会感到不知所措呢？身为一名理科生，高中三年我与令人头疼的数理化生大战三百回合，最终于2023年如愿考上了陕西师范大学。在生物学习方面也有一些“过来人”的经验，高中生物第一课，不妨听学姐唠几句。

初中生物没学好，对高中生物影响大不大

初高中生物在学法上有什么不同?

比较项目	初中生物	高中生物	学姐建议
知识点	浅显具体，通俗易懂	抽象概括，知识面广且复杂	难度加大，同学们要勇于直面困难

续表

比较项目	初中生物	高中生物	学姐建议
考查能力	记忆	归纳概括、分析推理、迁移运用、科学思维能力、科学探究能力	锻炼逻辑思维，不死记硬背，加强独立学习、阅读、思考、分析问题和解决问题的能力
考查内容	初一知识实现小学到初中的过渡	高一知识在高考中直接考查 40%~60%	坚持认真学习，从高一开始至高考结束
授课方式	直观形象教学，反复讲解	注重分析，注重学生独立思考。教师教学方法更加多样	不过度依赖老师，适应老师的授课方式。学会自学，避免跟不上老师的讲课进度

高中生物，如何赢在起跑线上

1 关注细节，从源头消除“知识盲区”

高中生物知识点讲究刨根问底，一定要理解每一个细节。从高一开始，就要关注。这种关注不仅要体现在课堂上，也要体现在练习中——做题时哪个细节容易出错就积累下来，防止成为“知识盲区”。

这里我给大家分享一个我的独家小TIP：易错知识点本。不少同学应该有整理错题本的习惯，但是错题本的弊端在于不方便检索。所以同学们可以准备一个小巧一点的本子，将错题对应的知识点以最简洁的形式罗列到本子上，一目了然，便于平时拿出来记忆。

举个例子，这是一道关于细胞呼吸的题，这道题应该选择 C 选项。如果我们选择错了，选择了 A 选项，说明对于 A、C 这两个选项对应的知识点我们没有掌握，这时候就在我们的“易错知识点本”上写下两条：

（1）有氧呼吸三阶段都有 ATP 产生。

（2）线粒体中丙酮酸分解成二氧化碳和还原氢不需要氧气直接参与。

这样从高一就开始积累我们的易错知识点并不断改正，我们就不会遗留下根深蒂固的知识漏洞，到了高三就能轻松许多。

线粒体是细胞进行有氧呼吸的主要场所。研究发现，经常运动的人肌细胞中线粒体数量通常比缺乏锻炼的人多。下列与线粒体有关的叙述，错误的是（　）

A. 有氧呼吸时细胞质基质和线粒体中都能产生 ATP

B. 线粒体内膜上的酶可以参与 [H] 和氧反应形成水的过程

C. 线粒体中的丙酮酸分解成 CO_2 和 [H] 的过程需要 O_2 的直接参与

D. 线粒体中的 DNA 能够通过转录和翻译控制某些蛋白质的合成

2 坚持背记，勤用易错知识点本

生物是理科中的“文科”，所以背诵与记忆是很重要的。

（1）一些细碎简单的知识，在老师讲课时就可以跟着老师的思路记忆下来，就像听歌识曲一样，听到旋律就能想到歌词。

（2）将看书的功夫下在平时，没事多翻翻课本，平日留心记忆了，考试前也不用临时抱佛脚，对知识的印象也会更深刻。

（3）易错的知识点，我们就要利用起来我们的“易错知识点本”，课前抽出几分钟看一看读一读，哪怕不花太大功夫去背诵，常看常新。

> 下列有关消化和吸收的说法错误的是（ ）
>
> A. 胆汁中的消化酶可以乳化脂肪
>
> B. 唾液既有消化作用，又有免疫作用
>
> C. 小肠内壁有大量的肠腺，有利于消化
>
> D. 胃壁内有胃腺，可分泌含有胃蛋白酶的胃液
>
> 这道题四个选项就牵扯到许多小知识点：消化酶的位置及作用、唾液的作用、肠腺的位置与作用、胃腺的位置与作用、胃液的组成成分。只有在悉知这些知识点的情况下，才能做对这道题。所以同学们，不记、背怎么行呢？基础不牢，地动天摇。虽然现在的题目越来越讲究逻辑分析，你做题的时候可能会怀疑背课本的可行性，背了基础知识也还是做不出来题。这是很正常的，但是万变不离其宗，背了基础知识可能做不出题，但不背基础知识肯定寸步难行。

（4）较难理解的知识就要打破砂锅问到底，问老师、问同学，直到理解，然后记忆。

要提醒大家的是，记忆是个长期的过程，不能边学边忘，要坚持背诵记忆，让知识真正成为自己脑海里的常驻居民，而不是只有在测试前才会从你大脑中匆匆闪现的过客。

3 生物两大题型捞分小技巧

（1）选择题

考查内容主要为题目背景知识与考点结合，有些题目为固定答案，在背课本时加深印象即可。最好每天适当练习，把握做题速度。同学们也会遇到一些比较难的题目涉及分析、计算，但是也不用太过担心，通常只有一两道如此，同学们要学会取舍，算不出来放弃也无妨。

（2）主观题

需要回归课本，提炼关键词分析。还有一个捞分小TIP就是记住一些答题术语。多用一些课本上出现的术语，组织语言的时候专业一点，别太口语化。举一个例子：

由基因所决定的细胞自动结束生命的过程称为细胞凋亡，而有些同学做题时不注意术语写成“细胞死亡”甚至“细胞死了”，虽然一眼就能看出你想表达的意思，但是术语错误是不会给分的，同时也闹了笑话。

学习总是不易的，但是大家不要有压力。在烧脑的理科中，生物算是较为容易攻克的学科了。以上的方法与技巧，不一定适合每一位同学，学习是一个自主探索的过程，学姐相信每一个同学都会有属于自己的独特学习方法与学习体验。

同频共振 老师讲过课后，我总是对老师讲的东西没有印象，怎么办？

想要让自己的课堂更高效，对老师强调的内容印象更深刻，就要学会给自己“开小灶”。上课前做好预习工作，课后可以回想一下这节课学习的内容，老师课上强调了哪个知识点、对同学们提出了哪些问题，从头捋一遍。可能有些同学会感觉这样回忆没意思甚至很痛苦，但是坚持一周左右就会养成习惯并收获成效。

方法速查

掌握技巧，初高完美衔接

- **知己知彼，百战不殆**
  - 高中生物较初中生物更有广度和深度
- **掌握技巧，展开实战**
  - 关注细节
  - 坚持背记
  - 答题基本策略
    - 选择题应每天练习
    - 主观题需要注意答题术语

打破提高成绩的最后一个瓶颈

高考倒计时冲刺攻略

上分攻略

分享者信息

名字：吴攸

学校：北京师范大学

专业：心理学

提分关键词

框架构建；学科思维；刷题策略

内化框架，外化绘网

我趋向于将理科总结为递进的框架体系，将文科总结为背诵和语感。

一门科目，譬如数学，自小学到高中，学习内容总会建立在先前的知识积累之上，知识和知识之间联系紧密，逐步形成一个巨大的框架，适用于当前遇到的几乎所有问题，这是理科的鲜明特点。

而文科，章节和章节之间的独立性使其总是以背诵为基础，进而形成语文的语感，使我们从字里行间读出作者的含蓄表达；形成英语的语感，使我们无须刻意背诵语法也能够作答完形填空；形成政治历史的语感，使我们一读题就知道问的是哪一章的内容，哪些或许是得分点。

高中生物却介于两者之间，形成框架是其基础，却因为知识点的细碎不得不进行一定程度的背诵，故要想提高生物成绩，首先需要解决的问题是如何形成成熟框架。

1 衍射记忆法：绘制自己的知识网

为了在混乱中寻找秩序，我推荐每一个基础薄弱的同学独立绘制一张知识网。绘制方法很简单，选定一个关键词或一条基础知识点，进行发散、填充，将分散在各章节中的相关知识联系起来。

例如以生物必修1的课本标题“分子与细胞”中的“细胞”为初始的关键词，将能联想到的所有相关知识点进行罗列，绘制一个蛛网式环环相扣的知识网络。通过“细胞”可以联系到组成细胞的化合物，组成细胞的化合物里的蛋白质可以联系到蛋白质的功能；还可以通过组成细胞的化合物里的核酸与DNA联系，进而联系生物必修2甚至生物选择性必修3。

通过个人的记忆初步完成这张知识网络之后，你对生物学科的学习现状得到了总结，你可以清晰地知道哪部分是你擅长的，哪部分是你仅仅略有印象的，当然在后续的回归课本、完善知识网的过程中，你还将发现哪部分是你完全遗忘的。

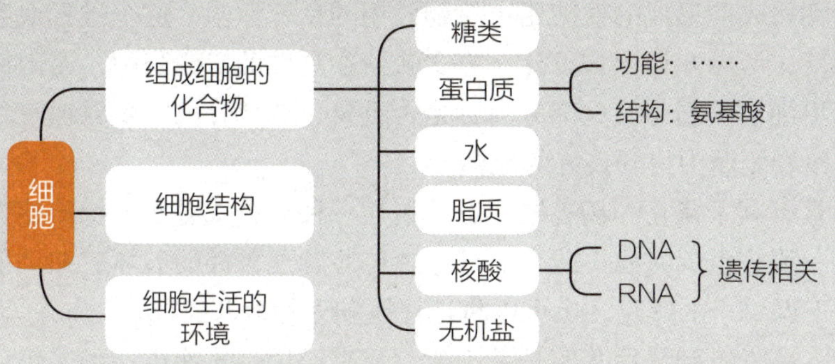

通过这个框架，后续的提分路径就愈发清晰。细碎的知识条目往往在网络的末端，这些是需要专门背诵或根据老师提及的重点考点进行取舍的部分。

2 图像记忆法：强化细节知识点

对于一些本身对知识点就足够熟悉，或是经过了一段时间复习的同学，也可以借助图像整合一些具体的细节的知识点，这些整合图往往来自于作业中对常考图像题的整理。

比如右图详尽总结了可能在各类题中出现的与植物细胞相关的知识，你可以对照图例总结每一个细胞的活动过程并阐述原理，强化你内里的生物科目框架，确保高三中后期的复习过程有足够坚固的基础做支撑。

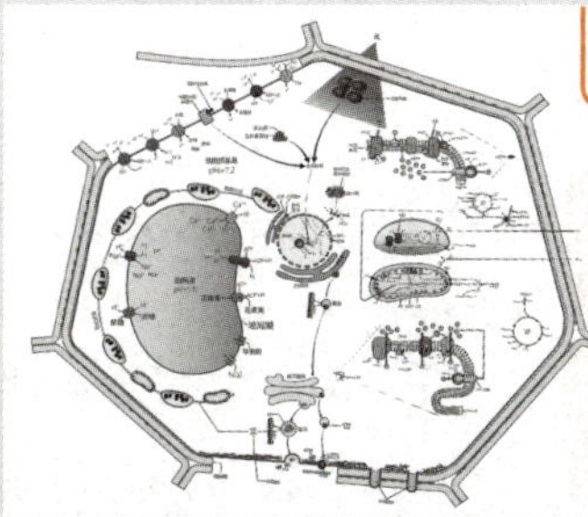

这一类图像要获取也并不难，一种途径是通过平常的错题自己绘制，这样更具特殊性，可以针对个人弱点进行强化记忆；如果觉得自己的总结能力不强，也可以去关注一些相关的公众号或利用其他互联网途径搜寻。

由点及面，高效刷题

1 “点”的选择，专注填坑

当我们完成了第一轮知识网的总结，高一高二时遗留的问题已经大致被解决了，而那些毫无印象或者犹犹豫豫不敢下笔的部分就是我们首先需要解决的。

这个阶段的刷题至少需要达到看到题目时可以抓住要考查的知识点的程度，并依此形成答题思路，达到这个目标并不难，但是很有用。

2 转型到“面”，整卷刷题

度过填坑的阶段之后，我们需要转型到“面”，选择各地各学校联考卷、历届模拟卷、高考卷进行整卷的刷题。

整卷刷题是你将先前形成的框架用于答题效用的良好检验，这个过程很容易让你站在出题者的角度，考虑知识点多以什么方式映射在具体的考题当中，便于你对知识网里的内容进行更细节的划分，这部分内容是否重要、那部分内容需要理解到什么深度这类问题将在整卷刷题中得到良好的反馈。

整卷刷题非常有利于建立考场答题状态，培养一种综合式答题的特殊感觉。整卷刷题时最好拿出一块完整的时间，减少对试卷整体答题连贯性的破坏，如果平时注意力容易受到上课下课铃声的影响，也可以将选择题和大题分开完成。

最后我想说，高考考到最后其实是考心态，只有经历过才能体会到这句话有多正确。临考前，请务必及时调整心态，用稳定的情绪应对一切负面信息，用自信心踏出属于自己的路。

同频共振 知识建网的方法很好理解，但是会不会过于烦琐，可操作性低下？

我们不需要事无巨细地罗列，知识网络中最细节的大段知识可以用关键词来代替，甚至空着。知识建网是一个将脑中逻辑构建的框架外化为可见的笔记的过程，死板地罗列从来不是目的，强化不熟悉的概念和在概念之间建立紧密联系才是做知识网络所追求的。若是部分概念早已足够熟悉，就不用做知识网了。

方法速查

学科思维
- 高中生物是文理兼具的学科
- 生物学科需要建立逻辑清晰的框架

学习方法
- 将内在框架外化为知识网络
- 由点到面的刷题策略

这样背记，高考生物离满分越来越近

扫清犄角旮旯的知识点

上分攻略

分享者信息

名字：李锦

学校：西南大学

专业：生物技术

高考成绩：高考生物 82 分（满分 90 分），选择题全对

提分关键词

背记技巧；答题模板；记忆规律

如果说数学取得高分需要一点天赋，语文取得高分仰仗厚积薄发的力量的话，生物，绝对是高中最“善良”的科目了。

生物被公认为是理科当中最简单也最容易提分的一科。纵观年级名列前茅的同学的成绩，可以发现，他们生物的分数相差无几，所以说，一般大家都不会想着拿生物这门容易触及天花板的科目来拉分。但一旦生物成为弱势科目，和其他人的差距就显而易见了。

回想当初，我自己平时的生物成绩不稳定，且很难上80分，只觉得是老师一轮复习讲得慢没复习完的原因。直到经历一次理综模拟考，考到与基因相关的细节知识点以及老师还没复习到的生态专题的填空题，我才第一次感受到什么叫作如坐针毡。答案根本编不了一点儿，虽然没复习，但我也知道是该填生物学名词，可是压根没记过，一个字都憋不出来。那个时候，我才开始正视生物“理科中的文科”这个头衔。

基础记忆：利用大脑记忆特点进行记忆

高三的时间相当紧迫，尤其是下学期。六科的成绩都需要保持稳步的提升，分给生物的时间就更为有限。但是生物老师教了一招：利用大脑记忆特点记忆书本知识。

1 利用“前摄抑制”和“倒摄抑制”的人脑记忆特点记忆

睡前20分钟和起床后20分钟看生物书。这是基于“前摄抑制”和“倒摄抑制”的原理。

前摄抑制，是指之前学习过的材料对保持或回忆以后学习的材料的干扰作用，而若要避免产生这种作用，可在起床后立马就开始看生物书，这时我们所用于记忆的大脑就是相当“干净”的，没有受到其他知识的干扰，记忆的过程将会更顺利。

同样的道理，倒摄抑制指后来学习材料干扰先前学习材料的保持或回忆的状态，若要避免，可在睡觉之前看生物书，有效保证了这些记忆内容在你睡觉的几个小时以内不会被其他知识所干扰，遗忘会大大减少。另外，人睡觉时，大脑实际上也不是完全无意识的，大脑在这个过程中也会不断整理白天的所学所感，所以只要有记忆的经历存在，对知识的记忆和理解就有可能在无意之中进一步得到巩固和夯实。

2 将知识点记忆去场景化限制

在不同场景记忆相同的知识点。人的记忆并不是孤立存在的，而是会和环境、气味，甚至声音关联，这也就是为什么对于一件你并不熟悉的事物或现象，在经过老师首次讲解后，能在脑海中匹配到对应的对象。基于记忆与外界因素的关联性，我发现在家里可能背得不错的内容到学校去背可能效果就没有那么好，这是由于家的环境牵制了记忆，只有在任何地方都能够背得出来，背诵内容才真正转化为自己知识体系的一部分了。

3 以自身为记忆载体

记忆去场景化限制的终极大招就是以自身为记忆载体。无论何时，无论何地，我们始终和自己在一起。这也就意味着，我们要尽可能地把知识与我们自己相关联，无论我们到了什么样的陌生场景，都可以通过我们自己这个媒介，联想起知识点来。

比如，想象病原体会使我们患病，那病原体首先要侵入人体内部。我身体的第一道防线是皮肤和黏膜，那么，它首先得问我的皮肤和黏膜答不答应。它要是硬闯进去了，第二道防线的一些物质或细胞就会与之周旋——杀菌物质、吞噬病菌的细胞。如果这道防线也被突破了，那就到了第三道防线特异性免疫阶段，此时才涉及免疫器官和免疫细胞。

总的说来，就是想象我体内正在发生对应的生物过程。这样原本抽象的生物过程就会逐渐融入认知系统，成为类似于常识的存在，也不用担心之后会完全忘记，只需稍加复习，便能有“噢，对，当时就是这样”的感慨。

概念活记：动态推演是最高效的记忆方法

在我的成绩提升过程中，另一个很重要的关键点就是“概念活记”。生物学科会涉及过程性的专题考查，对其进行动态推演是事半功倍的举措。譬如有氧呼吸、无氧呼吸以及光合作用等一类的专题，它们涉及物质转化、各过程的联系和区别、某元素的来源去向等问题，单纯背记不仅枯燥，而且对理解整个“动态过程”帮助不大，你需要让整个过程真的“动”起来。

正确的做法是，对照课本中的文字和图，写下参与第一步反应的物质，然后写下对应反应的条件，用箭头指示反应结果，对一些不能一眼看出相互关系的物质，用其他颜色的笔标记出来。这个过程尤其在第一次操作时特别关键，后面再重复也就轻车熟路了。

厘清生命推演过程实际上就是完成一个闭环推导，这时候不论出题者从哪个角度出题，我们都可以破解；而如果企图通过以往出现过的题目去寻找坐标，对某个具体生物生命的推演过程也只能局限于答案，一旦出现新的命题考查视角，便会手足无措了。

以光合作用这一考点为例，假设我目前在相关知识点的掌握还存在很大问题。那么我接下来扫清这一知识点的流程将大致如下：

1. 选定初始提示词：光合作用的反应式。

2. 联想，补充完整反应流程。鉴于我本来就不太清楚，所以我会综合教材、资料书和练习册上的相关内容对光合作用的反应式进行动态延展：反应物是如何变成产物的？对应的反应所需条件是什么？反应进行的场所在哪里？每一步反应的产物去了哪里……不断地提出问题，然后走一步想一步，自己解决。

3. 缩减已知信息，自己画出相关反应示意图以及反应方程式。在对照资料厘清反应过程后，接下来就可以尝试写出反应物并补充缺失的内容，再对照完整版，查看自己漏了什么，用不同颜色的笔标记出来。随着练习次数的增加，尽力尝试仅仅通过“光合作用”这一话题补充出相关的所有知识脉络。

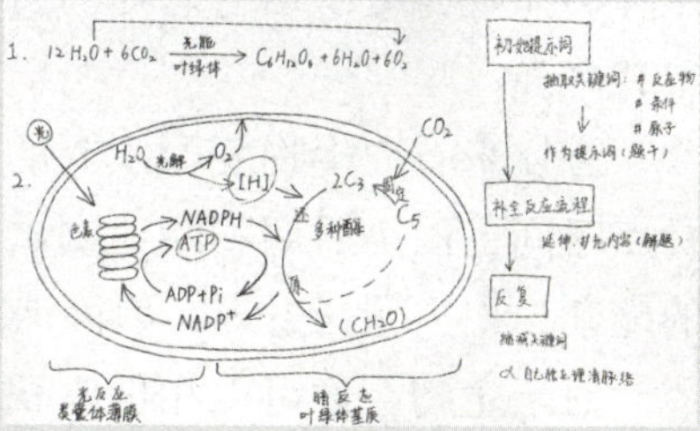

这看上去或许有点麻烦，却是避免知识点记忆模糊不清，反复犯错的优势策略。

全盘扫描：消灭犄角旮旯的知识点

生物学科对知识点的考查细致入微，很多时候看选项甚至都不知道知识点就源于教材某个不起眼的位置。所以，我做试卷时，会区分自己不确定的选项和确定的选项，我在能确定的正确选项后面打一个勾，错误选项后面打一个叉，对照答案整理试卷时，我会把不确定的选项也给解决掉。基本上所有的知识性选项都能在生物书上找到出处，这个时候我就会用荧光笔划一遍，写上日期，再错就再找再划再写，这样一来，下一次复习时就能一眼找到自己错过的知识点，而且还能看出自己错了几次，强烈的视觉冲击能极好地帮助加深记忆。

另外一种帮助记忆的方法是用本子记录自己不清楚或没记住的知识点，可以以时间为序直接记录，不必分类，这样比较节省时间，也更容易回忆起题目。

总结梳理：定制最适合自己的答题模板

1 区分概念

一些概念单独拿出来我好像能说出来它的特点或作用，但是当很多相似的概念放在一起，就很难说清楚谁是谁了。

DNA 聚合酶、DNA 连接酶、RNA 聚合酶、解旋酶、限制性核酸内切酶之间有什么区别？相似的名称又暗示着它们之间会有什么样的联系吗？遇到这种题目，我就试着把书中相似的物质都进行辨析和区分。在各植物激素的作用，腐乳、葡萄酒、泡菜各自的发酵温度，NADPH 和 NADH 的区别等概念的辨析过程中，我发现自己还有很多知识没有记牢，这样对比和辨析又为记忆找到了新的联系点。

2 提前积累半开放问题的答题模板

不要小看所谓的送分题，提前积累一些半开放性问答题的模板，记住答题框架，可以有效避免漏点被扣分。不过这也不是一蹴而就的，一些资料给的模板比较全面，可以直接剪下来贴在笔记本里；另外一些资料给了参考答案，但是并不完整，可以结合老师的讲解和试题的讲解不断优化框架，这样也能不断趋于完整和严谨。

总体来看，生物复习主要的任务就是理解记忆和积累。理解记忆在初期可能需要费点时间，但是后期不断地刷试卷会帮助记忆和巩固知识点的；积累也不必担心知识的庞杂，把主题列下来，后面遇到相应的知识点补充就好了。

对于生物，你可以相信厚积薄发，也能够实现灵光一闪，但不论如何，重复的记忆和事无巨细的刷题绝对不会辜负你。

方法速查

定制更适合自己的背记教程

- 基础记忆
  - 利用大脑记忆特点进行记忆
- 概念活记
  - 动态推演是最高效的记忆方法
- 全盘扫描
  - 消灭犄角旮旯的知识点
- 总结梳理
  - 区分概念
  - 总结完善答题模板

让填出去的每一个答案都稳稳正中靶心

输入—转化—输出

上分攻略

分享者信息

名字：蒋思妍

学校：北京师范大学

专业：生物科学

提分关键词

啃透教材；形成体系；做题应用

从底层解决提分困境

大家有没有听到过这样的说法：“生物是理科中的文科，是一门理中有文，文中有理的学科。”

为什么这么说？因为生物的特点正是在于既需要记忆也需要逻辑运算，但是要求又不像纯文科和纯理科那么高、那么深，它文理结合，很综合，难度适中，也正因如此，它在应试阶段有着相对于其他学科更易提分的特点，可以花尽可能少的时间更上一层楼。我们把重点放在记忆和逻辑运用方面，用对技巧、下点功夫，就可以体会到生物是提分速度较快，得分效率较高，是最“功夫不负有心人”的学科。

如果你在愁生物如何进步，如何突破，那么不要担心，我今天想要向大家分享的，正是一个从底层解决提分困境的宝典“建立正确的生物思维，搭建全面的学科体系”。

搭建底层逻辑，建立学科思维

“学理科，用理科思维；学生物，用生物思维。”那什么叫生物学科的“学科思维”？究竟如何建立学科思维？又应该如何带着学科思维进行学习、记忆、思考、做题，让一切都变得顺风顺水、信手拈来，让大脑建立记忆宫殿随时检索和输出，让填出去的每一个答案都稳稳正中靶心？

生物的学科思维，其实就是基于生物学的事实和证据，去探讨、阐释生命现象及规律，审视、论证和解决生物学的问题。说白了，就是先要学生物专业知识，然后以此为基础，去解决各种各样的问题，完成一个“输入—转化—输出”的流程。

输入

理解概念，记住知识点。

转化

将知识点连点成面，相互联系、比较、递进，在自己的大脑中形成体系，便于随时从脑中拎出知识点。

输出

做题应用，将题做对、做准确，答到点上，才是我们的最终目标。

1 输入：啃透教材，下了功夫就会有收获

我们如何保证考试时答到点子上呢？如何定义答案的准确性呢？对于统一标准，国家根据课标撰写了教科书作为考试的标准，所以吃透教科书，就是掌握生物学科核心的重要基础。只有地基打牢，我们才有可能建更高更大的楼房，得到理想的高分。我们要做到对教材的每个角落都非常熟悉，对每段文字、每段描述都理解透彻、记忆准确，在教材的理解和记忆过程中，下了功夫就会有收获，这也是快速提分的诀窍之一。

（1）课上和课后

课上注重理解和专注于老师强调的知识点，为什么要注重老师强调的知识点？因为他知道哪些知识点是常考点、易错点。当然更重要的是自己课后的主观能动性，多看多背教材，总结和梳理。

（2）早读晚读

一边读出声，一边在大脑中记忆，要知道调动多种感官会比单纯地看书更加有效。整理出自己最薄弱的知识点和最重点的知识反复朗读，效果是真的好。

（3）看什么？背什么？

有些同学偷懒，只阅读教科书的黑体字，或者囫囵吞枣，细节模棱两可，这没有达到生物学科的要求哦！课本中绝不会出现一句废话，你看到的每一个字都是“浓缩的精华”，我们应该不重不漏地阅读、理解、记忆每一句话、每一张图片、每一段小字、每一个课后习题……“书山有路勤为径”，考验你的细致。当然黑体字部分是最重要的，对于这部分要更加关注，要做到滚瓜烂熟。

课后题怎么看？

课后题没有专门给出标准答案，但是在对前面章节的学习中，我们可以将知识点一一对照起来，并且老师在讲课的过程中常常会涉及课后习题的场景，我们可以在预习时先带着课后习题的问题去预习、思考，然后上课认真听讲、解决问题，课后再揣摩总结，最后带着答案和问题找老师或教辅资料对照，达到高效学习、靶点攻克的效果。

2 转化：形成完整的做题思路

在前期做好对教材的熟悉和记忆之后，我们就要将书本上的知识融会贯通到自己脑海中，在大脑里形成学科思维。

在这里我介绍一个方法：画思维导图。生物学科有很多需要记忆的内容，也有很多容易记混的内容。而画思维导图的作用是把原来散落在书本、资料、试卷各处的易混淆内容集中整理，方便厘清、查看、对比、记忆。

（1）方法步骤

1. 不看书，用黑笔直接画，从一个点向外随意发散。
2. 翻开书，用蓝笔补充漏掉的内容。
3. 重新审视思维导图，补充逻辑关系，更新知识体系。
4. 巩固薄弱的知识点，一目了然，便于复习记忆。

（2）思路

画思维导图是不是可以随便发散？怎么才能更好地抽丝剥茧？我在这里提供两个好用的思路，一是根据科学研究发现的历史进程来梳理，二是通过最小的分子（组成单位）来一层层往上扩充放大，如从核苷酸到染色体，再到性状……

下面我以生物必修2“遗传与进化”部分的学习为例，分别介绍我的两种思路。

思路一：以科学研究发现的历史进程为线索

从第一课的孟德尔豌豆杂交实验（一）开始，发现了什么问题？得出了什么规律？给出了什么解释？那么对于单个性状的解释是否可以应用到两个性状？又设计了什么实验去验证假说？于是在一步步抽丝剥茧和反复验证的过程中，我们得到了遗传定律和相关假说，那么“遗传因子”究竟是什么物质，存在于哪里？如何从分子层面解释？遗传物质到底是核酸还是蛋白质，还是什么其他物质？哪些科学家做了哪些实验（噬菌体实验，肺炎链球菌体内、体外实验）逐步进行了验证？同学们在梳理思路的同时一定要随时思考该实验的目的、创新性、局限性，再根据目的和创新性得出实验的结论，根据局限性得出下一步实验的研究方向，最后得到DNA是遗传物质的结论，然后再进行审辩式思考，遗传物质只有DNA吗？其实不然，后续的科学家又发现RNA也可以作为某些病毒的遗传物质，那常见的RNA病毒有哪些呢？这些RNA病毒是如何感染遗传物质为DNA的人类的呢？……大家可以依照这样的思路一层一层地往下学习。（演绎与推理）

思路二：从微观到宏观

上述所讲的根据科学研究发现的历史进程思考，其实是从性状到分子，由外及里，从大到小的。从微观到宏观的思路则是反过来，从DNA开始往外分析，DNA是什么？由哪些成分组成？双链如何互补配对？如何复制和翻译？如何表达在性状上？哪些步骤出现错误会导致人类基因疾病？从DNA到染色体，从单基因到多基因，再到性状表现，厘清这条思路后尤其对做遗传学大题很有帮助，构建学科思维的魅力即在此。（演绎与推理）

我们任意选择一条思路作为分析主线，每一步都可以进行多方向的发散，逐步构建学科网络。

（3）误区

在这里要特别强调一点，我们画思维导图的目的是帮助我们将记忆的知识点在脑海中串联成体系，把记忆宫殿具象化、在纸上呈现出来，方便以后考试的时候随时从脑海中拎出来作答。但不要为了画而画，它本身只是一个方法，而绝不是目的。因此，这里要破除大家的几个心理障碍。

画思维导图需要破除的心理障碍

怕	因没有相关经验而产生“畏难”和“麻烦”的心理。最重要的是迈出第一步，能画点算点，你可以先从自己比较熟悉的、学起来很轻松的部分入手尝试，培养思维的连贯性。
懒	资料上已经有思维导图和对比表格了，懒得自己梳理了。其实直接看别人的思维导图意义不大，最多是在考前的一个及时性的、速成的、抱佛脚的无奈之举。这和看古诗和默写古诗是一个道理，知识有没有进脑子，脑子里是一团散沙、糨糊还是串起来的网络，只有自己知道。

苛	完美主义。不要想着把思维导图做漂亮、做完整，“不完美”才是常态，才让我们有继续进步的动力。随便画、纸不够就再粘贴，不必考虑布局，不必考虑颜色，不必考虑字写得好看与否，专注在知识的输出和联系，勇敢克服。

3 输出：做了很多题，考试还是不会

我把值得专门整理的题目划分成不同的两类：错题和新题。

（1）错题整理

整理错题，简要标出自己的错误思维和答案的正确思维，这可在后续的复习中帮助我们克服一个又一个难点。大家也可以在错题的分析中摸清最适合自己的做题方法和思路。

“整道题型”：分析题目背景、考点、错误原因，可以从错题本前面开始整理。

“一句话型”：生物考题中涉及很多概念性的语句，摘出错题中的考点进行整理。

> 举例：“固醇不是生物大分子。”“中心体是由两个互相垂直的中性粒及其周围物质组成。”可以从错题本后面开始整理。（归纳与总结、批判性思维）

（2）新题整理

生物领域每年都有新的科研结果问世，题目的背景和内容会有更新，往往是与时俱进的，甚至该题材可能出现在高考，对于这类新题，我们一方面要仔细听老师的讲解和分析，一方面要联系教材找出“新瓶中的老酒”，深刻剖析；另一方面也建议同学们可以自行利用互联网去查找相关的科研结果，做更深的了解。

方法速查

建立生物思维　搭建学科体系

- 认识生物学科的地位和难度
  - 亦文亦理：记忆 + 逻辑
- 怎么学？——如何建立学科思维？
  - 如何在实践学习中应用思维？
    - 输入：啃透教材——核心：教材
    - 转化：形成体系——思维导图
    - 输出：做题应用
      - 错题整理
      - 新题整理

学科情怀篇

其实你不必苦大仇深地学习

念兹在兹的“白月光”

作者介绍

名字：马彬仙

学校：天津师范大学

专业：汉语国际教育（师范）

最近有一句话很火：“如果不是为了赶路，那语文一定是最美的学科。”小时候，我与语文的缘分便悄然种下。那时的我，对语文的理解仅仅停留在课本的故事和诗歌上，并未意识到它将成为我生命中不可或缺的伴侣。随着时间的流逝，语文之美宛如“明月出天山，苍茫云海间”，让我一直念兹在兹。

记得小学一年级，我参加了一次读书日朗诵比赛，朗诵的作品是《三字经》节选。小时候的我对《三字经》不解其意，只将朗诵当作一个令人发愁的作业或任务。我需要每天诵读很多次，直到形成肌肉记忆。

站在台上虽然紧张，好在我只管流利地背。当背到“勤有功，戏无益”的时候，我忽然想到，这两句话说的不就是我这个书童模样的小男孩吗？父母会每天检查我的背诵情况，会让我举着水杯假装话筒；赛前妈妈给我弄了个我不喜欢的书童形象；老师嘱咐我不可舔嘴唇，否则口红会掉色，借来的表演服装万万不可弄脏……

总之这个小男孩付出了好多好多努力，而正是这些努力支撑着他站在台上，没有失误地完成表演。

那时的我，对《三字经》的意义一知半解，然而，站在台上的那一刻，我突然感受到了语文的魅力。那些原本枯燥的文字，在朗诵中仿佛焕发出生命的光彩。小时候的我应该就是在那一刻，发现了语文学习的意义，产生了自己的思考，也从此爱上语文。

后来，我开始更深入地接触语文。阅读经典文学作品，品味其中的语言美、情感美和意境美，让我对语文有了更深的理解。我开始尝试用笔尖写出属于自己的文字，在这个过程中，我感受到了语文带给我的无穷乐趣和成就感。

那天，正是秋季的傍晚时分，天边的晚霞热烈、炫丽。高原的风不时刮起，卷走些许落叶和尘土。几只鸟儿掠过天空，似乎感染了太阳的热情，更加奋飞。

眼前的景色让我很想吐露一些话语。有个想法一闪而过：我所写下来的句子，正是我现在所见；我所创造的句子，在现实生活中会对应出现。像是打开了灵感的阀门，有许多文字浮现在脑海中。它们自动排列成句，只待我脱口而出：“万壑旷其盈视，千沟纡其骇瞩。坷块堆底，土路崎岖之行；雁雀凌空，生息本然之性。断鸿暮日，喷火蒸霞。赤棠与橙鸢齐飞，金柳共红枫一色。”我为此感动了很长时间，只觉得语文更具韵味、更加深邃，有许多妙不可言的东西。

然而，高中时期的语文学习却让我倍感压力。科目难度变大，语文成了并不是喜欢就能考好的科目，也成了并不是靠大规模刷题就能提分的科目，这让我不禁对语文学习产生了些许迷茫和疑惑。班里所有人的语文成绩都不稳定。有的人上次还是第一名，下次就考了最后一名，再下一次忽然又变成第一名了。我也处于这样的漩涡中，反复挣扎又无可奈何。

最主要的是，语文成了相比数学、英语等科目而言的累赘。身边的同学大都专心钻研数理化，因为刷题见效快，而像语文这种慢工出细活的学科大家都没有多少耐心。整个班级的语文学习氛围都不太好。我也处于这样的矛盾之中：究竟是继续选择一己之爱，还是为了应试而把重心放在其他学科上。做出抉择前，我一直浑浑噩噩，不知目标在何方。

幸运的是，我遇到了一位善解人意的语文老师。她看出一些端倪，把我叫到办公室谈话。她告诉我不需要操之过急，因为在她看来，能有一份对语文的挚爱之心已是难能可贵。

在她的鼓励下，我重新找回了对语文的热爱，并努力将其融入我的生活中。

我尝试协调其他科目与语文的关系，尽可能使各个科目共同发展。尽管语文题刷得比平时少了些，但成绩却一直稳步攀升。其他科目也没落下，都有了各自的收获。

成绩稳定的同时，我还多找机会在课外拓展语文，借语文这个契机发展自己、增长见识。我会经常给校报投稿，参加一些写作比赛，还积极代表学校去参加市里的诗词大会，结交了不少志同道合的朋友……总之，我和语文总算还有着除了应试以外的其他联系。在校报和比赛优胜名单上看到自己的名字时，那种喜悦真是无可替代，就像是“雁引愁心去，山衔好月来”。

这就是语文带来的荣耀吗？这样看来，我的选择是正确的。

如今，我进入了心仪的大学，并选择了和语文相关的专业。在大学的学习生活中，我对语文的情感也越来越深厚。我跟随着不同的老师进行更深层的研究，在各类讲座上发表自己的见解或提出疑问，也为学弟学妹答疑解惑。我感激语文对我的指引和塑造。

回首与语文相伴的时光，我深感幸运和满足。是语文让我领略到了文字之美、情感之真和生活之趣；是语文让我在迷茫中找到了方向，在困境中获得了力量；是语文让我变得更加自信、坚强和乐观。我深知，在未来的道路上，无论遇到多大的困难和挑战，我都会坚定地走下去，因为在我心中，语文永远是我那念兹在兹的“白月光”。

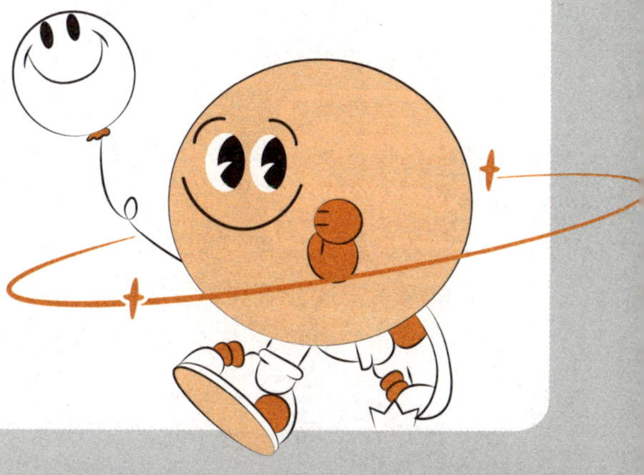

数学之韵，时间冲不淡的学科精神

作者介绍

名字：张馨

学校：北京师范大学

专业：数学与应用数学

每个人的成长路上都有那么一门学科，既让人爱得深沉，又让人恨得牙痒。对我来说，那门学科便是数学。它如同一位老友，陪伴我走过青涩的少年时光，也在我成长的道路上，留下了浓墨重彩的一笔，成为时间冲不淡的底色与韵味。

美在其规律，耐人寻味

小时候，数学对我来说是一个神秘有趣的世界，它的规律美和形式美让我深深着迷。我清晰地记得，老师用生动的语言将那些看似枯燥的数字和公式变得活灵活现，仿佛它们都有了生命。让我最难忘的便是低年级时的找规律题，例如：$15\times15=225$，$25\times25=625$，$35\times35=1225$……你能发现什么规律呢？在老师的带领下，我们发现乘积的末尾两个数都是25，并通过不断思考，让整个规律慢慢浮现。那时，我便感到了数学的规律美。

随着时间的推移，我对数学规律的探索越来越深入，这让我在数学的学习中取得了不错的成绩，但更重要的是它带给了我对数学的浓厚兴趣。虽然没有学到刷题技巧，但兴趣却让我在走向更广阔的数学知识时更加自信坚定。

美在其严谨，激趣启思

进入初中后，数学变得更加抽象和严谨，这让我不断突破自我，学会了细心思考和迎难而上。凭借着小学打下的坚实基础以及对数学浓厚的兴趣，我认真学习数学知识，很快就适应了初中数学，而众多知识中让我最难忘的便是几何题。几何对于很多人来说是初中数学的“噩梦”，但我却通过它体会到：数学是思维的体操。

每当遇到一道几何题，我都会静下心来，认真地审题、画图、标记。通过画图，我能够更直观地理解题目中的条件和要求，从而更容易找到解题的思路。

随着知识的不断深入，我也会因为粗心而失分，但在迎难而上的过程中，我更加感受到数学的严谨。记得有一次，我在考场上遇到了一道特别棘手的几何证明题。题目中给出的条件看似简单，但我却始终不知道如何证明关键的一步。我反复阅读题目，试图找到突破口，但每次都被复杂的逻辑所困扰。就在我几乎要放弃的时候，我想起了老师曾经说过的话："细心是数学的灵魂，只有细心，才能发现数学的美。"于是，我开始更加仔细地观察题目中的每一个细节。终于，在一个不经意的瞬间，好像灵光乍现，我脑中突然蹦出一个关键的线索，题目终于得证。通过几何题的证明，我更加深刻地理解了数学的严谨之美，它教会了我细心观察和迎难而上。

抽象而纯粹，感人至深

数学是越深入学习就越艰难的学科，我们常常会被数学的抽象性打败，可是随着深入了解，或许会被它纯粹的本质所感染。

高中时期，我开始接触更加抽象的数学内容。虽然在这个过程中遇到了很多困难和挑战，但正是这些挑战让我更加深入地理解了数学的本质。我开始意识到，数学不仅仅是数字和公式的堆砌，更是一种思维方式和精神力量的体现。

高中三年，数学老师课堂教学中的很多瞬间深深植入我的内心。在学习复数，讲到欧拉公式时，数学老师用十分陶醉的眼神盯着这个公式，边欣赏边笑着说："这个公式多美啊，如此简洁却包含了数学里那么多不同的元素。"在学习双曲线时，老师在课间给我们重复播放了《悲伤的双曲线》，我们反复听着歌词"如果我是双曲线，你就是那渐近线，无限接近不能达到"，从最初的疑惑到后来渐渐明白了歌词的深意。老师把他对数学的热爱与欣赏都传递给了我们，时隔多年，依然记忆犹新。

也许你和我一样，因为数学自信过，也曾经疑惑为什么要学数学。也许我们上学时的大半痛苦时光都被数学承包，可是若干年之后再回头看，或许会发现数学中的某些定理和思想一直没忘，它教会我们理性思考；或许会发现原来从古至今有那么多数学家的故事值得品味；又或许会发现原来数学中的黄金分割在生活中那么美。终有一天，你会发现原来生活处处有数学的魅力和底色，而你早已沉浸其中。

没错，就是要学“天坑”专业

作者介绍

名字：刘星彤

学校：北京师范大学

专业：化学（公费师范）

“聪明的人学物理，勤奋的人学化学”，在这句话的影响下，高中前两年我眼中的化学是用顺口溜记下的氧化还原性顺序，是白纸黑字的化学方程式，是已经有些年头的实验视频中模糊的实验现象。我曾一度认为化学将在高考后与我分道扬镳，却在高中的最后一年和它撞了个满怀，并一直携手走到现在。

高中化学知识是以多且杂而闻名的。进入高三后，一轮复习就是用来重新梳理和给知识建立联系的过程。这也是我第一次真正感受到化学的逻辑，看似突兀的物质分类对物质的性质研究有重要作用，而研究不同元素的物质性质时，切入的角度又是相同的……那些看似零星散乱的点，在我脑中重新布局并重组，原来化学是这样一个暗藏逻辑的缜密的学科。我第一次对化学产生了兴趣，并对后续的化学复习充满干劲儿。

真正点燃我对化学学习热情的是做专题复习时学习的工业流程题。如果说一轮复习时化学的理论逻辑让我着迷，那么在处理工业流程题时，化学的实用性则让我大开眼界。从自然界中获取的矿石原料，如何制成我们需要的化工用品？在什么样的pH值和温度条件下来处理？如何控制反应的发生和停止？又怎样尽可能地不引入新的杂质？粉碎、酸浸、过滤、结晶等操作的排列组合，才不是一般套路就能轻松解决的。因此在写工业流程题的时候，我常常把自己幻想成一个化工厂的实验员，我反复问自己：“到底要怎样做，才能效率最高，成本最低？”利用已知条件和所学知识，一步一步反应、分离杂质、纯化，再得到目标产物，这样的感觉实在是太妙了。

然而，我的化学之路并非一帆风顺。听起来有些冲动和荒谬，但我的的确确是在知识梳理和各种涉及科学前沿的习题中，触摸到了真实化学的一角。我开始很夸张地昭告天下：“我要学化学，我要进工厂，我要去做新产品！”

当知道我想要学化学时，身边的人纷纷表示担忧和质疑。父母说：“太危险了，不安全。”朋友说：“太枯燥，不推荐。”这些声音曾一度让我动摇，但最终还是对化学的热爱和坚持让我走过了那段迷茫的时期。

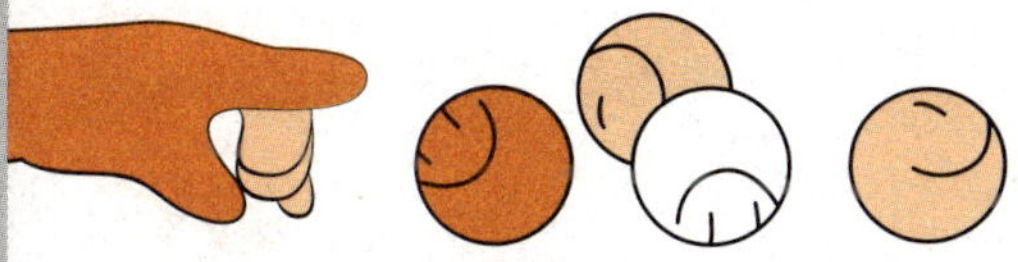

让我下定决心的是一次化学讲座。当我照例抱着卷子坐在靠角落的位置，准备以讲座为背景音开始沉浸式学习时，主讲老师的声音传入了我的耳朵：“我们来看看，北京四中的学生是怎么上化学课的。”

我恍惚间抬头，看到了几张学生自主搭建的实验装置照片，如果不知道前因后果，我一定会认为是学生乱用实验器材，但仔细一看大有乾坤。大屏幕上显示项目式学习，题目是“如何自制索氏提取器来提取茶叶中的茶多酚”。对于几乎没进过实验室，仅仅是在题目和视频中认识实验仪器的我来说，这简直是一个不可能完成的任务。但在图片中，我能看到学生们的“脑洞大开”：有的把球形冷凝管和恒压滴液漏斗串联，有的把球形冷凝管和直形冷凝管叠加使用。在老师的讲解下，我深深感叹于我的同龄人对于知识的运用是这样自如，在我为自己纸上谈兵的能力而沾沾自喜的时候，已经有人动手创造和实践了。

我看了看手中的题，放下了笔。

主讲老师将主题转移到另一个项目式学习上。纯碱的工业制法是我从初中就有所了解的知识，更是高中背得滚瓜烂熟的两个化学方程式。这一在资料卡片中出现的知识点，老师竟舍得花两节课的时间来讲解，他将世界史、化学发展史和纯碱制造工艺相结合，将侯德榜发现新型制碱工艺和抗日战争相结合，一时间台下掌声雷动，学生们好像也真正地走进了制碱厂，走到了那段艰苦的岁月中。我几乎是呆住了，原来化学课可以这么上。

一时间，兴奋和羞愧两种情绪占据了我的大脑，兴奋于化学比我想象中还要美妙，羞愧于我仅仅是满足于解决考试题就洋洋得意。我意识到除了冰冷的题目和知识点，我对化学的了解实在太少太少。同时，我也通过与其他化学爱好者的交流和分享，坚定了自己对化学的信念和追求。

后来，我成了一名化学专业师范生，当我带着满腔热血和知识回到高中实习时，面对着讲台下的高中生们，我总是这样说道：

“化学不仅仅是背下来的方程式、课本上零碎的几张照片、平淡的实验视频而已，化学是缜密而又连贯的逻辑，是改造世界的工具，更是认识世界的大门。”

学习至今，我也常常会想起那句：“聪明的人学物理，勤奋的人学化学。”但真的是这样吗？在战争期间仍然坚持实验却被送上断头台的拉瓦锡，鞠躬尽瘁、死而后已的居里夫妇，终其一生都在与疟疾对抗的屠呦呦，都仅仅是勤奋的人而已吗？

不是的。我想说，胸怀人类发展和前途的、刻苦又坚毅、聪明又勤奋的人才能学好化学。

克丽奥之约

作者介绍

名字：程雅雯

学校：北京师范大学

专业：历史学

回首十多年的学习生涯，我仿佛与克丽奥女神——古希腊神话中掌管历史和英雄诗的神祇，进行了一场跨越时空的对话。从懵懂无知的少年，到逐渐沉浸于历史的海洋，我感受到了历史的厚重与魅力，也体会到了历史给予我的智慧与力量。

初识历史：兴趣的种子悄然萌芽

在我最初接触历史学科时，它对我来说还只是一门需要应付的考试科目。然而，随着我对历史知识的逐渐深入了解，我发现了历史的独特魅力。从古代文明的璀璨到现代社会的繁荣，从英雄的壮烈事迹到平凡人物的奋斗历程，无不展现着人性的光辉与智慧的光芒。我开始对历史产生了浓厚的兴趣，渴望深入了解更多关于这个世界的故事

“虽有佳肴，弗食，不知其旨也；虽有至道，弗学，不知其善也。”历史本身的魅力光彩夺目，但若是将其束之高阁，不学不思，想必也无法感受其底蕴。

除此之外，我对历史的热爱受高中历史老师的影响颇深。我高中的历史老师不仅知识渊博，还风趣幽默。他总能将参考答案里的“某几个选项在题目中都没有体现，所以不选”转变成细致的讲解，因为我们要的不仅仅是那一份答案，更是那答案背后的历史学科核心素养。那些复杂的史料在他的课堂里变得生动起来，那些难背的考点也在他的整理下变得有逻辑可循。

深入探索：历史给予我智慧与力量

随着历史学习的深入，我逐渐感受到了历史给予我的智慧与力量。在历史的长河中，我看到了人类文明的进步与多样，也看到了不同文化之间的交流与碰撞。这些历史事件和人物不仅让我增长了见识，更让我学会了从多个角度去思考问题，培养了我独立思考和解决问题的能力。同时，历史也让我明白了自己肩负的责任与使命，更加珍惜现在的生活。

我选择文科，父母给予了我最大的支持，他们希望我学点自己喜欢的。他们说不出“热爱可抵世间万难”之类的心灵鸡汤，他们只是无条件地站在我身后说：“你就选你喜欢的。”因为有了父母的支持，那份藏在我心底的热爱终于显得不那么弱小无助，它成

了光，指引我前进的同时，也让我成为自己的光。

时至今日，我依然能够听到人们对选文科的种种质疑：学历史可填报的专业少，毕业后就业率低……我无法告诉你这些观点的对与错，但我想说：人在做决定的时候总会担心在未来的某一刻感到遗憾，而消解这份遗憾最好的办法就是投以一份难以消解的热爱。

坚定选择：与历史相伴终身

高考填报志愿时，我毫不犹豫地选择将历史学作为我的专业方向。我深知这条道路充满了挑战和艰辛，但我愿意为之付出努力和汗水。我相信通过不断学习和探索，我能够更深入地理解历史，掌握历史规律，为未来的研究和实践打下坚实的基础。同时，我也希望能够将所学知识应用于实际工作中，为社会的进步和发展贡献自己的力量。

进入大学，随着我对历史的学习更加深入，我开始在教授们的带领下探究历史学的深层含义，而不再是浅尝辄止。通过参加大学校园里举办的各种各样的历史竞赛，我更加体会到“比你优秀的人比你更努力”这句话所包含的深意，“热爱可抵岁月漫长”从来都不只是一句口号，它在历史系的师兄师姐们身上得到了具象化的展现。

人生的意义永远在于拓展，而不在于随波逐流。但这拓展的过程是艰辛的，是孤独的，它需要你在寂寞中发奋图强，享受孤独的同时积极进取。现在回想起高中时期的学习，才发现学习历史没有太多花里胡哨的秘诀，靠的一是矢志不渝的热爱，二是脚踏实地的努力。

它总能让我感受到自己在变聪明

作者介绍

名字：李青青

学校：北京师范大学

专业：思想政治教育

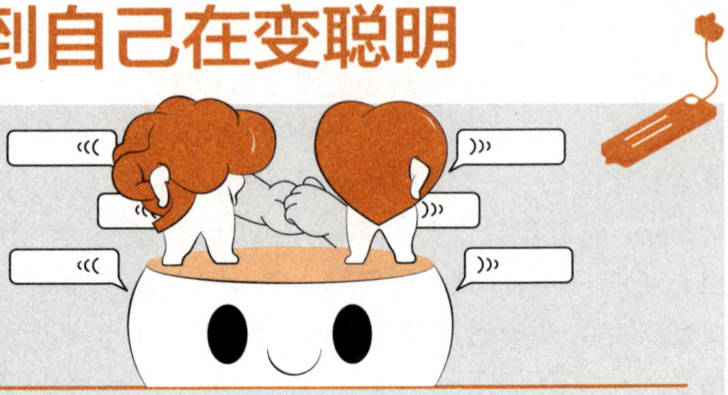

那个午后，阳光洒在图书馆的窗边，我无意间打开了一本《毛泽东选集》，从此便与政治结下了不解之缘。书中的文字仿佛开启了我对政治世界的探索之旅，那些伟人的故事、国体的变迁、政体的差异，都在我的脑海中变得生动起来。

随着时间的推移，我对政治的热情日益高涨。在历史、政治、哲理的书籍中，我感受着伟人的艰辛，感受着大国的荣耀，也感受着身上的使命和担当。我开始意识到，政治不仅仅是课本上的条例和制度，它更是关于国家、社会、人类的思考和探索。

然而，学习的道路并非一帆风顺的。当我站在高中文理分科的路口时，我犹豫了。尽管我的理科成绩优于文科。但是我意识到我学习理科的初衷更像是一种“责任感”，而非真正的热爱。我重新审视了自己对政治的认识，发现它早已成为我生活的一部分，我无法割舍。

我翻开了之前不怎么翻开的历史书和政治书，认认真真地看了一遍。我看着书上总结的精炼的话语，看社会制度的不断变革，看阶级矛盾，看社会主义的探索……看政治书上的内容就像是踩在了巨人的肩膀上，拥有了某种上帝视角，去感受我们现在这个社会，了解当今社会的制度和价值观。

回想最初接触政治书时，站在巨人肩膀上的我欣喜万分，对其中的政治观念和做法充满了好奇。由此我对政治的认识也慢慢从条例、制度建设等细小的点变成了对国家和社会发展的宏观认识。我再次真切地感受到我喜欢它们，对于文理分科，我心里有了答案。

高三的总复习阶段，我制订了属于自己的学习计划，并坚持向政治老师请教。政治老师给予了我很多宝贵的建议和指导，让我在备考过程中少走了很多弯路。比如整理思维导图，一开始我觉得整理思维导图既烦琐又浪费时间，明明教辅书上已经有很多提炼过的思维导图了，为什么还要自己整理一次？但是，随着我重新翻阅书本并梳理具体的知识点，我发现我对知识有了新的理解。知识不再是混作一团的，我懂了它们之间的联系。原来这才是整理思维导图的意义。

我慢慢找到了自己的节奏。

高考结束的那天晚上，班会在歌声中结束，我看着政治老师的身影，心里充满了感激。是政治老师让我更加坚定了自己的选择，是政治学习让我感受到了自己的成长和进步。

在大多数人的印象里，政治是最枯燥的学科，也有很多人问我，为什么喜欢政治。

我想说，政治让我更加深入地理解社会、思考未来。让我看到了更广阔的世界、进行更深刻的思考，它在正向改变着我，让我慢慢变成我所向往的样子。

寻找隐藏着的真相

作者介绍

名字：范思婷

学校：复旦大学

专业：生物学

初识生物学：中学时代的探索

我的生物学之旅始于中学时代。初中生物老师用生动有趣的例子解释生物学的概念，使我对这门学科产生了浓厚的兴趣。比如，她曾将心脏比喻成加油站，将身体的各个器官比作沿途的停车点，这让我对血液循环系统有了直观的认识。我总是能聚精会神地听完一整节她的课。她有时会在课堂上讲她本科时候的趣事，这些上山抓兔子、下海捞鱼的故事在我小小的心湖里投掷下一颗石子，泛起层层涟漪。我想，原来学生物这么有意思。

高中时，我接触到更多生物学的知识，这些知识让我能够理解生活中的各种现象，也让我对生物学的奥秘更加着迷。

生物学知识解析：生活中的奥秘

生物学的知识无处不在，它能够让我们理解生活中的许多现象。以无籽西瓜为例，科学家们使用秋水仙素培育出四倍体西瓜，再将其与二倍体西瓜杂交得到三倍体西瓜。由于减数分裂异常导致种子无法正常形成，最终得到了无籽西瓜。我们在吃香蕉时，也很少吃到籽，这也是因为香蕉是三倍体。这个时候，我又想到石榴，为什么没有无籽石榴呢？如果我能培育出无籽石榴岂不是能够造福全世界爱吃石榴的人？在进一步学习种子的结构之后，我明白了，我们吃的石榴“果肉”实际上是石榴的种皮部分，如果没有种子，种皮自然也不会有。所以无法培育出无籽石榴，只能尽量让石榴籽变小、变软。

除了西瓜之外，如果你和我一样喜欢吃草莓，那你一定会发现，草莓大小各异。水果店里的草莓普遍肉多个儿大，而路边小摊上的“野生草莓”都比较小。这是为什么呢？原来，这也是染色体的功劳。市面上常见的草莓是八倍体，有56条染色体，这就使得它们的个头比别的草莓要大得多。另外，草莓表面上有很多小小的草莓籽，但其他水果大多只有数个种子，并且是被果肉包着的，这又是什么原因呢？原来，这是因为草莓是聚合果，我们吃的草莓的果肉实际上是由花托发育而来，与苹果一样，属于“假果”。而植物分类学上的真果是指果实完全由子房和种子发育而来，例如桃、柑橘、李子等。不过，无论是真果还是假果，只要好吃就是好水果。

在生物界，这种“反常识”的例子还有很多。例如，深圳市市花簕杜鹃（也称三角梅）盛开时如打翻的颜料盘，常见的有紫色、红色，还有白色、粉色等，漫山遍野、艳丽无比。但事实上，这些五颜六色的漂亮“花瓣”其实是苞片。苞片是位于正常叶和花之间的变态叶，有保护花和果实的功能。簕杜鹃真正的花是被苞片包围的、黄白色的柱形小花。簕杜鹃的花是这么不起眼，无法吸引传粉者前来拜访。在漫长的进化过程中，苞片承担起了“招蜂引蝶”的工作，演化成又大又漂亮的“花瓣”，吸引着昆虫们。

生物学中的哲理思考：批判性思维与观察视角

除了专业知识外，我在探索生命之路上也学到了许多哲理。首先是对一切保持批判性思维的重要性。生物学与数学不同，在自然界中，你总能找到定理之外的特例。就连“生物都是由细胞构成的”这句话前面也要加一个“除病毒之外”。此外，生物学也是更新最快的科学之一。随着技术的不断进步和研究的深入，我们对生物学的认识也在不断更新。这种不断更新的科学进程让我深刻体会到探索真理的无穷魅力。

小时候我们在《西游记》中读到，孙悟空拔一根毛就能变成一只猴，大家都觉得这是神话，是不可能实现的。但是在2017年11月27日，世界上首个体细胞克隆猴“中中”诞生，说明神话已经变成现实。

我学到的第二个哲学思考是在大二时的一堂专业课上，微生物课的老师（北京师范大学生命科学学院朱旭东教授）曾说，观察一个事物的时候，尺度太大或太小都会失真。比如，在显微镜下，你很难分清正在写这句话的我和正在读这句话的你，因为我们有着一样的细胞结构。而再大一点，我们都只是茫茫宇宙中一粒尘埃上的小小人。但是我们内心知道，我和你是两个独立的个体，我们在社会中扮演不同的角色，有着不同的喜好和性格，也有自己的故事。我也曾以这些话激励我的学弟学妹们。我知道，高考是一个很重要的考试，它就像一座大山，而我们都是前行的旅人。高考来临时，它是那么巍峨，挡住了我们所有的视线。但是以人生的尺度来看，它也只是群山中的一座。我们不过才度过了五分之一的人生，难道就要说往后的几十年被一场考试确定了吗？

我想说，生命实在是太过奇妙，我无法在数千字的文章中向你细细描摹。或许我可以告诉你关于植物繁殖策略的秘密，但是我更希望你能去看看形态各异的花和种子；或许我可以写一写动物是如何进化的，但是我更希望你能够感受到，从无序的混沌中诞生出有序的生命是一件多么了不起的事情；或许我可以教你做很多实验，但是我更希望你能明白，探索科学就像福尔摩斯探案，你可以通过许许多多的实验，寻找隐藏着的真相。

致　　谢

学长学姐编写团

姚　宁　　北京师范大学

王柏庆　　北京师范大学

王一诺　　北京师范大学

刘珂秀　　北京师范大学

李　茜　　北京师范大学

张郅睿　　北京师范大学

周培琦　　北京师范大学

赵　莲　　北京师范大学